产教融合视域下
高职学生教育管理创新与实践

保慧 著

郑州大学出版社

图书在版编目(CIP)数据

产教融合视域下高职学生教育管理创新与实践／保慧著．
— 郑州：郑州大学出版社，2020.11(2024.6 重印)
ISBN 978-7-5645-7258-7

Ⅰ．①产… Ⅱ．①保… Ⅲ．①高等职业教育－学生工
作－教育管理－研究 Ⅳ．①G718.5

中国版本图书馆 CIP 数据核字(2020)第 166886 号

产教融合视域下高职学生教育管理创新与实践
CHAN JIAO RONGHE SHIYU XIA GAOZHI XUESHENG JIAOYU GUANLI
CHUANGXIN YU SHIJIAN

策划编辑	王卫疆	封面设计	苏永生
责任编辑	白金玉	版式设计	凌 青
责任校对	孙 泓	责任监制	李瑞卿

出版发行	郑州大学出版社	地 址	郑州市大学路 40 号(450052)
出版人	孙保营	网 址	http://www.zzup.cn
经 销	全国新华书店	发行电话	0371-66966070
印 刷	廊坊市印艺阁数字科技有限公司		
开 本	710 mm×1 010 mm 1／16		
印 张	13.75	字 数	241 千字
版 次	2020 年 11 月第 1 版	印 次	2024 年 6 月第 2 次印刷

书 号	ISBN 978-7-5645-7258-7	定 价	68.00 元

本书如有印装质量问题,请与本社联系调换。

前　言

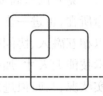

　　大学生是高等学校的主体,学校因学生而存在。高校学生管理是高校教育教学工作的重要组成部分,也是一门应用科学,是第一课堂之外对学生进行非学术的教育、管理和服务等有关概念、事项、活动的集合和总称。随着经济社会发展和高等教育的历史嬗变,我们必须对高等学校学生管理工作进行科学审视和实践探索,加强其创新发展与实践研究。习近平总书记在 2018 年全国教育参会上强调指出,高等学校要始终围绕"培养什么人、怎样培养人、为谁培养人"这一根本问题,在工作过程中始终坚持"立德树人",实现全程育人、全方位育人,努力开创我国高等教育事业发展新局面。立德树人是高等学校在新时代进行教育事业改革和发展的行动指南,是高等学校学生管理工作创新的根本宗旨。

　　党的十九大报告针对新时代教育事业发展明确指出,要深化产教融合、校企合作。深化产教融合,既是高等教育适应社会主义现代化大生产、提高人才培养社会契合度和人才培养质量的内在要求,也是深化供给侧结构性改革、促进经济换挡升级、加快建设创新型国家的根本要求。作为推进产教融合的重要主体,高校应当用好"三全育人"(全员育人、全程育人、全方位育人)这把"金钥匙",有效促进教育链、人才链与产业链、创新链有机衔接,打通教育成果转化为产业效益的"最后一公里"。

　　将"三全育人"与产教融合有机结合是高校人才培养的时代要求。当前,新一轮科技革命和产业变革正在向纵深发展,高校人才培养与产业需求在结构、质量、水平等方面出现了不相适应的问题,存在"两张皮"现象。如何培养理想信念坚定、思想政治过硬,并且能适应现代产业发展的高质量人才,是摆在高校面前的一个重大课题。"三全育人"是党中央、国务院着眼新时代新任务,加强和改进高校思想政治工作的重要举措,根本目的就是要使思想政治工作贯通学科体系、教学体系、教材体系、管理体系。深化产教融合作为党和国家的战略性举措，同样应当成为"三全育人"机制必须贯通其中的重要对象。

党和国家高度重视深化产教融合，产教融合既是"三全育人"的职责使命所在，也进一步丰富和充实了"三全育人"的内涵，两者同向同行，完全可以相互融入、协同推进。当前经济发展新形势下，如何通过职业教育培养技术技能型人才，加强职业教育产教融合，深入了解并把握高职学生工作的现实状况，与时俱进地创新高职学生管理的方式方法，积极探索建构学生教育管理的新模式、新机制、新理路，对于实现高职院校持续科学发展、促进大学生健康成长、全面成才具有紧迫的时代价值。

要做好高校学生管理工作，必须要以明确的指导思想、目标任务以及科学性原则为指导，认清新形势下高等学校学生工作面临的挑战，进一步更新观念，大力推进制度的改革与创新，在建立科学合理的机制等方面采取有力的措施，尤其是加强劳动教育和工匠精神培养、重视学生工作队伍的能力建设、改进学生工作方式方法等，并对产教融合视域下现代学徒制、混合所有制培训基地和中外合作培养模式的学生教育管理实践案例进行分析总结，摸索出符合新时代发展的创新管理模式，完成产教融合赋予的培养高素质技能性人才的任务，对推进当前我国高校学生管理工作的改革与创新具有现实的指导意义。

本书是江苏省教育科学"十三五"规划 2020 年度重点课题"产教融合国际化背景下高素质技术技能人才培养'育训共同体'构建研究"（项目编号：B–b/2020/03/08）的研究成果之一。同时，本书也是 2019 年江苏省高校哲学社会科学研究项目"新时代工匠精神视域下高职学生劳动教育的路径研究"（项目编号 2019SJB617）的研究成果之一。

目 录

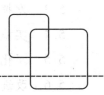

1 高职学生教育管理的时代背景和现实意义

随着我国经济社会发展进入新阶段,以及"中国制造2025"战略"一带一路"倡议、"互联网+"计划等的推进,经济结构调整和产业升级不断加快,科技革命迅猛发展,新技术、新业态、新职业层出不穷,各行各业对技术技能人才的需求越来越紧迫,占据半壁江山的职业教育的重要地位和作用越来越凸显,逐步进入了从规模大走向质量优、迈向实力强的跨越式发展新时代。《国家职业教育改革实施方案》明确指出,职业教育要服务建设现代化经济体系和实现更高质量、更充分就业的需求,对接科技发展趋势和市场需求,优化学校、专业布局,着力培养高素质劳动者和技术技能人才。

1.1 职业教育产教融合的内涵和意义

在全球科技竞争和我国经济高质量发展战略的背景下,新一轮科技革命和产业变革蓄势待发,我国的产业结构和人才需求将发生重大变化。源自职业教育领域的校企合作、产教融合,近几年引起了社会各界的广泛关注。党和国家高度重视深化产教融合,先后出台了一系列指导性、操作性文件:从2013年11月党的十八届三中全会通过的《中共中央关于全面深化改革若干重大问题的决定》首次在国家层面提出"产教融合",到2014年的《关于加快发展现代职业教育的决定》明确把"产教融合、特色发展"作为加快发展我国现代职业教育的基本原则,到2017年的《关于深化产教融合的若干意见》针对产教融合提出了详细的指导性方案,再到2019年的《国家职业教育改革实施方案》提出"培育数以万计的产教融合型企业,推动建设300个具有辐射引领作用的高水平专业化产教融合实训基地"的目标。产教融合在以上政策组合拳的推动下,已成为高职教育理论和实践的热门话题。

产教融合不仅是一个重要的政策问题,也是一个重要的实践问题。近几年,产教融合被不断赋予新的内涵和使命,迫切需要高职院校结合办学特色展开相应的探索和实践。

1.1.1 产教融合的内涵和本质

对于产教融合的内涵,学界主要有以下界定:一种观点以陈年友等人为代表,认为产教融合是学校与行业企业在业务上的相互补充和融合关系,认为产教融合是职业院校为提高其人才培养质量而与行业企业开展的深度合作。另一种观点以杨善江为代表,认为产教融合是产业与教育两个系统融合而成的有机整体,即是院校与行业企业依托各自资源,发挥各自优势,以协同育人为核心所进行的一种经济教育活动。还有一种观点以罗汝珍等为代表,把产教融合看作是一种组织形式,认为产教融合是教育与生产、服务等行业开展生产、服务、教育活动,并为产业部门提供合格的劳动力的一种组织形式。该观点的特别之处在于要组建一个新组织来承担使学生毕业后能够顺利走上工作岗位的职责,成为连接学校与企业的桥梁。

我们认为:产教融合是实现职业院校人才培养和社会人才需求的有效路径,但究其本质,是职业教育的再社会化过程,可以从下面四个方面来进行探讨。

1.1.1.1 产业技术与职业教育技术深度融合

职业院校作为技术技能人才培养机构,是技术技能人才资源聚集地。职业院校技术研究最显著的特点是在价值表现上偏向于技术的可实现性。与学校不同的是:企业是利用技术研发获取真正的价值,提高企业的利润。在过去,由于职业院校技术价值与企业产业技术价值融合得不够紧密,在进行专业成果研发时,只考虑到新技术、新工艺的可实施性和创造性,而忽视了该研究成果在大规模生产和运作中的现实条件和投入成本,导致一些研究成果和专利不能实现其产业价值。通过产教融合,推动职业教育技术价值与产业经济的价值的融合,有助于缩短成果转化链条,加快职业院校知识技术向产品竞争力的转化,让职业教育真正成为催化产业技术变革、加速创新驱动的重要策源地[①]。积极倡导科研人员在产品研发过程中考虑到新技术、新工艺的现实性和商业化,突显出知识和技术的商业价值。通过产教融合,知识价值性和经济产业价值性融合,提升产品的实用性,知识技术向生

———————

① 唐飞、孙冲武. 高职院校完善产教融合推进机制的研究:以深圳信息职业技术学院为例[J]. 职教视点,2018(10):22-23.

产力的转化周期更短,更有利于产业技术整体提升。

1.1.1.2　产业文化与职业教育校园文化深度融合

产业文化是指企业生产经营形成的一种精神成果和文化观念,包括企业精神、企业道德、企业价值观等,是企业意识形态的总和①。校园文化是指一所学校经过长期发展积淀而达成共识的一种价值体系,即价值观、群体意识、办学思想、道德规范和行为准则等②。其核心是学校老师、学生共同的价值观念。职业院校校园文化的传承是育人工作的重要组成部分,传统的校园文化蕴含着浓郁的人文气息和科学精神,遵循教育本质,适合学生身心健康成长和教师开展教学和科研工作,却难免弱化职业教育的技能性,导致学生动手操作能力差,理论不能运用到实践中去。而企业作为商业的主体,在实现经济利益的过程中,过度追求利润而忽视了企业人文气息层面的建设,只是注重自身利益的得失。在产教融合的背景下,将企业文化和校园文化相融合,形成产教文化新形态。一方面,学生进行理论和实践学习的同时,了解企业文化,培养学生的职业道德、职业精神和职业价值。另一方面,校园文化也对企业文化有积极影响,充分发挥职业院校传播积极思想文化的职能和优势。提炼和升华品牌文化,进一步促进企业文化的人文内涵和提高企业文化内涵精神的竞争力。

1.1.1.3　产业发展要求与职业教育专业内涵建设深度融合

《国家中长期教育改革与发展纲要(2010—2020年)》明确提出:"政府切实履行发展职业教育的职责,把教育纳入经济社会发展和产业发展规划,促使职业教育规模、专业设置与经济社会发展需求相适应",要求职业院校办学以市场经济为主导,专业设置与区域经济和产业发展对接,是职业院校服务于地方经济发展的本质属性,这样人才培养效率和就业率才能提高。随着经济转型和产业结构的调整,催生了产业的发展和变革,产业转型发展与传统的专业设置形式,专业设置要与产业发展相适应。深化产教融合,改变职业院校专业设置滞后性,实现专业结构与区域产业结构的动态融合。一方面,充分了解经济发展和产业转型升级的总体布局,科学估计区域经济

①　李永生,牛增辉.论产教融合及其深化内容[J].北京教育(高教),2018(5):19-22.

②　王才建,钟如惠.提升师生人文素养促进学校内涵发展———以武汉市东湖中学校园文化建设为例[J].成功(教育),2009(1):230-232.

发展和产业升级的基本趋势,准确合理地规划专业设置。另一方面,产业有升级换代,必然有淘汰退出,这是一个动态更新的过程。因而职业院校的专业建设要随之动态调整①,不断强化专业建设与产业行业的联系,通过专业群的动态调整和专业结构优化,进一步提高专业建设的水平和质量,增强职业教育的社会吸引力和核心竞争力②。

1.1.1.4 产业资源与职业教育资源深度融合

企业资源与职业院校的资源整合,可实现双方优势资源重新规整,统筹师资、实训基地等资源分配和使用,形成人才链、教育链和创新链的有效衔接。加快产业资源与职业教育资源的融合,共建学校和企业一体化联盟的教学集团,推动学校和企业之间的合作与共享,需要设备资源、师资资源、技术资源共享,为学生提供实习平台,促进职业院校和企业之间优势互补。从师资资源角度分析,教师不仅可以在课堂上扮演理论教学者,而且能够在企业实践教学中扮演技术教学的角色③。通过校企之间人才交流与合作,有助于全面提高师资力量。从技术服务角度而言,一方面,企业可以通过学校的技术优势进行技术创新,提高经营效率和生产效率,推动科研向企业生产转化。另一方面,学校可以通过企业的技术研究,借助技术成果与研究项目,让学生了解到目前行业与专业领域的技术动态,为以后职业发展打下基础。从设备角度而言,校企合作的物质资源主要包括学校教学场地、实验实训基地、教学设施等,企业的生产场地、生产设备、培训基地和培训设施等。学校的物质资源对接企业生产需求,共建共管共享科研基地、实验实训中心、学生创新基地、员工培训、技术技能鉴定等,节约投资,相得益彰。

1.1.2 产教融合的历史演进

在政府、高校、企业等各方合力推动下,产教融合已初见成效。但是,产教融合的内涵与外延以及承载的历史使命在持续演进,在全球科技竞争与中美经贸摩擦的大背景下,产教融合的内涵、外延与使命被重新审视,并被

---

① 张健.产教深度融合的逻辑因由与实现路径[J].河南科技学院学报,2016,36(6):1-4.

② 陈志杰.职业教育产教融合的内涵、本质与实践路径[J].教育与职业,2018(5):35-41.

③ 张嘉,李俊峰.论推动产教融合发展的内生动力[J].中国成人教育,2017(24):43-46.

赋予新的内容。

初期的产教融合是职业教育的校企合作,协同育人,紧密对接经济带、城市群、产业链布局,解决职业教育人才培养滞后于新产业技术变革这一紧迫的现实问题,服务"制造强国"等国家战略;当前转型升级到中级阶段的产教融合,是区域产业集群与学科集群融合,打造区域科技创新体系,与区域经济社会同步发展;而到了高级阶段,产教融合应上升为以职业教育和高等教育为重点的整个教育体系与整个产业系统发展方式的变革,是国家产业结构转型升级、教育改革和人才开发整体制度设计,是国家整个产业系统与整个教育系统融合,成为国家发展战略的有机组成部分。

在不断演进中,产教融合被赋予多重新的历史使命:既是推动高等教育创新引领大国崛起,确立创新驱动的新产业经济发展方式,又是"人口红利"转向"工程师红利"的新经济发展模式,还是中国主动应对未来全球战略竞争、中美综合国力之争与发挥全球影响力、应对新一轮科技革命和产业变革,为实现中华民族伟大复兴奠基铺路的关键力量。

1.1.3 高职教育"产教融合"的现实意义

职业教育作为我国经济社会发展最主要的人力资源供给侧之一,其专业、课程的师资等要素配置的扭曲导致了职业教育供给侧的结构性失衡。[①]深化产教融合是实现教育领域供给侧改革的必然要求和基本途径。产教融合从职教政策上升为国家战略,既是国家战略和技术转型升级的现实需要,也是高职教育自身高质量发展的必由之路。

1.1.3.1 深化产教融合是推动职业教育改革创新的重要举措

全面深化产教融合,已经成为职业教育改革发展的重大方略之一,职业教育改革,从本质上回答了在新时代背景下如何贯彻教育方针的问题,也是职业教育内涵式发展的初心,只有遵循初心,才能科学地、系统地解决职业教育在改革中所遇到的问题。因此,职业教育必须坚持深化产教融合,推动职业教育与区域经济同步协调发展,瞄准社会经济的发展方向,来确定学校的发展战略。通过深化"引企入校"改革,可以充分调动企业参与行业的人才培养方案的制定、专业建设等,不断吸引优势企业与职业院校共建、共享

---

① 胡重庆. 供给侧改革下职业教育要素配置的优化 [J]. 江西社会科学,2018,(6):247–253.

实验实训基地,开展实验培训。吸引企业、行业等社会力量参与办学,把握经济社会需求,构建"产、学、研"三位一体产教融合的教学技术平台,强化和参与社会服务,提升企业、行业在职业院校的参与度。解决在办学过程中理论脱离实际、科技与人才脱离的弊端。根据市场对人才供给需求,加快人才培养模式改革,充分发挥企业和职业院校在人才培养中双主体作用,加快教育治理模式的转变和治理结构现代化,实现校企协同育人。

1.1.3.2 深化产教融合是转变经济发展方式的现实需求

当前,我国经济结构转型和产业优化升级已经进入新的时期,我国经济呈现出一系列新的特征:一是高速增长转为中速增长;二是经济结构不断优化升级,第三产业逐步成为主体,城乡区域差距逐步缩小,发展成果惠及更广大民众①;三是要素驱动、投资驱动转为创新驱动。加快调整产业和优化产业结构,积极推进工业化与信息化融合,培育和壮大战略性新兴产业。产业的升级发展依赖于掌握新技术的技术技能型人才,而人才供给和产业需求在结构、质量和水平上没有完全匹配。经济的发展主要动力来源于新科技的核心知识,职业教育是推动经济发展的重要力量。通过产教融合,促进职业院校建设与产业转型升级融合,增加人才供应与产业需求相协调。发展技术创新,加强企业重大技术突破,切实提高产业核心竞争力。

1.1.3.3 深化产教融合是培养技术技能型人才的重要途径

在产教融合过程中,职业教育有效提高劳动者素质和技术服务等,产业经济转型升级中将生产经营资源资助职业教育的发展,实现两者发展的纽带是技术技能型人才。技术技能型人才作为经济产业的主力军,是经济发展核心竞争力的体现,产教融合是培养高素质劳动者和技术技能人才的重要形式和有效途径。

第一,随着新时代社会经济发展方式转变与产业结构的转型升级,生产方式由劳动密集向知识与技术密集转型,经济社会对技术技能型人才需求也逐渐增多。经济的发展主要取决于人才的教育程度、技术水平和管理能力,人才的培养方式必须以市场为导向,与企业相结合,而产教融合正好满足职业教育与企业、行业双方合作意愿。

第二,技术技能型人才培养规律要求进行产教融合,首要任务是让学生

---

① 李玉静.经济"新常态"下的职业教育改革[J].职业技术教育,2014,35(28):1.

习得技术、技能。① 在实践场所、工厂等具体工作情景中,熟练运用所习得专业知识,积累经验,提升职业院校学生在企业中的实践操作能力和对未来职业岗位的适应能力,缩短人才培养周期,提高人才培养效率。

1.1.4　高等职业教育产教融合的内涵深化

产教融合对于研究型大学、应用型本科院校和高等职业院校,其目标、内容、形式、机制等应区别对待,不能一概而论。高等职业院校与产业的关系,从校企合作、工学结合到产教深度融合,从企业帮助学校办学、学校与企业合作培养人才,发展到知识创新与技术创新融合机制的形成、思想素质教育与专业技术教育育人模式构建、学校学习与企业实践深层互动教学组织形式的优化,不仅是形式的改变、内容的深化,而且是新的教育形态的形成。

第一,产教融合,形成知识创新与技术创新相融合的新机制。何谓知识创新,马海泉等在总结前人的基础上提出:知识创新是指"知识汇聚、知识传承、知识创造、知识应用和知识传播"活动。知识是认识世界的,技术是改造世界的。从国家发展看,唯有将知识创新与技术创新双轮驱动的国家创新体系纳入强国战略,构建全社会共同参与的"大众创业、万众创新"创新社会,明确企业在技术创新中的主体地位,明确大学在知识创新体系中的主体地位,才能真正使国家发展从大到强。高等职业教育是高等教育的重要组成部分,通过产教融合促进以高校为主体的知识创新与以企业为主体的技术创新融合机制的形成,可以有效推进高等职业教育自身的变革,提升高职院校科研成果转化和服务社会的能力,也有利于企业技术革新和应用创新,提高市场竞争力,从而实现校企双方合作共赢的目标,奠定产教融合可持续发展的基石。

第二,产教融合,深化思想素质教育与专业技术教育相结合的育人新模式。"立德树人"是高等职业教育的根本任务,加强职业道德教育、培养学生"工匠精神"是新时代高等职业教育人才培养的重要内容。马克思主义认识论认为,人们思想观念的形成、发展,以及判断思想的正误都离不开实践,实践是人们思想认识的出发点和归宿,思想政治教育要引导人们形成正确的思想认识,必须以社会实践教育为教育的基本途径。教育部2017年12月印发的《高校思想政治工作质量提升工程实施纲要》提出:"坚持理论教育与实

① 祝成林,柳小芳. 产教融合背景下高职教育培养技术技能人才的困境与路径[J].职业技术教育,2015,36(34):41-45.

践养成相结合,整合各类实践资源,强化项目管理,丰富实践内容,创新实践形式,拓展实践平台,完善支持机制,教育引导师生在亲身参与中增强实践能力、树立家国情怀。"实践育人是提升学生思想素质和专业能力的有效途径,产教融合育人模式将学生置于具体的工作场景之中,以先进企业文化熏陶、优秀员工榜样引领、企业帮带师傅言传身教、实际工作过程锻炼、真实情景现场体悟等方式,通过学思结合、学做融合、知行合一,让学生在具体的实践情境中培养诚信品质、敬业精神、责任意识等思想品质;同时,通过理论知识和专业技术的应用,认识到自己专业学习的短板,提高理论与实际应用相结合的能力,从而实现品德建构和专业技术水平的提升。

第三,产教融合,优化学校学习与企业实践深层互动教学组织新形式。将职业教育与产业需求紧密联系,学校与企业共同培养应用型人才,是职业教育产教融合的重要内容。在人才培养的过程中,以政府为主导,学校负责教学的总体组织、规划、协调,企业发挥主体作用,提供实践岗位、安排帮带师傅、落实实习场所,与学校共同开展学生的职业思想教育、职业技能训练、职业能力培养与职业素质养成教育,教学场所横跨学校的教室、实训室与企业的员工培训基地、生产车间,教学地点校内、校外相结合,教学时间课内、课外相联系,教学方式线上、线下相补充,有效推进了教学模式的改革。通过产教融合,学校与企业共同构建了理论学习与实践锻炼有机结合的教学组织新形式。

第四,产教融合,构建"岗位适应、行业标准"的应用型人才质量评价新体制。传统的人才培养质量评价,是以学校为主制定的标准来评判"产品或服务的优劣程度",是总结性的、静态的、学校内部评价的过程。而今,"质量"的定义已经更新为"产品或服务对使用者或服务对象需求的满足程度",质量评价是形成性的、动态的、外部评价的过程。产教融合实现了企业参与并主导对人才培养质量的评价,以行业的标准和岗位的要求来衡量学生是否"满足需要""适应发展",而且在共同培养的过程中,做到职业道德、职业能力、职业技能和职业素质的多维度考查,与学校一起实现质量的持续改进,形成行业标准、全面评价、持续改进的人才培养质量评价新体制。

第五,产教融合,形成高等教育与产业协同创新发展的新生态。产教融合,是教育系统与产业系统的融合,不仅仅局限于一所学校与一家企业在某一个方面的合作,而是基于某一产业的多家学校、企业实现知识创新与技术创新共融、人才培养目标与教学内容共商、研究开发与实践指导师资共用、理论教学与实习实践过程共抓、模拟实训与顶岗实习基地共建、技术应用与人才培养成果共享的全方位、多层次的合作,形成优势互补、协同创新、共同发展的生态系统。

1.1.5 高等职业教育产教融合的类型演变与创新突破

职业教育与产业发展具有先天的密切联合,职业院校和企业拥有良好的合作基础。在校企合作、产教融合的发展过程中,总结了很多成功的经验,形成了多种典型的合作模式,具体可以概括为以下几种类型。

第一,以"项目"为代表的"点"状合作类型。高职院校以项目形式和企业开展合作起步最早、操作难度最小、见效最快。典型的代表形式有:企业以资助设备、应用软件等形式与学校共建校内实训中心,学校在企业设立校外实践基地,安排学生实习、实践,学校引入企业的认证证书、设立认证培训中心、组织学生参加企业认证等。这种合作类型是单个的、孤立的项目,很多项目仅局限于课程层面,学校大多对企业是单向依赖,校企合作的深度有限。

第二,以"平台"为载体的"线"型合作类型。在项目的基础上,高职院校与企业开始构建合作平台,进一步深化合作内容、扩大合作范围,逐步形成人才培养全方面合作,主要代表形式有:采用"2+1"模式与企业以订单班的形式在学生毕业前一年进行订单培养,采用"1+1+1"模式组建现代学徒制班级等。这一类型以订单班级为平台,校企双方共同就人才培养开展培养目标、培养方案、师资、教学、实训实习等多方位的合作,为订单企业定向培养应用型人才。这一类型的合作解决了企业员工招聘的现实问题,调动了企业参与的积极性,在实践中取得了较大的成功。但这一合作类型是"线"型的,仅仅停留在应用型人才培养方面,对企业其他方面的贡献度较小、参与度不深,大多局限于专业层面,面向的也是单个企业,合作的偶然性很大,稳定性、持续性都存在一定的风险。

第三,以"机制"为特征的"平面"型合作类型。在合作的过程中,校企双方越来越认识到机制建设对深化合作内涵、提升合作层次、稳固合作关系的重要性,开始共同建设冠名二级学院,甚至出现了混合所有制形式的产业学院,构建了相对完善的运行机制,设立专门部门进行具体的运行管理,校企双方进行人才培养、技术开发、应用推广等多方面的合作,政府、行业协会也开始真正参与并承担一定的指导职能。但是这一合作类型是"平面"的,大多停留在专业群、二级学院层面,合作的双方是单一的学校面对单一行业的多家企业,还只能算是产教融合的初级阶段,服务面向和融合深度还可以进一步拓展。

　　经过近 20 年的发展,高职院校校企合作、产教融合类型不断丰富、层次不断深化,但是距离产教深度融合的目标要求,还有突破的空间。形态上需要从"点""线""面"向"立体"化方向发展,层次上需要从"课程""专业""专业群"向"学校、集团"方向演化,性质上需要从"项目""平台""机制"向"生态"方向演变。高职院校深化产教融合的下一个目标,应该是构建以"生态"为理念的"立体化"的合作类型。这一合作类型当前正处于酝酿之中,是什么、怎么建也正是本书讨论的重点。这一产教融合类型至少应该包含上文所提出的五项内容,其主要的特征要领,是建立在学校乃至职教集团层面,面向产业实现跨学科、跨专业、跨行业合作,开展知识创新与技术创新、技术应用推广、人才培养、在职员工培训等深层次、全方位融合,形成由多企业多学校参与、多项目合作、多层次融合的,共商、共建、共享的生态系统。

　　如何将属于不同单位性质的政府、学校、企业、行业协会组织起来,成功实施教育系统与产业系统的跨界融合?很多学者研究认为,形成"职业教育共同体"是实现职业教育多元、异质主体融合的重要途径。傅伟提出,职业教育的内在性、系统性和时代性决定了职教共同体作为实现产教融合的必由之路和社会主体参与职教的重要方式,以校企合作为基础的职业教育共同体创新是当前技能人才培养模式优化的关键。马庆发认为:"以职业教育共同体为导向的办学模式改革将是今后我国职业教育发展的路径选择。"

　　产业系统与教育系统在运行机制、发展策略、行动准则、改革方式以及主体构成等 5 个方面有着较大的差别。这种差别可以被视为过去产教融合过程中各种内在矛盾的源头。石伟平等提出:"在推进职业教育办学模式改革过程中,职业教育的跨界属性要求必须树立产教融合的空间思维。"所谓空间思维,是指产业与教育原本处于两个相互独立的空间之内,有各自的运行规则,产教融合的实现需要打造公共空间,并根据其运转需要制定相应的新规则。如果仅仅考虑教育发展的需要,那么职业教育办学将很难满足产业的发展需要;而如果仅仅考虑产业发展的需要,那么职业教育办学也将很难满足教育的发展需要。因此,当务之急在于研究促进职业教育产教深度融合的规则体系。而比较适合承担打造公共空间、连接产业系统和教育系统、负责具体产教融合规则体系制定与实施、解决产教融合过程中各种矛盾这一重任的组织机构,就是"跨企业培训中心"。

　　在德国"双元制"职业教育模式中,企业必须承担学生在企业"一元"的培训任务,安排培训师资、课程,为学生提供培训与实习岗位。大型的企业建有自己的培训基地承担这一任务,而大量的中小型企业,则没有足够的实力与条件自己组织开展学生培训工作。为了解决这一问题,于是出现多家企业联合举办,或由行业协会、政府组织举办的"跨企业培训中心",承担"双元制"学生在企业方的培训和实训等任务,为学生参加行业协会组织的证书考试和进入企业实习做准备。跨企业培训中心,也承担企业在职员工的职业晋升培训,是连接学校教育和企业的重要载体,被认为是德国"双元制"职业教育模式中的"第三元"。

本节所讨论的中国版"跨企业培训中心",是参照德国"跨企业培训中心"的提法,而其功能与作用,不仅仅局限在为学生开展企业培训,要远远超过德国的"跨企业培训中心"。理想的中国版"跨企业培训中心",是按照市场规则运行、具有独立法人资格和较大自主权的培训组织机构,是由政府、行业协会、各相关联学校、企业等单位参与,承担产教融合顶层设计、统筹协调、资源整合、项目落实等具体工作,负责制定具体的规则体系,推动形成众多相关的学校、企业组成融合发展的生态系统。

1.1.6　高职教育产教融合的未来着力点

人们对美好教育的追求、学习方式的深度变革、新兴业态的网络化、数字化、智能化趋势,推动着我们重新定义未来高职院校发展的新形态。当前,我国高职教育正处于形态变革的前夜,内外部多种力量的互相作用,推动着高职院校的转型升级。在当前高职产教融合实践中,面临政府与市场关系失衡、治理模式滞后、校企资源共享薄弱以及缺乏完善的系统支持等现实壁垒[1]。就高职院校而言,产教融合的深入推进需要准确理解高职教育"产教融合"理念的内涵和外延,创新体制机制和人才培养模式,拓宽开放办学路径,汇聚多方合力,推进多元共融。通过学校的培养和企业的真实实践,培养出一大批契合产业发展需求的高素质技术技能型人才,才能把握高职院校发展的新机遇。结合所在学校的实践探索,本书认为未来高职院校可从以下三方面着手,进一步推进产教融合、校企合作。

首先,以企业、学校的双向投入为基础,构建"校企共担"的产教融合机制,形成校企合作的"磁场"。以共建共享、合作共赢的理念,汇聚校企合作资源、行业高新技术资源、高校优质教育资源和产教融合政策资源等,深化

---

① 张建平. 新时代高职产教融合的理论溯源、实践壁垒与破解路径[J]. 职业技术教育,2019(7):14-20.

合作,建立健全沟通、联系机制,构建产教融合大平台,打造企业与高职院校合作的优秀范本。

其次,以国家和区域的重大社会需求为牵引,健全企业"全程参与"的人才培养体系,形成多元融合的"市场"。紧紧围绕培养高素质技术技能型人才这一核心,引入优秀企业文化,着力培养工匠精神,使企业全程参与学校的专业建设、课程建设、人才培养和校园文化建设等方面,形成合作办学、合作育人、合作就业、合作发展的办学新路径。

最后,以更好地培养学生、服务企业为目标,打造"长效运行"的实践教学体系,形成创新实践的"现场"。与企业共建校内外实训实习基地,依托岗实习、现代学徒制、订单班等,对学生进行职业导向、职业定位、职业能力的训练;依托技术开发、项目研究、科技创新等优势,推动学校师生产出更多技能竞赛、发明专利、学术论文等标志性成果,形成更多实践教学的真实项目。

1.2 高等学校学生工作的历史发展

自 1895 年天津北洋西学学堂(后改名为国立北洋大学)的创立至今,中国现代高等教育的发展才经历了一百余年的时间。随着 1949 年新中国成立,中国高等教育进入了崭新的历史发展阶段,中国高等学校学生工作也是由此诞生并逐渐发展的。从总体上说,经过七十多年的发展,中国高等学校学生工作已经初步形成了具有中国特色的价值取向、运作模式与机制。中国高等学校学生工作对学生思想道德素质的培育、对学生学习生涯的引导、对学生全面发展的保障均具有不容忽视的重要作用。站在中国特色社会主义新时代的历史方位,回望、考察、审视我国高等学校学生工作发展变化的历史轨迹,有助于为进一步创新高等学校学生工作提供有益的启示与借鉴。概括而言,自 1949 年新中国成立以来,我国高等学校学生工作大致经历了以下五个发展阶段。

1.2.1 中国高等学校学生工作的起步阶段(1949—1955)

1949—1955 年为我国高等学校学生工作的起步阶段。在这一阶段,我国高等学校并未单独设立学生工作职能部门。在这一阶段,党的政治干部承担了我国高等学校学生工作,因而这一阶段的高等学校学生工作具有较为浓厚的政治思想教育色彩。在新中国成立之初接管、改造旧高等学校的历史背景下,由党的政治干部负责高等学校学生工作的模式是一种临时性举措,这一举措的主要目的是迅速稳定高等学校秩序、恢复高等学校正常运作。1949 年,中国人民政治协商会议通过的《中华人民共和国共同纲领》明确指出:中华人民共和国文化教育的性质是新民主主义的、民族的、科学的、大众的文化教育,同时强调发展高等教育应以提高人民文化水平、培养国家建设人才为目标,以"肃清封建的、买办的、法西斯主义的思想,发展为人民服务的"高等教育为主要任务。为此,在新中国成立初期,各大高等学校取消了国民政府统治时期的旧的大学课程体系,纷纷开设了马克思主义理论课。同时根据当时国际、国内形势,各大高等学校还坚持理论与实际相结合的原则,通过开设思想政治理论课、举办时事报告会、组织社会实践活动等多种形式,广泛地对大学生进行共产主义道德品质教育、思想政治教育、形势政策教育,增强大学生鉴别、批判资产阶级世界观、人生观、价值观的能力,增强广大学生的道德修养意识①。在这一阶段,为了保障学生工作的开展,各大高等学校开始实行政治辅导员制度,设立政治辅导处。政治辅导处主要任务是组织、指导全校教职员工和学生的政治学习、社会活动,掌握师生的政治思想情况。

1.2.2　中国高等学校学生工作的探索阶段(1956—1965)

1956—1965 年为我国高等学校学生工作的探索阶段。在这一阶段,中国正处于探索适合中国国情的社会主义建设道路初期,政治运动较多。受此影响,这一阶段的中国高等学校学生工作的发展经历了一个探索前行、曲折上升的过程。不可否认,相较于新中国成立初期,这一阶段高等学校学生工作的培养目标、培养方式更为系统。党的八大提出了"德智体全面发展"的教育方针,将高等教育目标确立为培养"又红又专的无产阶级革命事业接班人"。在这一阶段,高等学校学生工作的方式更加注重如何保证学生自主性的发挥,认为忽视学生个性与特长、"平均主义"式教育或千篇一律式教育均存在失当之处②。因此,该阶段的高等学校学生工作者往往开始注重根据学生自身条件及个性的差异,而有针对性地采取不同教育方法。在这一阶段,高等学校学生工作的主要内容仍然以思想政治教育为主,但在开展思想政治教育的同时也进行日常管理,同时结合以文娱活动、体育锻炼和社会劳动实践,从而解决大学生在学习、生活中遇到的各种问题。总而言之,在探

---

① 龚海泉.20 世纪的中国高等教育[M].北京:高等教育出版社,2003:375.
② 何东昌.中华人民共和国重要教育文献[M].海口:海南出版社,1998:671.

索适合中国国情的社会主义建设道路初期,我国高等学校学生工作在毛泽东思想的指导下,贯彻德智体全面发展的教育方针,对如何培养无产阶级革命事业接班人进行了不少积极探索。

但是,在这一阶段出现的诸如"大跃进"等政治运动,使高等学校学生工作的目标有所偏离。这主要表现为:其一,在工作内容上,当时的高等学校学生工作偏向于满足政治运动的要求,片面强调"政治挂帅",具有较为浓厚的群众运动与阶级斗争色彩,忽视了对学生思想道德素质的培育,忽视了对学生全面发展的促进。其二,在工作方法上,当时的高等学校学生工作常常采用批判斗争、大鸣大放、大字报等简单方式,舍弃了民主的、自我教育的方法。虽然在这一阶段,中共中央针对高等学校学生工作中出现的问题做过几次调整,并取得了一定的成效,但这一阶段高等学校学生工作的政治倾向依然过于突出,这在"文革"期间达到极致。

1.2.3　中国高等学校学生工作的停滞阶段(1966—1977)

1966—1977 年为我国高等学校学生工作的停滞阶段。这一阶段,我国各级教育部门几近瘫痪,青年大学生成为"文化大革命"的急先锋。当时,各大高等学校全面停课,高等学校学生工作也随之进入停滞期。在 1971 年的《全国教育工作会议纪要》中,有关高等教育人才培养目标的表述论述仅剩下一个"无产阶级革命事业接班人",之前关于全面发展和培养高级专门人才的要求全然无踪,此前初创的高等学校学生工作毁于一旦。

1.2.4　中国高等学校学生工作的复兴阶段(1978—1999)

1978—1999 年为我国高等学校学生工作的复兴阶段。随着 1978 年党的十一届三中全会胜利召开,中国改革开放和社会主义现代化建设的历史大幕拉开。在改革开放的新形势下,中国高等学校学生工作的发展进入复兴阶段。在这一阶段,中国高等学校学生工作在目标定位、机构设置、工作内容、工作方式以及人员队伍建设等方面,均取得突破性的进展,中国高等学校学生工作的新局面得以开辟。

第一,在培养目标上,该阶段高等学校学生工作的根本任务,是培养中国特色社会主义事业的合格建设者与可靠接班人。

第二,在机构设置上,该阶段高等学校学生工作开始拥有专门的组织载体,各大高等学校纷纷开始设立专门性学生工作机构。这一新变化的重要标志是 1980 年 4 月教育部、团中央联合发布的《关于加强高等学校学生思想政治工作的意见》。该文件提出,高等学校党委可根据实际情况,设立学生政治思想工作机构,如青年工作部或学生工作部。

第三,随着专门性学生工作机构在各大高等学校的设立,中国高等学校学生工作的工作内容不断丰富,原先属于教务部门的招生、考勤、奖惩、工作分配以及原先属于后勤部门的学生宿舍管理等工作,都相继归入学生工作部门的职责范围。此外,在该阶段,除了沿袭坚持正确政治导向的传统外,高等学校学生工作还突出了对学生行为的规范管理和纪律约束等职责。《中国普通高等学校德育大纲》明确规定:"管理是强化教育的必要手段,在各项管理服务中贯彻对学生的德育要求,各级管理人员以敬业精神与良好的作风去影响学生,并发挥学生自我管理的作用。"

第四,在工作方式上,该阶段高等学校学生工作的主要方式从以往的单一强制性方式转变为民主说服方式,强调"疏导"的重要性。

第五,在工作机制上,该阶段的高等学校学生工作实行党委领导下的校长负责制,以学生工作部门为主要职能部门,融合行政、共青团、工会、学生会、教师等各方力量,实行综合育人的机制。

1.2.5　中国高等学校学生工作的创新发展阶段(1999 年至今)

1999 年至今是中国高等学校学生工作的创新发展阶段。在该阶段,由于中国处于社会深刻转型期,随着经济的高速增长、文化的多元发展以及高等教育的变革,高等学校学生工作的目标定位、工作机制、工作内容、工作方式已与日益变化发展的社会环境不相适应。针对上述情况,在坚持教育为社会主义服务、为人民服务的根本宗旨的基础上,我国高等教育的目标定位有所调整,更加强调教育与社会实践相结合,更加强调全面推进素质教育,高等学校学生工作逐渐将培育大学生创新精神、提升大学生实践能力作为工作重点。在这一阶段,高等学校学生工作的活动范围进一步拓展,一些过去不受重视的学生事务,如心理咨询、学生资助、勤工助学管理、毕业生就业指导等,在这一阶段得到了重视。由此,我国高等学校学生工作的科学内涵得到了推进性拓展,学生工作的内容除了教育、管理学生外,还包括组织学生活动、服务学生需求。更进一步说,在控制、约束和规范等功能外,学生工

---

①　何东昌.中华人民共和国重要教育文献[M].海口:海南出版社,1998:1808.

作指导学生和服务学生的功能开始显现。同时，在"以人为本"教育理念的根本引领下，高等学校学生工作方法有所创新，如注重与学生开展平等对话，利用校园文化对学生进行无形的熏陶，把心理咨询方法引入学生工作中等等。毫无疑问，这些做法在一定程度上提升了高等学校学生工作的针对性和实效性。总之，在这一阶段，我国高等学校学生工作有所创新，既总结、继承了传统学生工作的可取之处，又直面挑战，寻求变革。

美国高等学校学生工作的发展可分为五个阶段：早期起源的"替代家长"阶段、20世纪30年代成熟的学生人事工作阶段、20世纪70年代开始兴盛的学生发展阶段、20世纪90年代倡导的学生学习阶段、新世纪跟进的反思学习阶段[①]。相比而言，我国高等教育学生工作起步较晚，但是发展非常迅速，并积聚了一定的发展优势。

回顾新中国成立以来高等学校学生工作的发展历程，可以发现，高等学校学生工作的内容与机制并非一成不变，而是随着形势变化、时代进步而不断革新。总体而言，在1978年以前，我国高等学校学生工作的政治色彩浓厚，学生工作往往与思想政治教育、政治运动相结合。1978年之后，高等学校学生工作的管理职能日益凸显，学生工作作为服务于学生的一种手段而存在，其促进学生全面发展、实现综合育人的工具价值日益凸显。近年来，随着我国经济社会的迅速变化，高等教育改革不断深化，高等学校学生工作也随之发生变化。具体而言，高等学校学生工作的内容由偏重思想政治教育工作逐渐转向学生思想政治教育与学生事务管理有机结合。高等学校学生工作的职能范围进一步扩大，除了强调思政教育、纪律约束等传统职能外，还开始强调指导、服务功能。高等学校学生工作逐步成为集教育、管理、咨询、招生、就业、资助、社团建设、社会实践、校园文化建设等于一体的工作体系，并呈扩展的趋势[②]。高等学校学生工作的主题由教育到管理再到服务的转变，反映了我国高等学校学生工作与时俱进的时代性。在中国特色社会主义进入新时代的背景下，面对科学技术尤其是互联网技术的迅猛发展、社会主义市场经济的日趋完善、高等教育从精英化向大众化转变等一系列变化，高等学校学生工作必须把握时代特征，在继承过去高等学校学生工作优良传统的基础上，积极开拓高等学校学生工作的新局面。

---

① 方明、朱佳.美国高校学生工作理论体系的结构、演进和特征[J].思想理论教育,2017(7):94.

② 郑军.高校学生工作存在的问题与对策[D].武汉:华中师范大学,2007.

1.3 高等学校学生管理理念的发展与创新

1.3.1 我国高校学生管理理念的发展趋势

高校学生管理理念是对高校学生管理规律的认识和对实践经验的高度概括,是高校学生管理必须遵循的基本理念。教育部 2005 年颁布的《普通高等学校学生管理规定》明确指出:"高等学校要以培养人才为中心,按照国家教育方针,遵循教育规律,不断提高教育质量;要依法治校,从严管理,健全和完善管理制度,规范管理行为;要将管理与加强教育相结合,不断提高管理水平,努力培养社会主义合格建设者和可靠接班人①。"因此,高校学生管理应该坚持"人本管理、科学管理、管理育人、依法管理"的基本理念。

1.3.1.1 人本管理理念

理性化和人性化一直是管理发展中的两条重要线索。泰罗(Frederick W. Taylor)及其科学管理理论是理性主义的典型代表,并长期居于管理思想的主流。20 世纪 20 年代至 30 年代以来,随着"人际关系理论"以及"行为科学"的发展,人文主义逐渐占据管理思想的重要地位,人性和个人价值得到普遍认同。人本管理的思想要求在管理活动中,始终把人放在中心位置。在手段上,着眼于所有成员积极性发挥和人力资源的优化配置;在目的上,追求人的全面发展以及由此带来的效益的最优化。

在高校学生管理工作中,坚持人本管理思想就是要以学生为本,就是要树立现代学生观,尊重学生的主体地位,促进学生的个性化发展,实现学生的多样化评价。在实际工作中尊重学生的主体性、差异性、丰富性及独特性,把学生当作有生命尊严、有思想感情的人,以学生成长成才为中心,真正做到尊重学生、理解学生、关心学生、引导学生。

(1)尊重学生主体需求,促进学生成长成才

要区分不同类型、不同层次学生的特点和需求,分层次、分阶段做深入细致的教育、管理和服务工作,建立起帮助学生成长,解决学生困难,方便学生办事,维护学生权益的高校学生管理工作体系,让学生受到最好的教育。为此,高校学生管理工作必须从学生的需求出发,把工作的需求与学生的成

---

① 中国高等教育学生管理规章大全[M].北京:首都师范大学出版社,2007:65

长成才需求紧密结合,把学生的当前需求与长远需求紧密结合,把学生个人的需求与群体的需求紧密结合,把表面的物质需求与深层次的精神需求紧密结合,努力培养德才兼备、品学兼优、知行合一的社会主义建设者和可靠接班人。

(2)体现学生的主体参与,实现学生的自主发展

首先,要充分发挥学生的主体作用,引导学生参与管理实践,使学生成为管理的主人。学生参与管理的主要平台有学生会、班委会、团支部及社团联合会等学生组织,可以通过学生干部定期换届等方式,努力让每个学生都有机会参与管理。

其次,在就业管理、安全管理、资助管理等工作中,也要充分调动学生的积极性,引导学生参与相关政策的制定和实施,真正实现管理依靠学生。

最后,实行民主管理。推行民主管理,尊重学生的主动性和首创性是人本理念的重要体现。为此,不仅要增强管理者和学生的民主管理意识,更要完善民主选举、决策和监督等民主管理运行机制,畅通民主管理渠道。

1.3.1.2 科学管理理念

科学管理的实质在于将实践积累的管理经验加以标准化、系统化、科学化,用科学管理代替经验管理。科学管理的主体思想包括三个方面:①是提高劳动生产率是科学管理的中心问题,是确定各种科学管理原理和方法的基础;②是在管理实践中建立各种明确的规定、条例和标准,使管理科学化、制度化是提高工作效能、达到最高工作效率的关键;③是科学管理不仅在于具体的制度和方法,还在于重大的精神变革。

高校学生管理工作中的科学管理,特征是规范化、制度化和模式化,其价值核心在于提高学生管理的效率,强调建立完备的组织机构、详细的工作计划、严格的规章制度、明晰的职责分工、管理的程序化和采用物质激励以及纪律约束与强制。在这种管理方式下,大学生的学习模式、纪律制度、行为准则、运作程序都实现了规范化;信息传递、各项学习生活实现了程序化,最大限度地引导学生接受正确的价值取向,实现管理效能的最大化。为此,要用科学完备的制度规范引导人,尊重不等于放纵,没有规矩不成方圆。养成良好的行为习惯是学生成才的重要维度。

首先,要大力加强高校学生管理的制度文化建设,建立科学、人性的高校学生管理体制体系。

其次,要构建平等和谐的师生关系,在师生互动中实现管理的和谐。管

理者不应是高高在上的发号施令者,而应是积极的引导者和平等的协商者。管理者要以学生为友,平等地与学生交流,尊重学生的个性,真诚地为学生提供学业指导、生活帮扶和心理辅导。管理者尤其是辅导员老师,要在管理过程中,创造性地展示自己的才华,在与学生交往、交流中实现自己的理想与人生价值,真正做到互为主体、教学相长。

最后,要建立立体化工作体制机制和运行模式。加强学生工作机构的建设,强化其组织协调功能,理顺学生管理系统各部门、各层次、各岗位的职责权限关系,使管理工作与教学工作、课堂内的管理与课堂外的管理、学院与机关、机关各职能部门以及各管理者之间坚持统一标准、统一的声音,形成合力,互相促进。

1.3.1.3　服务育人理念

高校学生管理本质上就是为大学生的全面发展和健康成长服务,全面不仅仅是为了"管"学生,更不能把学生仅看作管理的对象。只有树立管理就是服务、管理就是育人的理念,才能从根本上转变高校学生管理的思路、方法、态度和作风。《中共中央国务院关于加强和改进大学生思想政治教育的意见》明确指出,高校加强和改进大学生思想政治教育是教书育人、管理育人、服务育人相统一的系统工程。要"坚持教育与管理",要"从严治教,加强管理","要建立健全与大学生成长成才相适应的管理制度体系"。要时刻注意把思想政治教育融入高校学生管理之中,建立起自律和他律、激励和约束有机结合的长效管理机制。

(1)强化服务意识,着力解决学生最关心的实际问题

高校学生管理涉及关乎学生切身利益的诸多方面,比如学业问题、就业问题、家庭经济困难问题和心理问题等。管理者要高度重视解决学生的实际问题,让学生感受到关怀与温暖,为其接受管理者的教育与引导奠定感情基础。在解决实际问题的过程中,注重和解决思想问题相结合,既办实事又讲道理,坚持管理与教育的结合,做到既关心人、帮助人,又教育人、引导人。

(2)实施管理时要注意学生的情感因素,注意制度的刚性和管理的弹性

学生管理是做"人"的工作的,人是有理性、有情感的。无论教育手段多么先进,也不能替代面对面的思想沟通;无论传媒手段多么发达,也不能替代人与人之间的情感交流。正是这种情感作用,才使得管理产生融洽和理想的效果,才能调动学生的积极性和主动性。要考虑每个学生的具体情况,采用学生最容易理解和接受的方式来实现管理。这样才能让学生乐于接受

制度规范要求,主动地内化为自己的行为准则,从而形成良好的行为习惯和品质。

（3）营造良好的管理氛围

良好的管理氛围不仅要求管理者对学生要真诚、尊重、理解、关怀和信任,同时还要求管理者时刻注重自身形象,把形象育人作为管理育人的重要方式。要建立全员育人的机制,形成全员育人、全程育人、全方位育人的格局。要创造丰富多彩的校园文化,校园文化具有丰富的内涵,对学生有潜移默化的教育和引导作用。通过校园文化活动使学生的业余生活更加丰富,能力得到锻炼,才干得到发挥,素质得到提高;使学生在浓厚的校园文化氛围中,身心愉悦,拓展视野,获得全面、和谐的发展。

1.3.1.4　依法管理理念

依法管理是依法治国方略在高校的具体体现。高校学生管理中强调依法管理,是指高校学生管理必须要以法律为依据,符合法律要求。也就是说,高校学生管理过程中的决策、计划、组织和控制,都必须纳入法律轨道,不能违法违规。高校学生管理坚持依法管理,是高校学生管理自身的发展需求。一方面,管理对象发生了较大变化,大学生的维权意识显著增强;另一方面,管理工作面临着诸多新情况、新问题,对大学生的依法管理提出了迫切要求。

（1）要增强法律意识,加强法律知识学习

新中国成立以来,国家制定了《中华人民共和国教育法》《中华人民共和国高等教育法》《中华人民共和国教师法》等教育法律,国务院还颁布了《普通高等学校学生管理规定》《教育行政处罚暂行实施办法》等200多条法规,基本形成了以《中华人民共和国教育法》为核心的教育法律法规体系。作为高校学生工作管理者,不仅自身要认真学习、深刻理解这些法律条文,做到关键问题心中有数,疑难问题随时查询,同时还要注意引导学生积极学习各种常用的教育法律、法规和规章,了解自己的合法权利和义务,增强依法维权和依法履行义务的意识,养成良好的学法、守法习惯,为学生适应社会、推动国家法制建设夯实基础。

（2）要以法律为准绳,依法制定适用于学校实际的内部具体规章制度

目前,高校学生管理的一般性法律法规已经比较健全,但是不同类型、不同层次、不同地区的高校有着不同的学生管理具体实际,需要按照《普通高等学校学生管理规定》等法律法规,制定适合学校实际的、内部的、具体的

规章制度。

（3）要严格遵守法律法规

要把对学生的规范管理与对学生合法权益的有效维护结合起来，既严格要求，又要充分尊重和平等对待，尤其是在处理违规违纪学生时，一定要做到事实清楚，证据确凿，使用规章办法正确恰当，处理程序符合相关法律规定，做到公平公正。

1.3.2 学生管理工作理念创新的实质与内涵

大学最根本的职能和最核心的价值是培养人才、促进人的发展。大学的历史使命是人的灵魂的塑造者，是主流价值观的传播者，是先进生活方式的倡导者，是人类精神交流的传递者。从大学的社会功能而言，大学服务于先进文化的传承、创造和弘扬，服务于人类社会的整体利益，应该服务于国家和民族事业的全面进步。学生管理工作理应注重学生整体素质的提高，注重学生自由、充分、全面的发展。其基本目的是让受教育者尽可能深入、广泛、多样地了解人所处的世界，了解人自身所处的生存状态；终极目标是最大限度地挖掘自身的潜力，提高学生的综合素质，从而为人类社会的全面进步提供精神动力和智力支持。学生管理工作理念创新的主要内容包括以下几个方面。

1.3.2.1 整合各种资源，坚持系统化的管理理念

任何管理都是对系统的管理，没有系统，也就没有管理。系统化就是从整体上构建学生管理的系统模型和综合模块，把学生管理工作作为一个集学习机制、竞争机制、奖惩机制、决策机制、评估机制和反馈机制于一体的动态过程。学生管理工作是一项系统工程，它不仅是学生工作者的责任，也是全校教职员工的责任，必须予以高度重视，加强组织领导，通力合作，并形成合力，始终坚持依靠广大教职工、学生工作队伍和全体学生积极参与的全员管理。必须针对不同年级的不同特点和不同个体的不同特征，将学生管理工作贯穿于学生成长成才的全过程。它又是全方位的，涉及方方面面，必须始终坚持管理即服务的观念，把解决思想问题和解决实际问题相结合，为学生做实事、办好事、解难事；始终坚持教育管理的理念，努力提升学生管理工作的人文内涵，强化育人效果。

1.3.2.2 贴近学生实际，坚持精细化的管理理念

所谓"精细化管理"，就是将管理覆盖到每一个过程，控制到每一个环节，规范到每一个步骤，具体到每一个动作，落实到每一个人员。学生管理工作的一个显著特点是所管理的事务繁杂、琐细。因此，学生管理工作的核心就是"在'细'字上做文章，在'实'字上下功夫"。在精细化管理中，关键要突出一个"细"。"细"有几层含义：①规范。严格管理规章和工作程序，坚持制度面前人人平等；②科学。善于运用现代管理方法和信息手段，积极探索和掌握学生管理工作的客观规律；③到位。在学生管理过程中，每个环节必须考虑到，不能忽视微小的管理漏洞；④明确。落实管理责任，将管理责任具体化、明晰化。要求管理的过程条理清楚、层次清晰；⑤深入。把工作做得具体、做得扎实，追求一种精益求精的境界，使学校的管理水平迈上一个新的台阶。

1.3.2.3 以培养学生创新精神为核心素质的管理理念

这是解决高校学生工作培养什么人的问题。随着知识经济信息社会的到来，创造力将成为社会经济进步的主要动力，成为关系市场竞争成败的决定性力量，那种"唯文凭、唯分数、唯专业"传统的人才观已不合时宜。教育工作的重点应放在提高受教育者的创造力方面，通过在教育过程中对创造力的发掘、训练、强化，激发受教育者的创造热情和创造才能，积极培养适应时代要求的创新人才。新世纪的人才应是能够适应新技术革命的挑战，能够参与全球性竞争与合作，能够主动适应、积极推进甚至引导一系列社会变革的创新人才。

1.3.2.4 增强自律意识，坚持自主化的管理理念

所谓"自主化管理"是指在学生管理人员和专业教师的指导下，学生自我教育、自我管理、自我服务和自我发展的教育管理模式。其核心是关注人的发展，营造一种宽松和谐的民主气氛，调动学生的主动性、积极性和创造性，培养学生的创新精神和实践能力。要充分发挥学生团组织、社团组织和学生党支部的作用，丰富课余生活，拓宽知识面，增长才干，陶冶情操，培养特色鲜明的校园文化精神；要充分发挥学生干部和学生党员的先锋模范作用，让他们自觉地加入学生的管理工作中来，成为重大问题的参与者、决策者，在参与管理的实践中尝试管理，学会管理，懂得管理；要充分发挥学生的主人翁精神，突出学生的教育主体意识，实现学生干部队伍自主管理的制度化。

1.3.2.5　体现互动性、层次性、整合性的管理理念

这是解决高校学生工作体制的理念问题。高效的工作体制可以激发主体的工作热情、兴趣,使主体在工作中不断产生自我满足感和成就感,从而成为主体不断产生工作主动性、自觉性、创造性的不竭动力,也可使整个工作群体形成团队意识、协作精神。传统的高校学生工作体制存在一定的缺陷:①体制重心的错位,造成协调、服务部门忙于应付具体事务性的工作,而无暇对整个学生工作进行协调与把握;②体制基层的虚位,学生工作基层组织的积极性没有充分发挥出来,使整个学生工作活力欠缺,创造力不够;③体制的整体创造力的空位,造成领导机构、协调部门、基层组织的脱节。

新世纪的高校学生工作必须要适应培养高素质创新人才的需求,进行体制理念的创新,其中应注意三个方面:①体制的互动性,有利于上层和基层相互激发工作活力与创造力;②体制的结构层次性,有利于工作环环相扣,层层递进;③体制的整合性,有利于局部服务于整体,加强全局指导、协调局部,发挥整个体制的凝聚力和资源整合力。具体来说,就是要形成"上"有"决策层",总揽高校学生工作全局,把握住基础性、全局性、前瞻性的大问题,坚持社会主义办学方向和育人原则;"中"要有"协调层和监控层",对学校总体学生工作进行具体指导、协调和监控;"下"要有"责任层和落实层",充分发挥基层组织的积极性,实行工作重心的下移,推行目标管理、量化考核的评价制度,建立竞争机制。这样,整个工作网络就会形成一个动态的、灵活的、高效的"金字塔"形体系。

高校学生工作是一个系统工程,其不仅仅是某个部门的职责所在,学校应树立"全员育人"的教育理念,形成"人人皆教育之人,处处皆教育之地""教学育人、科研育人、管理育人、服务育人"的一个工作大格局。

1.3.2.6　突出主体、开发潜能、激发创造的管理理念

这是解决高校学生工作怎样培养人的问题。传统的学生工作常常是管而不导,堵而不疏。这种治标不治本、浮在面上的学生工作方法已不能适应当代大学生的成长成才的需要和现代高等教育的发展形势。新形势下的学生工作要突出学生的主体地位、尊重学生个性的张扬与优化。通过理想信念教育,为学生进行需要的自我选择和自我调整提供精神动力和行动指南;通过正面引导、反面惩戒来进行学生的需要诱导;通过动机激励、过程磨砺、利益驱动来进行学生的需要驱动等,激发创造学生内在的成才动力,从道理上说服学生,让学生弄清是非,权衡利弊,从而使学生正确规范自身行为,正

确选择调整自身在学习、生活中的需要结构。而教育观念要打破统一思想、统一标准、统一布局的模式,适当地提倡拉开档次,铺开阶梯,允许有一部分人先走上去,再把另一部分人扶上来的育人的阶梯原则。对广大青年学生,应当把他们当成能动地参加教育活动的主体,而不仅仅是教育的对象和受教育者,变以往的家长式、保姆式、灌输式的教育为疏导、启发、自我教育为主的方式。

1.3.2.7 树立运用现代科技手段进行管理的现代理念

这是解决新形势下拓展工作领域的问题。网络技术的发展给传统的高校学生工作带来了新的挑战,同时也为学生工作提供了现代化手段,拓展了新的空间和途径。新形势下学生工作要转换教育观念,树立信息资源意识,主动超前建立网络教育平台,这是把握高校学生工作制高点的有效途径。网络的交互性、虚拟性、平等性、开放性等特点使学生教育管理工作也呈现新的特点,比如教育、管理方式的隐形化、个体化、咨询化和平等化等。学生工作进网络还是一个尚待深入研究的新课题,这不仅是学生工作某个方面或某个层次的创新问题,而且是互联网时代高校学生工作的全面创新问题。其中至少应把握三个要义。

(1)要找准学生工作进网络的立足点,用正确、积极、健康、科学的思想文化信息占领网络阵地,提高学生"接受正确、有益的信息,抛弃错误、有害的信息"的能力。

(2)探究学生工作进网络的切入点,采取与大学生心理需求,生理特征及成长规律相适应的生动活泼、喜闻乐见的形式和内容。

(3)要把握学生工作进网络的融合点,"进"不是简单将学生工作的内容放在网上,也不是单一地把它作为技术性质的信息交换系统,而是要从本质上实现学生工作与网络的融合,达到内容和形式、科技与人文的有机融合,充分发挥网络在学生工作运用中的服务功能、教化功能、引导功能和管理功能,趋利避害,规范网络道德,培养积极、健康、科学的网络文化。

1.3.2.8 不断创新教育内容、服务内容的管理理念

这是解决高校学生工作的具体工作内涵的理念问题。教育、管理、服务是学生工作的三大主题,但在新时期这三大主题的结合方式以及三者自身的内涵就存在理念创新的问题。传统上不同程度地存在以管理为主的工作理念,而教育、服务功能被弱化、淡化,使工作一直停留在较低层水平。面对新的形势:高校扩招,学生人数激增,学分制的推广,后勤社会化改革,学生

的学习生活的主要场所及方式都发生很大变化等。传统的教育、管理已不合时宜，不符合青年学生的心理特征变化和他们的成长规律。高校学生工作要转变观念，逐步从管理型向教育型、服务型转变，转换工作职能。

（1）要创新教育内涵理念

教育是一个系统工程，不仅要加强对学生的文化知识教育，而且要切实加强对学生的思想政治教育、品德教育、纪律教育、法制教育等。要培养富有创新精神和实践能力的人才。对于高校学生工作的教育内涵来说，就是要进行以创新教育为核心、思想政治教育为基础的全面成才教育。而教育的方法主要是从说教式、灌输式的教育向启发式、引导式、激发创造式的教育转变。因为教育本身的要义就是要把教育内容内化为学生的内在需求，变以往学生被动地接受为主动地需要。

（2）要创新管理内涵理念

高校学生工作要从传统的以传统的制度和手中的权力去管理的模式中走出来，注重"导向管理"。管理的内容要从点上的管理到整个层面的深层次管理；管理的对象要从个别管理到抓典型的管理；管理的依据要从校纪校规的管理上升到以法治校、民主治校的高度层次；管理的手段要变直接管理为主到以宏观和导向管理为主，变教师管理为主到以学生自主管理为主。总之，就是要从被动式、强迫式的管理变为主动式、民主式的管理，从管理为主的工作模式走向以教育、服务为主的工作模式。

（3）要创新服务内涵理念

这是探讨学生工作服务目标及方法等。高校学生工作要从管理型工作模式走向教育型、服务型的工作模式，要为学生的成长成才创造各种有利条件，优化校园软硬环境，最大限度地激发学生全面成才的内在动力。服务的内容要把握学生在学习生活中不同层次、不同方面的合理需要；服务方式要在引进社区管理方式的同时，实现服务最优质化、物质利益的最小化。学生不仅是受教育者，也是教育的投资者和消费者，要为学生提供各种生活服务，改善生活环境，对学生社区进行物业化管理，健全社区功能，构筑集文化、休闲、娱乐、购物、健身为一体的文化社区；提供勤工助学服务，扩大勤工助学的网络与途径，帮助困难学生顺利完成学业；提供学习服务，指导学生考研、出国、创作发明等；提供就业服务，健全信息网络，加强政策、心理、技术各方面的指导等。

1.3.3　高校学生管理工作理念创新的重要性

1.3.3.1　创新学生管理理念是新形势下做好学生管理工作的首要条件和客观要求

随着改革开放的深入和市场经济的发展,学生对各种思想、文化的接受和选择有了更广阔的空间,社会上的各种思想和价值观念必然对当代大学生产生巨大的影响,给学生管理带来新的挑战。同时,我国大学教育的管理现状,还存在着许多不适应之处,突出表现在许多教育管理人员仍沿袭传统的单一模式和思维习惯,原有的以学校和教师为中心、忽视学生主体性的管理模式,使学生管理面临新的困境。

1.3.3.2　创新学生管理理念是新形势下做好学生管理工作的逻辑起点和必要前提

当前的高等教育正由精英教育向大众化教育阶段跨越式发展,既要把学生视为接受教育的对象,又要把学生当作管理服务的主体;既要严格管理规范,又要重视教育引导;既不能一味地追求意志统一,又需要充分保障学生权益;既要强调集体观念和社会需要,又要趋向于人的个体需求与素质发展。

因此,21 世纪的高校学生管理首先必须对管理理念进行创新,并把这种理念创新当作高等教育大众化条件下学校管理工作的逻辑起点和必要前提。

1.3.3.3　创新学生管理理念是新形势下做好学生管理工作的应有之义和关键所在

经济建设需要人才,而培养出的人才只有为社会所接纳,并转化为生产力才能发挥作用。时代变化激发理念变化,理念变化决定时代变化。没有先进的理念,工作就缺乏正确的导向。高校学生管理工作的现代化首先是管理理念的现代化。学生管理工作作为高校学生管理工作的重要组成部分,就要求冲破传统束缚和实践障碍,解决好工作中的"瓶颈"问题。因此,从某种意义上说,理念是管理的基础和先导,是管理的核心和精髓,是做好管理工作的关键所在。

1.3.4 高校学生管理工作理念创新的途径

在全球化的背景下,传统的学生管理方法面临着严峻的挑战。随着学科的建设和发展,学生管理也应当形成自身科学的、实效的方法论。进行方法论的研究和创新已成为学科创新的当务之急。目前,我国高校学生管理队伍中普遍存在着工作观念滞后、思路滞后、方法滞后和手段滞后等问题,跟不上时代发展的需要。学生工作人员要善于运用现代管理的方法和信息手段,创造适合学生发展规律的、切合学生身心特点的工作方法,使学生工作更富感染力和实效性;要经常深入学生的学习和生活之中,重点关注学生中的特殊群体,使学生工作更富有说服力和艺术性;要深入挖掘和树立青年学生中的先进典型,树立可亲、可信、可学的道德榜样,使学生工作更富有吸引力和生动性;要定期进行学生状况的调查分析,为政策制定和方法研究提供可靠依据和参考资料,及时总结新做法,推广新经验,使学生工作更富有影响力和创新性。

1.3.4.1 应借鉴相关学科的知识和经验,拓宽学生管理工作的研究视野

在继承党的思想政治工作优良传统的基础上,借鉴和吸收相关学科的研究成果和方法,是拓宽研究视野,深化理论认识,从而不断开创新形势下学生管理工作新局面的途径之一。更值得关注的是目前学生管理研究已不局限于对社会科学的借鉴,而开始关注自然科学系统论或生态学视野下的学生管理,这一探索还需要实践去检验。

1.3.4.2 应注重以实证研究的方法检验学生管理理论的科学性

传统的学生管理研究方法主要是采用以思辨为基础的理论研究和逻辑研究。广泛地使用实证研究方法是对学生管理研究有益的补充。实证研究就是根据现有的材料进行统计、分析、实验,通过量化的、精确的测试得出结论,其中包括编制调查问卷、量化模型数量分析、矩阵概率数学方法等,以此客观真实地了解和反映大学生的思想现状与特点,坚持定性与定量方法相结合,真正实现学生管理决策的科学化。

1.3.4.3 应关注国外学生管理的新方法,通过比较研究借鉴其中有益的成分为我所用

学生管理必须与时代主题紧密结合,大胆吸收人类文明中的先进的、有益的成分。通过了解国外学生管理的历史、现状和发展趋势,比较、鉴别、融

合,推动我国学生管理学科的发展。

1.4 高等学校学生工作创新发展的时代要求

1.4.1 全球化背景下人才诉求对高校学生工作提出新要求

1.4.1.1 全球化对人才的需求

全球化背景下,人才处于世界各国综合国力竞争的中心位置。更简单地说,人才是决定一国综合国力高低的关键因素。当今世界,一个国家的国际竞争力在很大程度上取决于该国人才及其储备数量及质量的高低。因此,结合全球化背景明确培养目标,对于人才的全面发展具有至关重要的作用。全球化对人才培养目标提出了更高更新的要求。

第一,要有国际思维、国际视野以及全球战略敏锐度,同时要有强烈的国家认同感与民族归属感,既不盲目自信、骄傲自大,也不妄自菲薄、崇洋媚外,要能够在错综复杂的国际环境中坚持和平共处五项原则,坚定维护本国的国家尊严与国家利益。

第二,要有对世界科技前沿及发展动向的敏锐追踪力与高效学习力,掌握符合国际标准的技术规范和工作规范,同时要有良好的跨文化沟通能力,在熟练掌握并运用一门或多门外语的同时,熟知并准确把握世界各国尤其是工作意向国的民族文化、社会风俗、价值观念以及思维方式等。

第三,要在复杂多变的国际环境中具有举一反三的应变力、触类旁通的学习力以及敏锐洞察力,要具有独立思考问题的能力,在对国际热点难点持续追踪跟进的基础上,对相关问题进行客观分析,努力做到去伪存真、去粗取精,学会透过现象看本质。

第四,要具备包容心态和较强的创新能力,要有兼容并蓄的精神,能不断接触、学习、吸收各种知识信息,善于学习倾听、拓展思路,能够做到终身学习,能够追踪本专业的世界前沿,并不断吸收国际先进文化知识加以运用。

第五,要有良好的组织协调能力,要具备团队合作精神,要具备较高的社交能力,能够处理好与他人的关系,要与他人协同合作,充分调动和发挥组织成员的积极性、主动性。具备这些能力的人才,才是符合全球化需求的人才,才能在未来的国际竞争中立于不败之地。

总之,从发展的观点看,全球化背景下的人才不仅要善于学习,还要善于思考,善于创新,善于交际,善于合作,努力掌握主动领跑世界发展的能力。在明确了全球化背景下人才培养目标的基础上,还要注重建立健全全球化背景下人才的评价机制和体系,只有做好这一点,才能使更多的人才更快更好地达到培养目标。

1.4.1.2 应对全球化高职学生工作的创新发展

全球化日益使地球成为"地球村",地球村里面的各个成员都要调整自己的角色与定位,对于高等学校而言,全球化的影响主要是高等学校工作的思想、理念更加多样,高等学校之间的交往范围更为广泛,高等学校学生工作的主体更为多元,高等学校学生工作的目标更为科学、全面。从学生工作来看,要从理念、范围、主体、目标等四个方面来对学生工作进行创新,以应对全球化的冲击和挑战。

针对全球化的发展趋势,应该树立新的高等学校学生工作理念。传统时代的学生工作理念,虽然有所发展与创新,但是由于范围和地域有限,所产生的工作理念的类型与方式有一定的局限,在全球化时代,学生工作理念的范围与地域大大扩展,应该树立新的适合全球化趋势的高等学校学生工作理念。具体而言,应该树立以学生为本的工作哲学观。以人为本是对个体人的尊重,应该把握全球化对人才的特殊需求,从这点出发,针对这些能力设置相应的学生工作。应该树立突出主体,开发潜能,激发创造的工作方法观。学生工作的主体是学生,学生具有人的主观能动性,能够对自身与客体进行创新。在学生工作的过程中,应该突出学生的主体地位,激发其潜能,让学生在工作中勇于承担各项职责与任务。应该树立体现互动性、层次性、整合性的工作体制观。学生工作体制不应是单一的、单向的、分散的体制,而应该整合各项机能,要体现学生工作的互动性、层次性和整合性。

针对全球化的发展趋势,应该加强与国内外高等学校之间的交流。传统时代,受到当时国际条件和国内政策的制约,我国高等学校的对外交流主要局限在社会主义国家,随着改革开放政策的推行和国际各种环境的变化,我国和世界各地的经济、社会、文化交流日益密切,高等学校的学生工作也日渐受到国内外高等学校的影响。如何合理借鉴国内外先进的学生工作管理经验,吸取其教训,是当前学生工作的重要内容。国外大学已经有了几百年的历史,他们的学生工作有很多经验值得我们学习。如他们对学生思想道德的培养模式,对就业指导的模式,对学生心理素质的培养,都值得我们学习。我国港澳台地区由于较早地学习西方经验,同时这些地区的高等学校又针对亚洲特别是华人的特点对高等学校学生工作进行了具体化,走出了自己的发展道路,尤其值得我们加以借鉴与吸收。

针对全球化的发展趋势,应该对学生群体采用不同的学生工作方法与内容。全球化的结果首先导致主体的多元化。一个学校不再只是一个国家的大学生,可能会有许多来自各国的留学生,要注意不同国家的大学生之间的差异,做到因人而异。即便是同一个国家的学生,个人之见受到全球性观念的各种冲击,每个人的世界观、价值观体系也有所不同,如何用社会主义核心价值观合理地疏导与教育这些学生,是摆在当代学生工作者面前的重要问题。

1.4.2 社会主义市场经济发展的人才诉求对高职院校学生工作提出新要求

1.4.2.1 市场经济及其特点

1992 年 10 月,党和国家确立了社会主义市场经济体制。随着社会主义市场经济体制的不断发展与完善,我国建立了以公有制为主体、多种所有制经济共同发展的基本经济制度,建立了以按劳分配为主体、兼顾效率与公平的收入分配制度,建立健全了统一、开放、竞争、有序的现代市场体系,建立了适应市场经济要求的现代企业制度,同时不断完善政府职能体系,合理发挥政府在经济调节、市场监管、公共服务、社会治理等方面功能,不断提高党和政府驾驭社会主义市场经济的能力。

社会主义市场经济体制具有以下特征:一是经济关系市场化,市场成为资源配置的决定性力量。在社会主义市场经济体制下,市场机制是推动生产要素流动、促进资源优化配置的基本机制,经济运行直接或间接地处于市场关系之中。二是企业行为主体化。在市场经济条件下,所有企业都具有开展生产、经营活动所应有的全部权利。三是宏观调控间接化。政府部门不再直接干预企业生产、经营等具体事务,而是通过货币政策与财政政策规范企业经营活动,调节经济运行。四是市场管理法治化。企业的所有生产、经营活动都必须遵照一定法律法规进行,经济整体运行以健全的法律法规为基础保障,市场竞争激烈而有秩序,竞争手段规范而又公平。

随着社会主义市场经济的逐步确立,对于人才的要求也发生了变化。

党中央、国务院在全国人才工作会议上从"人才强国战略"的高度提出了要树立科学的人才观,明确了新的人才标准,强调"要把品德、知识、能力和业绩作为衡量人才的主要标准,不唯学历、不唯职称、不唯资历、不唯身份",要"以能力和业绩为导向",要从注重人才的外在名分走向注重人才的内在本质。这就是说,社会主义市场经济对人才的要求是把人品、创新意识、工作能力和业绩结合起来。今后,只要具有一定的知识或技能,能够进行创造性的劳动,为祖国现代化建设做出积极贡献,人人都可以成为有用之才。

1.4.2.2 中国特色社会主义市场经济发展对人才的需求

中国特色社会主义事业,是一个渐进发展的过程,在改革开放的过程中得以完善。建设中国特色社会主义事业,就是在坚持中国共产党的根本领导下,以经济建设为中心,坚持四项基本原则,坚持改革开放,自力更生,艰苦创业,建设社会主义市场经济、社会主义民主政治、社会主义先进文化、社会主义和谐社会与社会主义生态文明,逐步实现全体人民共同富裕,建成富强民主文明和谐的社会主义现代化国家。社会主义对人才的特殊要求表现在如下几个方面。

首先,要信仰马克思主义,信仰中国特色社会主义,对中国特色社会主义有坚定的理论自信、制度自信、道路自信与文化自信。坚持共产主义信念是建设中国特色社会主义对人才培养的根本要求,必须坚持共产主义信念,拒绝被资产阶级思想所腐蚀。必须树立正确的思想观、价值观,拒绝错误的、腐朽的思想观、价值观。

其次,要了解国情,能够立足国情,走向世界。建设中国特色社会主义,必须建立在了解国情的基础上,对中国国情有所了解,才能够对症下药,才能够使社会主义事业顺利前进。

最后,要拥有专业技能,为社会主义事业服务。打铁还需自身硬。建设中国特色社会主义,必须掌握一技之长,必须能够对社会主义事业的某一方面产生促进作用。

1.4.2.3 随着市场经济发展高职学生工作的创新发展

从以上社会主义市场经济对人才的基本要求和社会主义事业对人才的特殊要求看,都要求高等学校能够培养德才兼备的人才。有德无才是废物,有才无德是害物,只有德才兼备才能够对社会主义市场经济和社会主义事业建设起到促进作用。大学要面向国家重大需求,面向国际学术前沿。

我们在今后开展学生工作的过程中,要注意培养学生的品德与才能。

需要做到以下几点。

第一，确立培养德才兼备人才的学生工作目标。要将培养学生的思想道德与学生的专业技能确立为学生工作的主要目标，在目的上予以明确化，引导学生工作顺利前进。

第二，建立一支素质高、信仰坚定的学生工作队伍。榜样的作用是无穷的。辅导员在学生中拥有较高的声望，如果辅导员的素质高，社会主义信仰坚定，会对学生起到先锋带头作用，会感染学生坚定社会主义理想信念，确立为实现社会主义现代化而奋斗的目标。

第三，创新学生工作的内容，重点突出加强学生的思想道德建设与提高学生专业实践能力。我国古代大思想家就主张知行合一，马克思主义者也强调实践的重要作用。培育德才兼备的人才，还是要落实到学生工作的具体内容中去。在开展学生工作的过程中，思想道德建设应该注重宣传，开办一系列的宣传讲座，对误入歧途的学生进行改正教育等。专业实践能力教育应该在具体实践活动中得到加强，同时开展一系列的团体活动，培养学生的团队意识与合作经验。

第四，构建包含德才标准的学生工作评价机制与评价标准。学生工作的效果如何，是否达到了培养德才兼备的学生的目标，这些都需要科学系统的评价体系来评价。科学系统的评价体系应该具有可信度和有效度，只有这样，才能够客观真实地反映学生工作的效果。在学生评价体系中，应该注重品德指标和专业技能指标在体系中所占的比重，这是检验学生是否全面发展的要求，也是培养德才兼备人才的必然要求。

1.4.3 "互联网+"时代对高职学生管理工作提出新要求

随着"互联网+"迅速普及和发展，对大学师生的学习生活乃至思想观念都产生着广泛和深刻的影响。对于学生管理，一方面，"互联网+"为高校学生管理工作提供了很好的发展创新的机遇；另一方面，"互联网+"的普及和发展也带来了一些新的问题，对学生管理工作形成了极大的冲击和挑战。在这种形势下，系统分析"互联网+"所带来的机遇和挑战，创新高校学生管理工作，具有鲜明的现实和理论意义。

1.4.3.1 "互联网+"的科学内涵

"互联网+"是创新2.0下的互联网与传统行业融合发展的新形态、新业态,是知识社会创新2.0推动下的互联网形态演进及其催生的经济社会发展新形态。"互联网+"代表一种新的经济形态,即充分发挥互联网在生产要素配置中的优化和集成作用,将互联网的创新成果深度融合于经济社会各领域之中,提升实体经济的创新力和生产力,形成更广泛的以互联网为基础设施和实现工具的经济发展新形态。"互联网+"行动计划将重点促进以云计算、物联网、大数据为代表的新一代信息技术与现代制造业、生产性服务业等的融合创新,发展壮大新兴业态,打造新的产业增长点,为大众创业、万众创新提供环境,为产业智能化提供支撑,增强新的经济发展动力,促进国民经济体制增效升级。

(1)"互联网+"的本质是传统产业的在线化、数据化

"互联网+"的本质是传统产业对互联网的深层次、全方位应用,以及互联网对传统产业的改造和重塑,而非简单的在线化和数据化传统产业。互联网的应用可以解决许多现有市场机制下解决不了的问题,如缓解信息不对称;也可以通过改变生产流程,促进竞争力的提高。我国互联网在商业领域的应用已经处于世界领先水平,而互联网在工业领域的应用却大大滞后。从互联网商业到互联网工业,是从互联网应用到"互联网+"的最好诠释。互联网及信息化正带来新一轮科技革命。中国当前正处在抓住和引领产业革命前沿的最佳机遇期,抓住这次机遇,对于中国经济的长远发展和创新体制建设,具有深远的意义。

(2)"互联网+"是互联网的全方位应用

互联网归根到底是一种工具,就像前几次技术革命中的蒸汽机、电一样从产生就得到各行各业的广泛应用。从这个意义上来看,"互联网+"是以互联网为主的一整套信息技术(包括移动互联网、云计算、大数据技术等)在经济、社会和生活各方面的扩散应用过程。单纯从互联网的应用角度来理解"互联网+"可能会让人产生疑问,既然"互联网+"是国民经济各行业和全社会对互联网的应用,市场经济体制下,因竞争压力而借助互联网进行成本缩减必然成为市场主体的理性选择,为什么各个国家都以不同的形式将类似于"互联网+"的内容(如美国的工业互联网)列为国家级战略布局,核心在于互联网与哪些产业"相加"。

（3）"互联网+"是产业应用，更是产业重塑

从中国近20年的互联网发展史来看，中国当前正经历互联网商业向互联网工业过渡时期。互联网与商业的结合，极大地改变了我们的日常生活方式，中国电子商务的快速发展印证了这一点。互联网对商业的改写，毫无疑问降低了市场的运行成本，弥补了中国非统一市场的缺陷。但本质上并未改变其商业属性，解决的仍是生产与消费的低成本匹配问题；基于互联网的零售业，从本质上只是缩短了零售环节，节省了交易成本。基于商业贸易的互联网应用，虽然可以改变产业形态，但理论上来说并不会大规模产生新的经济知识以及技术创新。但互联网与工业的结合，却在改写工业生产方式、经济知识供给方式以及技术创新的模式。基于互联网的工业并不是传统工业的补充，而是对传统工业的升级或替代。发达国家虽然服务业占比超过工业占比，但这些国家均具有对工业技术的核心掌控能力，制造业发展对于国家创新体系仍起到非常重要的作用。

1.4.3.2 互联网为高职学生管理工作提出新要求

（1）互联网为高职学生管理工作创造了新的机遇

目前我国高等教育存在的诸如高等教育大众化、个性化、终身化、实用化等问题，都有望借助网络的普及而得以改变。具体说来，这些问题解决的可能性主要体现在以下几个方面。

①网络将激发学生学习兴趣和好奇心，增强学习主动性，从而使学生"自学、自教、自用"的能力得到很大提高；同时也可以帮助教师及时更新教学内容，提高教学水平，改进教学方法。这样就很好地发挥了"教与学"的有效性。

②网络高等教育的出现打破了传统教育的时间和空间限制，使得高等教育的大众化和终身化成为可能。

③互联网的普及和发展使得个性化教育、按需学习成为可能。

④教学模式将从"教师'教'—学生'学'"的模式向"学生'自学、自教、互教'"为主—教师引导为主，教授为辅的模式发展。高校学生管理工作作为高校教育的重要组成部分，也必然受到高等教育模式转变的影响。近些年来，学生管理工作面临诸多困境，管理方式方法单调老套不具创新性；管理内容枯燥陈旧、理论脱离实际的现象突出；学校管理与社会管理脱节，管理社会化问题；等等。简言之，这些问题也寄希望于能借助互联网而得到解决。

同传统的学生管理工作相比较，应用互联网开展学生管理工作，为学生

管理工作的开展提供了巨大的空间,其表现为拓宽和丰富了学生管理工作的内容,促进了学生管理工作方式方法的转变,开辟了学生管理工作的新途径,创造了高校学生管理工作的新环境。可以说,利用网络开展学生管理工作是适应社会发展的需要,也是学生管理工作自身多样性、综合性和时代性等特征所决定的。

(2)互联网为高职学生管理工作带来新的挑战

在对高校大学生进行管理的过程中,互联网给学生管理带来了不可忽视的挑战,其主要表现为以下几个方面。

①对大学生政治观、价值观的影响。不可否认,网络可以用现代化的形式和手段将德育的内容具体化、生动形象化,对大学生学习政治理论、培养坚定正确的政治观和价值观产生了积极的推动作用。但是,网络对大学生的政治观、价值观也带来了消极负面的影响。在互联网时代,青少年学生虽然知识丰富、爱国热情和社会责任感高,但由于社会经验和阅历有限,对国情、世情体察不深,对网上出现的一些社会现象认识不深或片面,容易被西方宣传的思想渗透而西化。

②对大学生道德观、法制观的影响。学生管理工作的重要任务是提高大学生的道德文明程度,培养大学生良好的道德品质和法制观念,提倡职业道德和恋爱婚姻家庭美德。而网络的应用为高校德育理论与实际的结合起到了促进作用,也深化了大学生的道德观和法制观,但是,网络带来的问题也不容忽视。

一是社会责任弱化。互联网制造出来的虚拟社会为大学生群体提供了极大的自由度,这种虚拟环境往往会使他们忘记自己的社会角色和社会责任,从而做出一些不道德甚至违法的事情。

二是道德冷漠。如今无数大学生沉迷于聊天交友及各种电子游戏,大大减少了与他人进行可视性、亲和感的人际交往,这样容易使其对他人和社会的幸福漠不关心,失去幸福感知。另外,虚拟社会的非人性特点,也易使大学生的人性受到影响。

三是对大学生心理健康的影响。网络对大学生心理健康的影响主要表现为痴迷上网而带来的一系列心理问题。

1.4.4 习近平新时代中国特色社会主义思想对高职院校学生工作提出新要求

1.4.4.1 新时代中国特色社会主义及其特点

2017年10月18日,党的十九大报告明确提出了"中国特色社会主义进入了新时代"这一重大论断。中国特色社会主义新时代是中国发展的全新历史方位,是不断开创中国特色社会主义事业新局面新的历史坐标,是承前启后、继往开来、在新的历史条件下继续夺取中国特色社会主义伟大胜利的时代。因此,科学认识、把握新时代的科学内涵及基本特征,对于包含高等学校学生工作在内的各项工作的开展均具有重大导向作用。概括而言,"新时代"具有以下基本特征。

第一,新时代是合乎历史前进方向,具有远大前途的时代,具有新的历史任务与时代目标。新时代之所以合乎历史前进方向、具有远大前途,一方面,是因为新时代始终"以人民为中心",将为人民创造美好生活、逐步实现全体人民共同富裕作为奋斗目标,从根本上关照最广大人民的根本利益,因而能够得到最广泛的群众支持。另一方面,新时代在总体上以追求实现中华民族伟大历史复兴为主导性叙事线索①,其时代目标由"求富"转向"图强"。在新时代,实现中华民族伟大复兴绝不是空中楼阁,而是落实为"两步走"战略安排,即在2020—2035年,全面建成小康社会,并基本实现社会主义现代化;在2035年—21世纪中叶,把我国建设成富强民主文明和谐美丽的社会主义现代化强国。这为实现中华民族伟大复兴的中国梦提供了切实的战略依托,新时代比以往任何时期更具备实现"中国梦"的能力。

第二,新时代的社会主要矛盾发生了转变。社会主要矛盾是确立党和国家中心工作的出发点和关键依据。党的十九大明确指出,随着中国特色社会主义进入新时代,我国社会主要矛盾已经转化为人民日益增长的美好生活需要和不平衡不充分的发展之间的矛盾②。这一重大论断是以习近平同志为核心的党中央运用历史唯物主义基本原理,在准确把握新时代的新特征基础上,对中国社会主要矛盾的变化进行的科学总结。新时代社会主

---

① 张明,尚庆飞.理解中国特色社会主义新时代的三重维度[J].南京社会科学,2018,(3):1-7.

② 习近平.决胜全面建成小康社会夺取新时代中国特色社会主义伟大胜利——在中国共产党第十九次全国代表大会上的报告[N].人民日报,2017-10-28.

要矛盾的变化,表明人民的需要已不再仅仅局限于物质文化需要,而是转向对美好生活的全方位追求。这为党和国家工作提出了新要求,即着力解决我国经济社会发展过程中存在的不平衡不充分问题,继续统筹推进"五位一体"总体布局和"四个全面"战略布局,不断提升人民群众的获得感、幸福感、安全感。同时,还需清醒地认识到两个"没有变",即我国仍处于并将长期处于社会主义初级阶段,我国仍然是世界上最大发展中国家。决不能因为胜利而骄傲,决不能因为成就而懈怠,要居安思危、戒骄戒躁,继续艰苦奋斗、砥砺前行。

第三,新时代具有新的指导思想——习近平新时代中国特色社会主义思想。在新时代背景下孕育而生的习近平新时代中国特色社会主义思想,是指引新时代新征程的思想指针[①]。习近平新时代中国特色社会主义思想是马克思主义中国化的最新理论成果,党和人民实践经验和集体智慧的结晶。这一思想成果坚持"以人民为中心"的根本价值取向,具有与时俱进的理论品质与实践品格,是实现中华民族伟大复兴中国梦的行动指南。从主题上看,习近平新时代中国特色社会主义思想系统回答了两大时代课题,一是新时代坚持和发展什么样的中国特色社会主义,二是新时代怎样坚持和发展中国特色社会主义。从内容上看,习近平新时代中国特色社会主义思想内涵十分丰富,这一思想成果为坚持和发展中国特色社会主义提供了十四项基本方略,内容涵盖了经济、政治、文化、法治、科技、教育、民生、环保、国家安全、国防和军队建设、"一国两制"和祖国统一等诸多方面。可见,习近平新时代中国特色社会主义思想是一个内容丰富、结构严谨的科学理论体系,这一思想对夺取新时代中国特色社会主义伟大胜利,实现中华民族伟大复兴的中国梦具有重大指导意义。

1.4.4.2　新时代中国特色社会主义事业对人才的特殊要求

新时代中国特色社会主义事业,以全面建成小康社会与全面建设社会主义现代化强国为战略布局,以逐步实现全体人民共同富裕为奋斗目标,以实现中华民族伟大复兴中国梦为伟大历史使命。习近平总书记在十九大报告中明确指出:"人才是实现民族振兴、赢得国际竞争主动的战略资源","要以培养担当民族复兴大任的时代新人为着眼点,强化教育引导、实践养成、

---

① 王永贵,陈雪.新时代:中国特色社会主义的新航标[J].思想理论教育,2018,(3):4-8.

制度保障,发挥社会主义核心价值观对国民教育、精神文明创建、精神文化产品创作生产传播的引领作用,把社会主义核心价值观融入社会发展各方面,转化为人们的情感认同和行为习惯"①。新时代中国特色社会主义事业对人才的特殊要求表现在以下几个方面。

首先,新时代中国特色社会主义事业需要具有正确政治方向的人才。"方向"问题涉及"为谁培养人"和"培养什么人"的根本问题,当前开展青年人才工作需把握好青年人才教育培养的方向问题。习近平总书记向来重视对青年人才的理想信念教育,强调"精神之钙"对人才的重要性。青年人才只有坚定中国特色社会主义的崇高理想,树立正确的世界观、人生观和价值观,将个人理想融入国家建设与民族复兴的伟大事业之中,才能成为新时代中国社会主义事业的合格建设者和可靠接班人,才能肩负起新时代所赋予的重大历史使命。

其次,新时代中国特色社会主义事业对人才培养强调"以德为先"。人无德不立,有才无德难成大器,德才兼备的人才是有用之才。习近平认为,培养人才首先要注重思想道德素质培育与提升,指出:"要加强社会主义核心价值体系建设,积极培育和践行社会主义核心价值观,全面提高公民道德素质,培养知耻辱、讲正气、作奉献、促和谐的良好风尚②。"新时代中国特色社会主义事业具有伟大而艰巨的历史任务,在此情况下,青年大学生没有高尚的品德,没有坚定的理想信念,是不能成为社会主义现代化事业的建设者和接班人,为中华民族伟大复兴做出应有贡献的。

最后,新时代的新变化、新特征对青年人才的适应力、创新力提出了更高要求。在当今世界,创新驱动发展,是各国提高国际竞争力和综合国力的必然选择,也是人才强国建设的动力源泉。随着中国经济运行进入新常态,"大众创业、万众创新"的双创局面,服务业在经济结构优化升级中重要性凸显,经济发展方式由粗放型转向创新动力型,"互联网+"成为驱动经济发展新引擎等新情况,无一不要求具有时代应变力的创新型人才,需要高素质青年技能型服务人才支撑服务业,需要青年科技创新人才提供创新活力。总之,创新成为驱动发展的新引擎,创新的根基在人才,这需要一大批思想活跃、创造力强的青年人才。

① 习近平.决胜全面建成小康社会夺取新时代中国特色社会主义伟大胜利——在中国共产党第十九次全国代表大会上的报告[M].北京:人民出版社,2017:64.
② 习近平.习近平谈治国理政[M].北京:外文出版社,2014:154.

1.4.4.3　适应新时代高职学生工作的创新发展

"中国特色社会主义进入了新时代"是党的十九大提出的最新论断,新时代意味着新变化、新要求、新导向,因而亟待在"新时代"这一新语境下,就完善、创新高等学校学生工作的重点难点问题及其解决对策提出新思考。从以上新时代的主要特征以及新时代中国特色社会主义事业对人才的基本要求看,高等学校学生工作应从以下几方面开展创新。

第一,坚持"以人民为中心"的根本价值取向,以主体性教育为基础,促进学生全面发展。社会主义现代化建设的核心和关键是人的现代化,而主体性是人的现代化的根本点。确立主体性教育思想,是社会发展的需要和教育现代化的要求。主体性教育以学生为中心,以活动为中心,以实践为中心,旨在培育学生主体意识、提升学生主观能动性、健全学生主体人格,促使大学生进行自我教育、自我管理与自我完善,进而促进大学生全面发展。教育是为了未来,需要把握教育现代化的发展方向,教育只有不断创新,人的全面发展才能实现。让学生主动进行学习、创造的教育,有助于帮助学生发现自我价值、挖掘自我潜能,有助于引导学生为实现自我理想不断奋斗,最后成就全面发展的"和谐之人"。

第二,坚持与时俱进的创新精神,以培养体系改革创新为目标,构建立体化人才培养体系。要完善高等学校学生工作网络体系,"要捕到不同的鱼,就需要多种不同的网,既要缩小网眼,也要改变网的结构①。"所以,我们要不断推进教育形式和内容的创新。新时代的时代目标由"求富"转向"图强",以实现中华民族伟大复兴为历史使命,这需要有一批具有时代精神、创新能力的青年大学生作为人才依托。为此,新时代高等学校学生工作应按照"宽口径、厚基础、强能力、高素质、重创新"的要求,在新一轮人才培养方案中贯彻知识、素质、能力协调发展,兼顾基础平台与个性化培养平台,强化特色和适应社会发展并重,教学内容与课程体系整体优化,实践能力培养与研究性教学并举的五项原则,构建了通识教育、学科基础、专业教育、学科拓展、实践能力培养等五个课程平台,按人才培养的系统性、适应性、创新性和前瞻性要求,整体设计和系统优化课程资源,建立了融合贯通、有机衔接的"平台+模块"课程体系。

第三,根据社会主要矛盾变化的新要求,高职学生工作需要着重解决服

①　刘华杰.浑沌有多复杂?[J].系统辩证学学报,2001(4):29.

务与育人不平衡的问题。为此,首先应把高职学生工作重心从教育、管理转向教育、管理、服务并举,坚持以学生为中心,在开展学生工作过程中尊重学生、信任学生,努力使学生工作更好地服务学生成长成才需求,促进学生全面发展。其中,及时了解、把握学生多样化、多元化的需求十分重要。高职学生工作需要根据学生实际需要,不断丰富工作内容,不断创新工作形式,提高工作的针对性;同时要及时总结学生工作中经验教训,在发现不足的基础上不断完善学生工作。其次,建立专业化的服务机构——学生事务"一站式"服务。"一站式"服务建立的前提是学生事务管理和服务的专业化,核心是整合各项职能部门职能于一身,从而实现服务的整体化和高效性。高职学生工作提供"一站式"服务,不能满足于不同机构的简单整合,而是要根据实际情况,尤其要贴近学生实际发展需求,同时结合本校实际情况,合理精简学生事务服务流程,建立专门化、科学化的学生事务服务体系。此外,高职院校还应积极利用网络平台整合资源,加强学生事务"一站式"服务的信息化的网络平台建设。最后,加强主动教育,坚持服务育人。一方面高职学生工作应进一步继承、巩固并发展"主动教育学生"的传统优势,强化对学生的前瞻性、预见性、全局性的"主动教育"①。另一方面,在学生工作中,要积极主动地通过各种渠道关心学生的利益需求,主动为需要帮助的学生提供更加周到的服务和支持。

　　第四,建立开放互动的学生工作体系。"开放互动的学生工作体系包括两个子系统,即开放式的思想政治教育系统和开放互动的学生事务工作系统"②。高职学生工作系统应与思想政治教育紧密融合。具体而言,高职学生工作应成为思想政治教育的有效载体,而思想政治教育则能对高职学生工作进行价值引领。开展思想政治教育是我国高等学校学生工作的优势与特色所在。高等学校学生工作在强调学生事务管理与服务的同时,应继续加强思想政治教育,不断探索学生工作与思想政治教育相互融合、相互促进的有效途径。还应建立完善班主任制度,发挥班主任在联结学生事务与学术事务的桥梁、纽带作用。此外,高等学校还要在业务上加强不同职能部门的协同合作,积极推进协同育人、协同服务,实现全员育人、全方位育人、全

---

① 冯刚,赵锋.走进英国高校学生事务管理[M].北京,中国人民大学出版社,2008:81.

② 吴铭,林海霞.中美高校一站式学生服务中心比较研究[J].思想理论教育,2014(4):96—100.

过程育人。

　　第五，加强高职学生工作管理队伍的专业化建设。学生工作专业化是与高教育跨越式发展、素质教育的深入实施以及全球化、信息化的浪潮结合在一起的①。高等学校学生工作的专业化建设离不开一支专业化的学生工作管理队伍。首先，要重视并加强对学生工作管理队伍的职业培训。要制订培训要求与规划，有计划地组织开展对学生工作管理队伍的专业能力提升训练，并将专业化培训贯穿于学生工作管理队伍职业生涯全过程。要根据不同阶段、不同岗位、不同对象，开展针对性的专题培训，提高学生工作管理队伍的专业理论水平和解决问题能力。同时，还应积极组织开展对外交流培训，组织学生工作管理队伍参加国家、省部级交流培训，开展小团队围绕相关课题交流等。其次，还应重视学生工作与学术事务的有机融合。总之，在第一课堂之外，学生工作者对培养学生的综合素质中发挥重要作用，成为高校人才培养的重要支撑力量。最后，高等学校一方面要注重提高学生事务管理队伍的专业化、职业化、学术化水平，另一方面要注重学生事务和学术事务的密切联系与合作，帮助学生加强实践与专业理论的结合，拓展学生事务的实践广度和理论深度。

　　①　尹冬梅.我国高校学生工作专业化的回顾与展望[J].思想理论教育,2015(9)：98.

2 高职学生教育管理的基本内涵和外延

2.1 高职学生工作的基本内涵与特殊内涵

高职学生工作既是一个约定俗成的习惯术语,也属于历史范畴,在不同的时期有不同的内涵与外延。高等学校学生工作是一个工作领域的总称,是指课堂之外对学生进行非学术性教育、管理以及为学生提供服务等相关的概念、事务、活动的集合与总称。

2.1.1 高职学生管理的基本内涵和本质

2.1.1.1 高职学生管理的基本内涵

学生工作因时而异,因此必须在历史的动态中把握学生工作的内涵。对于新时期的学生工作,就需要用现代的理念与视角对当代学生工作的内涵进行新的诠释。对于学生工作的内涵,学者们尚未达成一致性意见,不同学者对"学生工作"这一概念的界定也不尽相同。有的学者将学生工作视为思想政治教育工作,认为学生工作就是学生德育工作。对此,有学者指出,高等学校学生工作的工作内容会随着历史阶段的变化而变化,尤其会随着社会进步而日趋复杂化,在这种情况下,"学生工作"的概念就不能被简单理解为德育工作。还有一些学者认为,思想政治教育与智育、体育、美育同属于高等学校学生工作内容的重要组成部分,从这个意义上讲,可以形成一个特定的概念,即将学生工作称为"德育",将高等学校学生工作视为学生思想政治教育工作即德育工作。总而言之,上述观点都属于对"学生工作"概念的狭义界定,这些界定大多将学生工作与德育直接等同起来,这无疑缩小了高等学校学生工作的主要范围。

在国外的高等学校中,存在着学术事务与学生事务的区分,学生事务概念通常与学术事务概念相对。其中,学生事务主要是指有组织的学生服务工作,其工作内容涵盖综合素质教育、学生课外活动、学生住宿服务、学生心理问题咨询等。而学生事务管理则是与学生事务有关的这一职业领域的总称,这基本与我国高等学校学生工作相对应。

综上所述,高等学校学生工作是指:高等学校根据国家教育方针与人才培养目标,根据自身的目标、宗旨、规划与愿景,结合大学生成长规律与个性特征,精心设计并组织实施的旨在影响与促进学生全面发展、健康成长的各种教育、管理和服务的活动或项目。

2.1.1.2　高职学生管理本质

高职学生管理是高校管理的一个极其关键的组成部分,是高校各项工作中的关键一环,是衡量一所高校的综合管理水平的关键标志。随着当今社会的快速发展,高校学生管理在高校中的地位日益凸显,直接影响着高校人才培养的质量,是大学生健康成长成才的有力保障,是促进大学生健康、和谐、全面发展的重要支撑,是促使高校教育教学目标顺利达成的坚强后盾。可以说,一所学校的大学生管理水平的高低在某种意义上反映了该所高校大学生的整体质量。高校学生管理的目标是对大学生进行智慧的培养、思想的启迪、情感的熏陶、精神的提升以及人格的完善。一直以来,高职院校是培养高素质技能人才的最重要的阵地,其服务对象是大学生,而大学生又是大学的主体,是高职院校高校得以生存与发展的关键。随着知识经济时代的到来,高校扩招导致高校在校生人数与规模屡创新高,大学生的观念亦在与时俱进地发生着变化。在这种情况下,认清集管理、服务、育人三重功效于一身的高校学生管理的本质,对实施高校学生管理、培养杰出人才、促进高等教育从"外延式"向"内涵式"发展转变具有重大而深远意义。

2.1.2　高职学生管理的指导思想和原则

高职学生管理属教育管理的范畴,其管理思想理应与教育管理思想相类,是一个极为复杂的理论课题。从哲学的层面看,高职学生管理思想主要包括四个方面的内容。

一是运用相互联系的管理思想。高职学生管理是一种复杂的社会现象,从宏观上分析,学校与社会、家庭和时代是联系在一起,大学生当然也不是孤立于社会、与世隔绝,所以高职学生管理牵涉社会、家庭,影响着时代,同时也受时代及历史条件的限制。从微观方面来看,高校学生管理各要素之间也是相互联系、相互制约,如管理与学习的关系、管理与教育之间的关系、管理与服务之间的关系、管理过程与管理结果之间的关系等,都是相互影响、相互制约。

二是运用动态平衡的管理思想。管理是一个过程,这一过程是在不断发展变化的,既受大环境下政治、经济和文化变化的影响,又受高校本身物力、财力及办学思路变化的影响。一切都在变化中,管理工作也处在不断地完善与发展之中。同时,作为管理对象的大学生的人格、思想、行为也在学生管理过程中得到逐步发展与完善。所以把动态平衡的管理思想运用于管理工作中,就必须要有发展的观点,要有与时俱进的勇气,立足于现实,着眼于未来,不断地分析和研究新的情况,解决新的问题。

三是运用对立统一的管理思想。在高校的学生管理活动中,客观存在着各种矛盾关系,需要运用对立统一的管理思想对这些问题和矛盾进行分析研究,并最终予以解决。例如,管理者与管理对象之间的矛盾,教育、服务与管理之间的矛盾关系等。

四是运用实践探索的管理思想。实践是检验真理的唯一标准,同时,实践又是正确认识的主要来源。高校学生管理是一门实践性很强的科学,有很强的操作性要求。因此,我们在开展高校学生管理工作的时候,一定要有实践意识,要有探索创新的勇气,并将实践过程中形成的好的经验提升到理论的高度,从而在整体上指导学生管理工作的新实践,如此往复,以至无穷,推动我们的学生管理工作不断提升水平。

2.1.2.1 指导思想

研究我国高校学生管理,主要应注意运用以下几个方面的理论观点和指导思想。

(1)运用高等教育和现代管理科学理论指导高校学生管理

现代治校观念要求我们依靠现代科学来管理学校,管理学生。具体说,一是靠教育科学,要遵循教育的外部规律与内部规律办事。比如高等教育的规模为一定的经济基础所决定,反过来又作用于一定的经济基础。高等院校作为高等教育的主要载体和平台,人才、资源、市场面临着越来越激烈的竞争,理念、体制、结构也面临新的变革和调整。高校要准确把握社会脉搏,直接面对市场办学。大学生管理也要研究新情况,解决新问题,面向21世纪培养高素质的复合型人才。二是运用现代管理科学的理论与方法进行管理,使学生管理队伍的组织机构严密,管理制度科学,人员分工合理,职责范围明确,奖惩分明,动作协调,工作高效等。

（2）运用马克思主义关于辩证唯物主义的理论

用对立统一观点指导高校学生管理，在管理中坚持整体观。辩证唯物主义和历史唯物主义是马克思主义哲学的基础。马克思主义的认识论和方法论，渗透于所有社会科学和自然科学之中，所以，也同样渗透于高校学生管理科学之中。要运用对立统一观点，坚持管理的整体观。在纵向上，坚持整体观就是局部与整体的统一，从学生管理工作的整体系统看，组成这个有机整体的各部分又都是一个子系统，是局部。学生管理系统的整体功能是由各部分的组合形式决定的，虽然支系统都各具有特定的功能，但它们都应服从学生管理系统整体的目的和功能，各个支系统的要素都是为了整体目的而建立的。在横向上，坚持整体观就是处理好各支系统之间的分工与合作的一致性，把各部门都协调到为培养全面发展的人才这一共同的管理目标上来。

（3）坚持马克思主义关于人的全面发展的理论

培养有理想、有道德、有文化、有纪律的全面发展的高级专门人才，是我国社会主义大学的根本任务。做好研究工作首先要解决"为谁培养人"和"培养什么人"的问题。我国社会主义大学的性质决定了我们必须确保学校培养出来的毕业生，不仅要有扎实的科学文化知识和健康的体魄，而且必须具有高度的社会主义觉悟，也就是要有理想、有道德、有文化、有纪律。要培养这样的新人，就必须按照马克思主义中人的全面发展的教育思想办教育。马克思主义教育思想的核心就是关于人的全面发展的学说。培养德、智、体、美、劳全面发展的社会主义建设者和接班人的教育方针，是马克思主义这一理论精髓的具体运用。邓小平同志说过，各级各类学校都要培养有理想、有道德、有文化、有纪律的人才。江泽民同志也指出，人的全面发展是"三个代表"的要求，是建设有中国特色社会主义的本质要求。这些理论都是对马克思主义关于人的全面发展学说的继承、丰富和发展，是党和国家的教育方针的具体化。我们要把培养全面发展的"四有"人才作为根本任务和落脚点。

（4）继承和发扬我国七十多年来高校学生管理的成功经验

新中国成立的七十多年来，高校学生管理工作的成功经验是当今学生管理工作的宝贵财富。首先，社会主义大学必须坚持中国共产党的领导，坚持社会主义方向，这是我国七十多年来办大学的一条基本经验。坚持党的领导就是用党的路线、方针、政策作为社会主义大学管理的基本指导思想，就是要确保社会主义大学的社会主义方向，调动全校师生员工的积极性，为培养德、智、体全面发展的高级专门人才努力奋斗。坚持社会主义方向，是由我国大学的社会主义性质所决定的，一切管理工作都要根据党的路线、方针、政策去组织、实施。各项规章制度的制定都要有利于坚持"一个中心、两个基本点"，有利于调动广大师生员工的社会主义积极性，这是衡量管理功能与效益的基本点。其次，管理工作规范化、制度化，即把符合社会主义方向的，又经过实践检验比较成熟的民主管理和科学管理体制、程序、办法用制度形式固定下来，使工作形成规范，其中心点是责、权、利相结合，使制度的思想性和科学性统一。再次，坚持理论联系实际的原则，面向社会实践，实行教育与生产劳动相结合。社会主义大学培养的人才，必须适应社会主义市场经济的需要，在思想上有高度的社会主义觉悟和共产主义献身精神，在业务上不仅要有理论知识，而且要有较强的分析问题和解决问题的能力，要有实干精神和较强的独立工作能力。

2.1.2.2 高职学生管理的原则

高职学生管理的原则是在高校学生管理过程中必须遵循的基本准则。恩格斯指出："原则不是研究的出发点，而是它的最终结果；这些原则不是被应用于自然界和人类历史，而是从它们中抽象出来的；不是自然界和人类去适应原则，而是原则只有在适合于自然界和历史的情况下才是正确的"[①]。因此，高校学生管理原则的确定，主要依据高校学生管理的内在规律、实践经验及党的路线、方针、政策[②]。新形势下，高校学生管理主要包括方向性、发展性、创新性、激励性和自主性等基本原则。

（1）方向性原则

高校学生管理坚持方向性原则，是涉及"培养什么人、如何培养人"的根本性问题。高校学生管理是高校办学的重要方面，是学校育人环节的重要环节，社会主义大学的主要目标是培养合格的社会主义事业建设者和可靠接班人，高校学生管理工作直接影响这一目标的实现。方向性原则是指确定高校学生管理的目标，进行高校学生管理活动，要与高校育人工作的总目标相一致，要与党和国家的教育方针、规范、政策和法律法规中规定的教育目标、管理目标等相一致。方向性原则是高校学生管理中具有决定意义的

---

① 马克思,恩格斯.马克思恩格斯全集(第20卷)[M].北京:人民出版社,1971:38.

② 邱伟光,张耀灿.思想政治教育学原理[M].北京:高等教育出版社,1999:210－211.

基本原则。只有坚持这一原则,才能促进高校学生管理沿着高等教育育人工作的总目标发展,才能保证高校学生管理的正确方向,才能有利于培养全面发展的社会主义事业建设者和接班人。坚持方向性原则,是高校学生管理的社会属性决定的,也是我国高校学生管理历史经验的总结。高职学生管理中坚持方向性原则,关键需要做到以下三点。

一是按时代需求及时调整管理目标。坚持方向性原则不仅体现在政治方向上,而且体现在管理是否能为党和国家的中心任务服务。不同时期,党和国家的任务是不同的,对人才的需求也是不同的。这就要求高校学生管理要紧扣时代主题,不断调整管理目标,创新管理模式。目前,发展是时代主题,经济建设是党和国家的中心任务,要根据这一中心任务制定具体的高校学生管理目标。

二是增强管理者的政治意识。高校学生管理是具有鲜明的政治方向和价值导向的。任何社会的高校学生管理都是为一定社会、阶级服务。不同社会的高校学生管理的目的、理念、任务、方式、方法等有着显著差异。然而,在我们的管理理论和实践中,往往存在着忽视管理的政治功能和价值导向的现象。因此,体现高校学生管理的方向性,首要的问题就是增强管理者本人的政治意识,促进管理者有意识地在管理过程中思考管理的政治方向和价值导向。管理者要把方向性要求贯穿在高校学生管理全过程和具体的活动中。引导广大学生积极投身改革开放和社会主义现代化建设,在为祖国、为人民的不懈奋斗中实现自己的人生价值。

三是以制度的合法性体现管理的政治导向性。坚持方向性原则,就必须自觉接受党的领导,其核心是坚决贯彻党的方针、路线、政策。学校的各项制度就是贯彻党的方针、路线、政策的主要载体,是一定社会政治方向、价值导向等的具体体现。因此,学校层面制定的各类高校学生管理相关制度,一定要与国家的法律、法规相一致。通过合法制度来保障高校学生管理的方向性。要注重把方向性原则融入制度建设和执行的全过程,使学生坚定社会主义的理想信念,在实践中成长成才。

（2）发展性原则

高校学生管理坚持发展性原则,包括两个方面:一方面是管理工作本身要不断发展,另一方面是通过管理促进学生的全面发展。从管理工作本身来看,随着我国社会政治、经济、文化的不断发展,社会生活发生了复杂而深刻的变化,高校学生管理工作的形势、环境、对象、任务发生了深刻的变化,这就要求管理的体制、机制不断变化,管理方式、目标、途径及时调整,以确保高校学生管理工作的实效。在通过管理促进学生全面发展方面,关键是做到以下三点。

一是要树立发展意识。思想是行动的先导,有什么样的发展理念,就会有与之相应的管理方式和结果。传统的高校学生管理重管理,把管住学生作为学生管理的出发点。个别管理者往往以强硬的制度规范约束学生的行为,以训诫、命令代替沟通。这些方式往往会伤害学生的自尊心,挫伤学生的自主性,有悖于学生的全面发展。高校学生管理坚持发展性原则需要转变传统的观念,要有意识地把学生全面发展作为管理活动开展的前提。在高校学生管理中,牢固树立促进学生全面发展的责任感和紧迫感,打破思维定势,以新的发展观念指导管理决策,设计管理计划,谋划学生的全面发展。

二是要不断推动管理创新。通过管理促进学生全面发展,需要同时注重管理本身的发展,而管理的发展实际上是创新。服务于学生全面发展的管理创新就是在遵循高校学生管理规律的基础上,与时俱进,坚持继承与创新相结合,创造性地开展工作,促进学生全面成长和成才。目前,高校学生管理的机制、途径、方法与载体都是在过去的环境条件下,针对过去的情况产生的。但是随着社会经济的迅速发展,高校学生管理工作面临着新环境、新问题,大学生在思想上出现了迷茫和困扰,在观念上呈现出多元化特点。如果固守原有的管理方法必然不能较好地适应今天的需要,解决不了今天的问题。为此,创新高校学生管理工作成为时代和社会赋予的重任。

三是要统筹各方面的资源形成促进学生发展的合力。一直以来,我们在高校管理的实践工作中都强调高校学生管理包括管理学生和服务学生两大方面。但在具体操作上,管理却总是多于服务。实践证明,把职业生涯规划、生活帮扶、大学生就业指导、心理辅导等贯穿管理始终,更易于发挥学生的主观能动性、激发学生的创造性,从而促进学生的发展。要理顺学校各管理部门关系,通过部门间的相互协调,相互联系,从而将组织内部各个要素联结成一个有机整体,使人、财、物、信息、资源等得以最佳配置,形成促进学生发展的合力。

（3）激励性原则

激励性原则,是指高校学生管理中利用一定的物质手段或精神手段,引导学生思想行为的变化,调动学生的积极性、创造性,使学生的潜能得到最大限度发挥,从而实现管理目标的基本准则。在高校学生管理中,恰当运用激励性原则将使管理活动更易于被学生接受,更好实现管理的目标。激励的效果取决于在激励过程中采取的手段、方式能否针对大学生的发展实际、能否满足大学生的需要、能否在大学生内心形成自我激励的内在动力等。因此,在高校学生管理中贯彻激励性原则,需要做到以下三个方面。

一是运用正向激励手段。高校在学生管理过程中,科学、合理地运用激励机制,有助于调动大学生的能动性和创造性,改变大学生的观念、行为。正向的激励主要有两种,一种是物质上的,主要指金钱或是实物,物质利益的需求和满足是人生存和发展的一个必备条件。对学生进行一定的物质激励,有助于调动学生积极性、主动性;另一种是精神上的,主要指通过各种形式的表扬给予一定的荣誉。正向的激励有助于学生将外部的推动力量转化为自我奋斗的动力,充分发挥自身潜能,从而有效地激励学生成长成才。在高校学生管理中,要协调好物质激励和精神激励的关系,依据学生的实际采取相应的激励手段,确保管理效果。

二是采取情感激发的方式。"情感,是人格发展的诱因,是青年追求美好生活的动力"①。要确保管理目标的实现,一般都要有感情的催化。当管理者与学生平等对待、敞开心扉、相处愉快时,管理活动就比较容易开展;当双方针锋相对、互不理解时,学生往往产生抵触情绪,管理效果就会打折扣。因此要求管理者不仅要以制度约束人,更要以真情感染人,注重沟通,消除疑虑,用欣赏的眼光去看待学生,使每一个学生的需求得以尊重、困惑得以解决、特长得以发挥。

三是在管理中树立典型,通过榜样进行激励。榜样使人有目标,有方向。因此,要善于树立榜样、培养榜样、宣传榜样,并鼓励学生学习榜样、争做榜样、成为榜样。

(4)自主性原则

自主性原则是指高校在进行高校学生管理时,使大学生参与到管理过程中来,充分调动大学生的积极性和创造性,进行民主管理,实现自我管理和自我服务。高校学生管理遵循自主性原则,是由两方面决定的。一方面有利于育人目标的实现。管理的目标是育人,这就要求将外在的行为规范转化为内在的思想观念,从而支配管理对象的行为。如果不调动学生的主观能动性,学生就难以接受管理,管理的实效性就难以发挥。另一方面有利于满足学生自主管理的现实需求。随着我国社会主义市场经济体制的不断完善,高等教育逐步走向经济社会发展的前台,市场经济的自主、平等、竞

---

① 潘懋元.简评《高校育人新机制探索:情感、激励、嫁接三结合》[N].光明日报,2008-10-24(101).

争、法治精神对高校师生的影响不断深化,大学生自主意识不断增强。大学生渴望在各项事务管理中充当主角,自己管理自己,充分发挥主观能动性,实现自我管理、自我服务。高校学生管理中坚持自主性原则要做到以下三点。

一是唤醒学生的自主管理意识。在高校学生管理过程中,要营造轻松愉快的氛围,使学生的自主需求得到尊重;同时,要使学生体会到自主管理的成就感,享受自主管理收获的成果。

二是加强对学生自主管理的指导。自主管理不等于放任自流,必须加强自主管理的指导,才能保证管理的方向和实效。怎样才能保证管理的方向和实效呢? 有四方面的内涵,即明确方向,定准目标,告诉学生工作要达到的程度和要取得的效果;定好标准,明确思路,告诉学生怎样开展工作;做好监督,对学生执行任务情况进行跟踪观察,时刻关注工作进展情况;及时反馈,帮助学生及时调整方向,确保学生工作在正确的轨道上进行。

三是打造学生自主管理的平台。辅导员要抓好班委会、团支部、学生会等学生组织载体的自主管理平台,增强凝聚力、吸引力,建立定期流动机制和激励机制,充分保证学生广泛地参与到自主管理中来。作为辅导员,要敢于充分"放权",敢于把高校学生管理工作交给学生,实现学生的自我管理、自我服务。

2.1.3　高职学生工作的定位与特征

学生工作应该具有明确的定位,才能够对高职院校及在校学生产生积极的现实作用。具体而言,作为高等学校教育、管理的重要组成部分,学生工作包含主体、对象、目标三方面。高职学生工作的主体或实施者应该是所有对学生学习、生活和成长成才施加影响或发挥作用的单位、部门及其工作人员,学生工作的对象主要是指学生工作所指向、所作用的大学生,其中,党团组织和各种团体是开展学生工作的重要组织载体,学生工作的最主要目标应该是促进大学生的全面健康发展,促进高职院校的整体建设和发展,为国家和社会培养合格的公民和优秀的建设者。以上是从主体、对象和目标三个方面对学生工作加以定位,而综合分析学生工作,可以发现学生工作具有如下几个特征。

2.1.3.1 学生工作具有系统性

近现代的标志就是各项事务趋于系统化,系统化是事务发展到一定程度的客观产物,学生工作同样如此。学生工作的系统性体现在学生工作的内容上,从内容上看,学生工作包括学生思想政治教育工作、学生日常事务管理工作、学生职业生涯规划和就业指导工作、学生心理健康教育与咨询工作等多个方面。每个方面的工作又包括更加具体的内容,如学生思想政治教育工作就包括日常教育、主题教育、专项教育等,而其中的日常教育又包括道德品质教育、形势政策教育、班风学风教育、行为规范教育,等等。可以发现,学生工作是一个复杂的系统工程,由多个层级构成。虽然如此,大学生工作却不仅仅是多个层级的简单叠加,而是各个系统相互协调、相互依赖、相互渗透、相互关联而构成的有机整体。

我国高校学生工作注重科学化发展和整体推进,在工作内容上有系统设计,在组织管理上统筹协调,在安全稳定方面有健全机制,体现了社会主义大学的先进性和优越性①。然而,面对新时代新挑战,学生工作仍然需要不断开拓创新。因此要做好学生工作,必须运用系统科学的理论和方法,注重学生工作的整体性、层级性和协调性,树立全局观念、整体意识,理顺部门与部门、局部与整体、眼前与长远之间的关系,明确区分结构和层次、重点工作和辅助工作、责任岗位和辅助岗位,科学、合理地制定工作方案,不断形成全员、全过程及全方位育人的工作合力。

2.1.3.2 学生工作具有多维性

学生工作的研究领域、工作内容范围、涉及部门及影响范围都非常广阔,关系到大学生成长的全过程,也关系到高等学校乃至社会的多个领域,无论从大学生的角度还是高等学校的角度、社会的角度,都能够清晰地反映出高等学校的学生工作多维性的特点。从大学生的角度看,不管是入学前、入学后到毕业之前,还是毕业以后,学生都需要和招生部门、学生处、教务处、保卫处、院系及其他相关部门产生联系,这些都是学生工作中的一个环节。

从高职院校的角度来看,学生工作的研究领域和工作内容包括大学生思想政治教育工作、大学生日常管理与服务工作、大学生职业生涯规划与就

① 应中正,贺利华,宋健,等.我国高校学生工作的中国特色[J].思想教育研究,2017(12):117.

业指导工作、大学生心理健康教育与咨询工作、大学生党建团建工作等,而高等学校的每个部门,都是学生工作的承担者或参与者,都从各自的角度、通过不同的途径、采用相应的方法为大学生的成长成才服务。从社会的角度看,学生家长与学生工作因学生而发生联系,社会上的许多部门、组织和机构,例如党政管理部门、教育部门、科研机构、学术组织、企事业单位等,出于各自不同的需要和目的而主动研究大学生的某些问题,如大学生的基本特征,教育与管理大学生的一般规律等,因此,这些部门、组织和机构也从不同的侧面参与到高等学校的学生工作之中。

2.1.3.3　学生工作具有动态性

马克思主义认为,动中有静,静中有动,事物发展是绝对运动与相对静止的统一。学生工作处于不断的变化之中,一方面会随着社会政治、经济、文化等的变化而发生改变,另一方面会随着大学生思想观念的变化而发生改变。在动态中尤其要注意对学生养成教育、敬业教育、全面教育、就业教育四个方面的工作,将其作为一个动态的教育实践过程,其内容、方法等方面都要根据不同的工作对象、不同时期与发展阶段的不同特点和要求进行相应的动态调整,从而实现大学生工作成效的最大化。

2.1.3.4　学生工作具有开放性

开放性是学生工作的基本特征之一。大学的根基在于社会,应该随着社会的需求而发生改变,不应该故步自封、孤芳自赏,必须与时俱进、广开言路,以开放的心态与其他优秀高等学校及经济、文化、科技等相关社会领域进行广泛接触,汲取营养,取长补短,推动大学生工作在开放的环境中不断发展创新。同时,21 世纪是网络社会,大学的教育空间在时间与空间上大大扩展,呈现出教育空间实体化与虚拟化共存的特点,这就为创新高等学校学生工作提供了广阔的空间,有利于实现高等学校学生工作方式的个性化、平等化、潜在化等。教育空间实体化和虚拟化共存的开放性特点,要求大学生工作者不能仅仅满足于传统工作方式,还必须转换教育观念,树立信息资源意识,掌握和运用现代科技手段,主动超前进入网络教育平台,在新形势下不断扩展工作领域,开放工作空间。

2.1.4　高等学校学生工作的基本功能

"青年是标志时代的最灵敏的晴雨表,时代的责任赋予青年,时代的光荣属于青年"①。青年大学生是青年一代中的先锋。学生工作的作用是全方位的,从纵向来看,学生工作对一个人未来的长期成长,对一个学校的事业发展,对一个国家的繁荣富强都有促进作用;从横向来看,学生工作的作用范围也非常广泛,直接来说,对学生、学校的成效明显,间接来说,对社会、对国家也起到潜移默化的促进作用。

2.1.4.1　学生工作能够促进学生个人的全面发展

高职院校是培养高素质技能人才的地方,学生工作在培养人才的过程中起到至关重要的作用。从学生工作的范围来看,学生工作涵盖学生在学校的学习、生活、娱乐、心理、思想、价值观、人生观等各个方面,学生的身心健康正是通过学生工作得以培养、塑造与加强。如学生工作当中的一些文体活动,能够激发学生学习文化娱乐与体育的热情,提高学生对诸如足球、篮球等活动的兴趣。如学生工作当中的学习指导,能够引导学生树立正确的学习观,帮助学生找到适合自身实际的学习方法并掌握学习规律,还能够激发学生的学习兴趣、增强学生的学习动力。学生工作还能够促进学生之间的交往,帮助大学生建立良好的人际关系,提升大学生的社交能力、沟通能力。

2.1.4.2　学生工作能够保障学校各项工作的运转,促进学校的可持续发展

现代大学的事务范围大大拓展,具体而言,大学的事务包括教学与科研两个方面,教学活动又涵盖日常教学活动和平常教学,科研则分为项目科研与日常科学实验,由这两个延伸开来,学校的管理工作就更加复杂。后勤部门负责为学校工作保驾护航,图书馆承担学校教学资源的管理,教务处负责处理学生的教学工作,而学生工作也是学校工作的重要组成部分,没有学生工作的顺利开展,课堂教学就没有办法持续进行,学校的科研项目更加无从开展。同时,学生工作与后勤部门、图书馆、教务处等职能部门相互配合,共同维持学校正常秩序的运转。

---

① 习近平.习近平谈治国理政[M].北京:外文出版社,2014:176.

2.1.4.3　学生工作能够促进社会的持续前进,促进国家经济的发展

学生工作在开展的过程中,不仅仅作用于学校与学生本身,更多的时候会和外界发生各种联系。开展心理健康教育及科普活动,能够促进学生和社会民众的心理发展;开展学生志愿服务和社会实践活动,能够帮助各种弱势群体,改善他们的生活内容,提升他们的精神世界;开展的文体活动,能够丰富社会上各类民众的业余生活;开展思想建设活动,能够陶冶社会的情操,助力精神文明建设,从而促进和谐社会的发展。这些都是学生工作在开展的过程中自然而然产生的作用。

2.1.5　高等学校学生工作的特殊内涵

探究一时一地的高等学校学生工作,必须把握其特殊性和历史发展状况。兵法有云:"知己知彼,百战不殆。"要想继续深化与发展高等学校学生工作,首要前提就是对其特殊内涵进行整体性把握,只有这样,方可对我国高等学校学生工作进行量化分析和质性研究。学生工作之所以具有特殊性,是因为学生工作的对象是人,人所处的社会环境不同,所接受的教育不同,其开展的社会活动就有差异。从国情上看,我国是社会主义国家,处于并将长期处于社会主义初级阶段,学生工作必须基于这个最大的前提开展。总体来看,中国高等学校学生工作的内涵有以下特殊性。

2.1.5.1　我国高等学校的学生工作必须坚持马克思主义一元指导思想

坚持马克思主义一元指导思想,必须将社会主义核心价值观融入其中,这是最根本的要求。在社会主义中国,高等学校学生工作必须具有鲜明的方向性,这种方向性集中表现为学生工作所具有的鲜明的思想政治性,它应当贯穿于高等学校学生工作的全过程。更具体说,强调我国高等学校学生工作的方向性,就是强调在学生工作过程中坚持社会主义办学方向,坚持以马克思列宁主义、毛泽东思想、邓小平理论、"三个代表"重要思想、科学发展观以及习近平新时代中国特色社会主义思想为指导。在我国高等学校学生工作中,加强思想政治教育始终是灵魂,这有利于帮助大学生形成正确的政治方向、政治立场、政治观点、政治态度、政治信仰,有利于培养大学生树立中国特色社会主义共同理想,有利于培养大学生以爱国主义为核心的民族精神和以改革创新为核心的时代精神,有利于帮助大学生树立正确的世界

观、人生观、价值观,有利于培养大学生运用马克思主义的立场、观点、方法分析问题、解决问题的能力。

2.1.5.2　我国高等学校学生工作必须符合我国高等教育办学规律

我国高等学校学生工作的进程不是一帆风顺的,是在曲折当中前进的。我国高等学校学生工作既受到苏联的历史模式影响,又受西方部分思想影响,还受自身条件的制约。在现实中,学生工作也受到当今中国国情的影响,如经费、管理机制等。可以说,我国学生工作体系正是在这多重因素下形成的。

2.1.5.3　我国高等学校学生工作面临着特殊的国际、国内形势

当前,世界发展既充满希望,也面临挑战。从国际形势看,西方国家一直没有放松对我国的“和平演变”与意识形态渗透,国家与国家之间的竞争越来越依靠科技实力;从国内形势来看,民族分裂势力对社会主义现代化建设的破坏一直存在,改革开放进入深水区,市场经济建设容易引发功利心态。因此我们要准确把握国际形势变化的规律,认清中国和世界发展大势,未雨绸缪、妥善应对;要努力把握学生思想政治教育的规律,因势利导,充分调动大学生的积极性、主动性和创造性[①]。人才培养一定是育人和育才相统一的过程。党的十八大以来,习近平总书记多次通过演讲、座谈等方式与青年学生频频互动,对青年学生会寄予了殷切期望。2013 年 5 月 4 日,在同各界优秀青年代表座谈时,习近平总书记指出,青年人正处于学习的黄金时期,应该把学习作为首要任务,作为一种责任、一种精神追求、一种生活方式。2014 年,在北京大学师生代表座谈会上,习近平总书记对青年大学生提出了四点要求,即:执着的信念、优良的品德、丰富的知识、过硬的本领;习近平总书记同时强调,青年的价值取向决定了未来整个社会的价值取向,而青年又处在价值观形成和确立的时期,抓好这一时期的价值观养成十分重要。2016 年 4 月,习近平总书记进一步强调,广大青年要如饥似渴、孜孜不倦学习,既多读有字之书,也多读无字之书,注重学习人生经验和社会知识。2018 年 5 月,习近平总书记在北京大学师生座谈会上的讲话,对青年学生提出四点希望:一是要爱国,忠于祖国,忠于人民;二是要励志,立鸿鹄志,做奋斗者;三是要求真,求真学问,练真本领;四是要力行,知行合一,做实干家。

---

① 杨小磊、李保英.高校学生工作体系的系统构建与整体优化[J].系统科学学报,2017(1):83.

2.2　产教融合视域下的"三全育人"体系

习近平总书记在全国高校思想政治工作会议上强调:"要坚持把立德树人作为中心环节,把思想政治工作贯穿教育教学全过程,实现全程育人、全方位育人,努力开创我国高等教育事业发展新局面。"这为新时代加强和改进高校思想政治工作提供了基本遵循。深入研究"三全育人"内涵,积极构建"三全育人"的思想政治工作大格局,对于落实立德树人根本任务具有重要意义。

2.2.1　新时代高校"三全育人"的内涵解读

2.2.1.1　"三全育人"的发展历程

中华人民共和国成立以来,"三全育人"的内涵不断发展,经历了从萌芽到全面发展的历程。"三全育人"的教育理念兴起于 20 世纪 80 年代末,即改革开放初期。十一届三中全会后中国开始实行对内改革、对外开放的基本国策,同时也恢复了停滞近十年的高考制度。中国又重新迎来了尊重知识、尊重人才的教育春天,各高校的教育改革也如雨后春笋般不断涌现。

2.2.1.2　"三全育人"的发展历程

(1)"三全育人"的萌芽期

1950 年 8 月 2 日,中国教育工会第一次全国代表大会在北京召开,在与会代表的倡议下提出了"教书育人,管理育人,服务育人"的口号,这个口号的提出是对教育改革的一次历史性超越,也是对教育模式的一种新探索。1957 年,毛泽东同志在《关于正确处理人民内部矛盾的问题》中指出:"思想政治工作,各个部门都要负责任,共产党应该管、青年团应该管、政府主要部门应该管、学校的校长教师更应该管",这其实就是全员育人思想的萌芽。

(2)"三全育人"的探索期

20 世纪 80 年代中期,教育改革在复苏中探索,必须建立与经济体制、政治体制、科技体制相适应的新的教育体制,才能适应我国社会发展的要求。邓小平指出"教育要面向现代化、面向世界、面向未来",要培养有理想、有道德、有文化、有纪律的社会主义四有新人。"三个面向"和"四有新人"为我国的高等教育确立了目标。1996 年 10 月,党的十四届六中全会后,中国教育工会大力推进教师队伍建设和精神文明建设,在全国开展加强师德建设为中心的"树师表形象,创文明校风,为实现跨世界宏伟目标做贡献"的活动,将教育育人、管理育人、服务育人的"三育人"推向新的广度和深度。

（3）"三全育人"的发展期

1999年,中共中央国务院颁布了《深化教育改革,全面推进素质教育的决定》,江泽民提出"以培养学生的创新精神和实践能力为重点,努力造就有理想、有道德、有文化、有纪律的德育、智育、体育、美育等全面发展的社会主义事业建设者和接班人"。这是我国教育发展史上划时代的里程碑,教育目标有了新的方向,即从应试教育转向素质教育。此时已有学者提出"三全育人"的实施途径,如"建立全员育人的网络系统,建立执行的机制和制度,实施两课,发挥党团支部和两校一会的作用,开展社会实践活动等。

（4）"三全育人"的成熟期

2004年至今,是"三全育人"的成熟完善期。2004年8月26号,《中共中央国务院关于进一步加强和改进大学生思想政治教育的意见》颁布,文件提出了进一步加强和改进大学生思想政治教育的指导思想、基本原则、主要任务和有效途径。在它的指引下,各高校思政教师开始了"三全育人"的研究热潮。2005年1月17日,胡锦涛同志在全国加强和改进大学生思想政治教育工作会议上明确指出了"加强和改进大学生思想政治教育是一项涉及方方面面的系统工程","各高校要努力形成党委统一领导,党政群团齐抓共管,全体教职员工全员育人、全方位育人、全过程育人的工作机制",这是党中央第一次在会议上明确提出"三全育人"的口号,尽管该理念已在高校发展多年。

（5）"三全育人"的完善期

自党的十八大以来,以习近平总书记为核心的党中央高度重视高校思想政治工作建设,特别是在2016全国高校思想政治工作会议上提出了高校思想政治工作关系高校"培养什么人、怎样培养人以及为谁培养人"这个根本问题,要坚持把立德树人作为中心环节,把思想政治工作贯穿教育教学全过程,实现全程育人、全方位育人,努力开创我国高等教育事业发展新局面。党的十九大提出了新任务新要求,我们站在新起点上,应用习近平新时代中国特色社会主义思想统领高校思想政治工作,扎实推进高校思想政治工作的创新发展。因事而化、因时而进、因势而新,推进高校思政工作的理念思路、体制机制、内容形式、方法手段的创新,推动"三全育人"综合改革,构建校内校外、课内课外、网上网下协同育人"立交桥",着力打造"三全育人共同体"。各高校自觉将党的最新理论成功贯穿到大学生思想政治工作中,赋予了"三全育人"新的时代内涵,确保十九大精神在高校思政工作领域落地落实。

2.2.1.3　新时代的"三全育人"

新时代高校思政工作者们要切实领会"三全育人"的时代特征和教育内涵,使全员、全程、全方位三者高度统一、有机结合、协同发挥作用。新时代下"三全育人"中的"全员"更注重社会各种微观环境对大学生的浸润滋养,这包括家庭环境、学校环境、社会环境、社区环境、朋辈群体环境等。在这些微观环境中能够对大学生的思想观念、社会行为、价值导向产生影响的全体人员都被纳入"全员"概念,诸如父母亲人、课程教师、辅导员老师、党政干部、优秀校友、宿管阿姨、后勤服务人员,同时,"全程"也被赋予了新的内涵。育人是一项长期工作,它应该贯穿大学生学习成长的始终,传统的从入学到毕业,新时代下我们要发展终身教育。除此之外,新"全程"还强调要根据学生的身心发展规律及不同阶段的学习重点有针对性的实施教育,即抓好学生成长成才的关键点,实施有计划、有针对性、分阶段的大学生思想政治理念教育。

"全方位"育人是指有效利用新时代下网络媒体的教育措施、丰富思政教育资源、拓展教育的传播途径,实现从校园文化、网络文化到社会文化的全方位覆盖。高校的德育工作应围绕学生的全面发展而展开,以培养、完善、提高大学生的全面素质为目的,构建"多位一体"的学生成长成才教育、管理、服务体系。新时代"三全育人"强调以系统观念开展大学生的思想政治教育,用浸润滋养的方式,在德育为先的新时代前提下,注重培养和提升学生的实践创新能力。要求各高校的学生管理、课堂教学、思想教育、氛围引导、社会实践等教育教学的相关环节同向同行,协同育人。

经历四十年的变化和发展,我们看到"三全育人"其实是一种开放的、动态的、整合的思想政治教育模式。"三全育人"中高校围绕"育人"这个核心目标,根据时代背景的鲜明特征、根据思想政治教育的规律、根据学生身心发展的阶段性特点,不断丰富着自身的内涵。它按照育人队伍、育人时间、育人空间这三个维度来开展协同育人体系,它契合时代发展和思政理论的进化要求,"三全育人"内涵的扩展和丰富,也有利于推动我国高校思想政治教育工作的创新与发展。

（1）新时代"三全育人"的内涵

2018 年 5 月,教育部办公厅发布的《关于开展"三全育人"综合改革试点工作的通知》要求，各地要分类开展"三全育人"综合改革试点工作，从宏观、中观、微观各个层面，着力构建一体化育人体系。"三全育人"不仅内涵丰富，而且具有理念引领和实践导向的品格。具体来说，"全员育人"强调的是育人支持系统，是最具能动性的育人要素，包括学生本人、家庭成员、学校教职员工、社会力量等；"全过程育人"强调的是育人的时空轨迹，是最具可塑性的，从时间上来看包括从入学到毕业，从空间上来说包括对学生开展教育、管理、资助帮扶等各个环节；"全方位育人"强调育人成效的全面性，既包括第一课堂、第二课堂、网络空间等立体育人场域，也包括德育、智育、体育、美育、劳育的全面育人指向。

从宏观层面来说，"三全育人"是党和国家推进新时代高校思想政治工作的战略性方针。教育部做出"三全育人"综合改革试点的工作部署，既是对高校思想政治工作规律的深刻总结，也是从落实高校立德树人这一根本任务出发，围绕"如何育人"这一主题进行的全局思考、系统设计、整体推进。将"三全育人"上升为教育政策方针，主要是着眼于完善和优化教育行政部门和高校现行的育人政策设计，从政治方向、政策导向和价值取向上要求高校积极推行"三全育人"改革，将"三全育人"贯穿办学治校各领域、教育教学各环节、人才培养各方面，构建"十大育人体系"。

从中观层面来说，"三全育人"是指高校从责任主体、经费支持、队伍建设、制度保障、评价监督等方面构建的思想政治工作体制机制。高校是否建立了科学、合理、务实、有特色的"三全育人"体制机制，并将其贯穿学科体系、教学体系、教材体系、管理体系建设中，关乎"三全育人"的氛围营造、路径选择、格局形成和成效取得。高校是落实"三全育人"的中枢系统，只有充分发挥高校"三全育人"体制机制的功能，才能统一育人共识、整合育人资源、形成育人合力。

从微观层面来说，"三全育人"侧重于指导高校教师将这一理念及方法贯穿教育教学全过程。只有高校教师能从思想深处意识到自己应有的育人职责，将"三全育人"的理念自觉融入工作中，并深入把握"三全育人"的方法论要领，"三全育人"才能落到实处。因此，从这个意义上讲，"三全育人"的精髓在于其先进的理念价值和方法论意义，形成"三全育人"格局关键在理念要深入人心、方法要深得要领。

（2）"三全育人"的根本要求

以新时代党的教育方针为引领，"三全育人"的核心是育人。推进高校"三全育人"工作，必须坚持以新时代党的教育方针为引领，紧紧围绕育人这个核心来展开。新时代贯彻党的教育方针,要坚持马克思主义指导地位,尤其是要贯彻习近平新时代中国特色社会主义思想,始终坚持社会主义办学方向,更加坚定自觉地落实立德树人根本任务,坚持教育为人民服务、为中国共产党治国理政服务、为巩固和发展中国特色社会主义制度服务、为改革开放和社会主义现代化建设服务,扎根中国大地办教育,同生产劳动和社会实践相结合,加快推进教育现代化、建设教育强国、办好人民满意的教育,"努力培养担当民族复兴大任的时代新人,培养德智体美劳全面发展的社会主义建设者和接班人"①。概言之,就是要解决好"培养什么人、怎样培养人以及为谁培养人"这个根本问题。

习近平总书记指出:"培养什么人,是教育的首要问题②。"这个问题无疑是根本性、方向性的问题。古今中外,每个国家都是按照自己的政治要求来培养人的③。我国是中国共产党领导的社会主义国家,这就决定了我们的教育必须把培养社会主义建设者和接班人作为根本目标,培养一代又一代拥护中国共产党领导和我国社会主义制度、立志为中国特色社会主义奋斗终生的有用人才。习近平总书记强调:"这是教育工作的根本任务,也是教育现代化的方向目标④。"推进高校"三全育人"工作,首先就必须从政治的高度认清教育的首要问题,牢牢把握社会主义教育的根本任务和方向目标。

从政治高度把握育人这个核心,决定了我们工作的战略高度。青少年作为受教育者,正处于人生的"拔节孕穗期",最需要精心引导和栽培,帮助他们在价值观形成和确立的关键时期扣好自己人生的第一粒扣子。尤为重要的是,青少年是祖国的未来、民族的希望,青少年的价值取向决定了未来整个社会的价值取向,因而更加需要教育引导他们坚守在中国大地上形成

---

① 习近平主持召开学校思想政治理论课教师座谈会强调:用新时代中国特色社会主义思想铸魂育人贯彻党的教育方针落实立德树人根本任务[N]. 人民日报,2019-03-19(1).

② 习近平在全国教育大会上强调:坚持中国特色社会主义教育发展道路培养德智体美劳全面发展的社会主义建设者和接班人[N]. 人民日报,2018-09-11(1).

③ 习近平.在北京大学考察时强调:抓住培养社会主义建设者和接班人根本任务努力建设中国特世界一流大学[N]. 人民日报,2018-05-03(1).

④ 习近平在全国教育大会上强调:坚持中国特色社会主义教育发展道路培养德智体美劳全面发展的社会主义建设者和接班人[N]. 人民日报,2018-09-11.

和发展起来的社会主义核心价值观。① 习近平总书记强调，一个国家、一个民族不能没有灵魂。做好了青少年阶段铸魂育人的工作，就是为国家、民族的未来塑造了不可或缺的灵魂。可以毫不夸张地说，这就是一项战略工程。做好立德树人、铸魂育人工作，不仅关乎青少年个人的成长，而且关乎国家、民族的未来，从更长远的眼光看，关乎中国特色社会主义的坚持和发展，关乎中华民族的千秋伟业，可谓关系重大、责任重大。我国高等教育一定要全面贯彻新时代党的教育方针，更加坚定自觉地担负起培养德智体美劳全面发展的社会主义建设者和接班人这一重大任务，始终把高等教育发展方向同国家发展的现实目标和未来方向紧密联系在一起。推进高校"三全育人"工作，必须始终以这样根本性的核心要求为引领。

大学是立德树人、培养人才的地方，必须遵循党的教育方针，紧紧围绕培养社会主义建设者和接班人，始终把育人当作人才培养的核心和根本，致力于培养一代又一代拥护中国共产党领导和我国社会主义制度、立志为中国特色社会主义事业奋斗终生的有用人才。这既是政治性、战略性的问题，同时又是规律性的问题。正如习近平总书记所指出的，人才培养一定是育人和育才相统一的过程，而育人是本。人无德不立，育人的根本在于立德。高校立身之本在于立德树人，必须深刻认识和理解这里面所蕴含的人才培养的辩证法，尊重人才培养的规律。"要把立德树人的成效作为检验学校一切工作的根本标准②。"推进高校"三全育人"工作，必须把坚持这样根本性的标准落实到位。

2.2.2　新时代"三全育人"的基本理念

要牢牢把握新时代"三全育人"的理论特征和时代价值，在树立理念、掌握方法上下足功夫，进而构建"三全育人"体制机制，形成"三全育人"人才培养格局。

2.2.2.1　新时代"三全育人"的理念特征

（1）实践性："三全育人"是对高校育人现实问题的有力回应

当前，高校育人工作还存在诸多现实问题，有思想认识问题，也有具体

---

① 习近平. 青年要自觉践行社会主义核心价值观——在北京大学师生座谈会上的讲话[N]. 人民日报, 2014-05-05(1).

② 习近平. 在北京大学考察时强调：抓住培养社会主义建设者和接班人根本任务努力建设中国特世界一流大学[N]. 人民日报, 2018-05-03.

实践问题,有方式方法问题,也有体制机制问题,核心的问题还是"围绕学生、关照学生、服务学生"的育人意识不强。一直以来,高校育人工作主要由学生思想政治工作者和思想政治理论课教学工作者两支队伍来承担。相比较而言,高校其他教职工群体的育人主体责任是模糊不清的,他们在承担育人责任方面也没有行之有效的考核方式。这就势必导致高校中不同程度地存在"重教书、轻育人""重管理、轻育人""重智育、轻德育""重科研、轻教学"等现象。在全过程全方位育人方面,由于过度依赖上述两支队伍,高校育人资源整合、育人方式转变、育人意识提升、育人时空拓展都滞后于人才培养需求。此外,由于育人的协同效应较弱、载体和方法欠缺,高校"三全育人"工作亟待从供给侧进行改革,以实现与需求侧的契合发展。"三全育人"理念是回应以上现实问题的钥匙。新时代"三全育人"理念的核心价值在于厚植"人人育人、时时人人、处处育人"的工作意识,增加科学育人的供给,以回应思想政治工作需求侧的新变化。

(2)发展性:"三全育人"内涵随着育人环境的改变不断丰富

在国际国内形势深刻变化,不同思想文化交流交融交锋,社会思潮多元多样多变的时代背景下,高校的育人环境发生了深刻变化。新形势下高校的育人资源更加丰富、育人要素更加多元、育人过程更加复杂、育人空间极大拓展。首先,在全员育人方面,除了校内承担育人职责的所有教职工应主动参与到育人工作中,高校还应积极调动各种社会力量参与支持育人工作,形成协同育人格局。其次,在全过程育人方面,思想政治工作有向前延伸、向后拓展的发展态势,教师不只是在课堂上育人,学生也不只是在学校受教育,思想引领要贯穿教师教育教学和学生成长成才的全过程。最后,在全方位育人方面,育人的时空场所被不断拓展,线上线下、课内课外、校内校外都要聚焦"如何更好育人"这一主题。就高校而言,不同学科的授课教师、从事管理和服务的工作人员,是否置身于"育人"之事外?无疑,这是需要特别予以防止的[1]。

(3)创新性:"三全育人"是新思政观引领下的高校思想政治工作

改革"思想政治工作绝不是单纯一条线的工作,而应该是全方位的,无处不在、无时不在的"[2]。育人工作需要全员参与、全过程贯穿、全方位渗透,

---

① 王习胜."三全育人"合理性的逻辑诠释[J].思想理论教育,2019(3):52-56.

② 坚持党对教育事业的全面领导——论学习贯彻习近平总书记全国教育大会重要讲话[N].人民日报,2018-09-18(2).

需要在新思政观的引领下进行综合改革。从中国特色社会主义教育是知识体系教育同思想政治教育相结合这一基本认识出发，坚持两者的辩证统一，科学认识和把握思想政治工作的定位，整合各方育人资源，把促进学生成长成才作为学校一切工作的出发点，将思想政治工作融入高校办学治校全过程，落实到教职员工职责规范之中。"三全育人"理念的核心是每一位教职员工都自觉围绕"育人"这一目标来开展工作，充分意识到自身的育人使命，主动担当育人职责，牢固树立知识体系教育同思想政治教育相结合的基本认识，自觉遵循教书育人规律、学生成长规律和思想政治工作规律。

2.2.2.2　"三全育人"蕴含的思想政治工作方法论

"三全育人"这一理念既是对育人工作认识的进一步深化，也是对新时代如何有效开展育人工作的方法论思考，彰显了对育人主体关注、过程管理和目标导向的有机结合。

全员育人、全过程育人、全方位育人三方面本身是内在关联的，蕴含着严密的辩证逻辑。三者相互联系、密不可分，相互渗透、相辅相成。

全员育人是全过程育人、全方位育人的人力基础和组织保障，全过程育人内在蕴含着全员参与、全方位覆盖的客观要求，而全方位育人则既离不开高校全体教职工的责任自觉和积极参与，又需要按照全过程育人的要求，挖掘不同领域中的育人因素，整合不同社会力量的育人功能，探索不同实践载体的育人方式①。"三全育人"所体现的方法论，与高校思想政治工作应遵循教书育人规律、学生成长规律、思想政治工作规律的要求高度契合。全员育人探索如何才能做到"人人育人"，关注育人主体的自觉性和协同性，聚焦"谁在培养人"的问题，必须遵循教书育人规律。高校的每一位教职员工都是育人工作者，不论专业课教师、行政教辅管理人员，还是后勤服务人员都应围绕"如何更好地育人"来履行自己的岗位职责，自觉担负起"塑造灵魂、塑造生命、塑造新人"的育人使命。当然，要想取得理想的育人成效，仅仅强调育人工作的自觉性是不够的，还必须通过建立相应的体制机制来整合一切育人力量和资源，充分发挥多元主体在育人工作上的协同效应，尤其是要建立专业课教师和行政教辅管理人员两支队伍的协同育人机制。

全过程育人是对如何才能做到"时时育人""处处育人"的高度总结，强

---

① 杨晓慧.高等教育"三全育人"：理论意蕴、现实难题与实践路径[J].中国高等教育,2018(1):4-8.

调育人时效,和"因事而化、因时而进、因势而新"的逻辑是不谋而合的,聚焦"如何培养人"的问题,必须遵循学生成长规律。育人是一项系统工程,既受到教育者和受教育者特质的影响,也和育人的时间及开展育人的场所紧密相关。人的价值判断、观念形成、习惯塑造与其所接触的人有关,与其参与的事有关。从这个意义上讲,思想政治教育工作必须充分激发学生成长成才的全过程、教师教育教学的全过程、学校办学治校的全过程等环节的育人能量,进而从时间和事件上形成育人工作闭环。

全方位育人,强调育人工作的系统性和整体性,注重目标导向,解决的是"培养什么人"的问题,必须遵循思想政治工作规律。这就要求:一方面,以新思政观为引领,建立线上线下、课内课外、校内校外全方位覆盖的思想政治政治工作体系,实现知识体系教育与思想政治教育的融合融通,以期产生全面渗透、无缝衔接、协同发力的效应;另一方面,全方位育人是指育人者应从德智体美劳等方面全方位关心关切学生的健康成长。

2.2.3 "三全育人"方法论在高校思想政治工作中的运用

"三全育人"是凝聚育人共识、整合育人资源、尊重育人规律并有效解决协同育人问题的先进理念,也是把思想政治工作做到日常、做到个人、做到实处的科学方法。因此,在认清"三全育人"新的时代内涵和特征的前提下,在"三全育人"方法论逻辑的指导下,打通"三全育人"最后一公里的前提是育人主体要从思想上深入理解其理念价值及方法论意义,关键是整合各方育人资源,根本是构建合力育人的长效机制。

2.2.3.1 涵养合力育人文化

合力育人文化是能够引导所有育人主体为大学生成长成才履行育人责任的一种文化现象。涵养合力育人文化可以激发合力育人意识,营造合力育人氛围,积淀合力育人成果。除了学生本人自我教育的主动意识需要被激活、家长的持续育人意识需要被激活外,最重要的就是高校教职工的岗位育人意识需要被激活。高校可以通过开展行之有效的学习培训、典型示范等,引导广大教师认真学习领会习近平总书记对"四有好老师"的期待、对"育人为本、德育为先"的高校使命的论述以及对广大教师"立德树人"的职责要求;通过对思想政治理论课教师、辅导员以外的广大教职工育人成效的宣传,起到合力育人典型引领的效果;通过制定合力育人制度来引导育人主体将合力育人落细落小落实。合力育人文化的本质是凝聚全员育人的思想共识,旨在引导每一位教职工都能发挥育人的主体意识,在每一个育人环节和每一个育人过程中守好自己的育人"责任田",彰显各项工作、各个领域的育人功能。

2.2.3.2 拓展联动育人资源

育人资源既包括育人主体,也涵盖育人渠道、育人载体等,这些资源充足且能实现良性联动是实现"三全育人"的基本保障。拓展育人主体资源要求既要抓住学生、家长、教师等传统的育人力量,也要有"开门办思政"的理念,积极发掘社会媒体、校友、社会人士的育人潜能。前者在育人工作中相对于学生是"互动性重要他人",而后者则扮演着"偶像性重要他人"的角色,由他们来开展,育人工作效果更好。应做好课程思政建设,拓展育人载体,推动高校各类课程与思想政治理论课同向同行。根据大学生无网不能、无网不欢的特点,必须与时俱进地认识建构网络育人空间的重要意义、现实挑战和巨大机遇。这就要求既要主动做好互联网阵地建设,又要能留得住大学生,逐渐实现吸引、交流、影响、引领的育人目标。

2.2.3.3 构建"三全育人"工作机制

机制建设是"三全育人"从理念到实践落地的有力保障。

首先,构建坚实的领导工作机制关系着"三全育人"的落地问题。成立由校级、院级部门一把手牵头负责的"三全育人"工作领导小组是必要的组织保障。一体化的工作领导机制可以有效推动科学合理的顶层设计、及时精准的政策制定。学校要在《高校思想政治工作质量提升工程实施纲要》《关于切实加强新时代高等学校美育工作的意见》等政策文件指导下,制定符合本单位实际的"三全育人"工作推进的制度。领导小组根据工作实际和教职工的职责边界,制定分层分类的育人规划,既有责任清单,也有统一认识,通过工作的定期沟通和动态反馈机制,确保分工清楚、合作有力。

其次,精准的评价考核机制是检验"三全育人"实效的必要举措。要将立德树人要求作为全员考核的关键指标,引领育人主体将育人理念有机融入工作全过程。以提升高校思想政治工作质量为抓手,制定相应的考核评价指标、创新评价方式。对于师德师风有问题,不能胜任育人工作的部分教师,在相关考核上实行"一票否决制"。

再次,建立健全有利于推动"三全育人"实践的人才培养机制。一方面,搭建好队伍建设的各类平台,不断夯实队伍育人基本功;另一方面,通过行之有效的方式使育德成果可量化,并将其和年度考核、职称评聘、评优奖励相结合,以评促建,不断提升育人科学化水平。领导工作小组坚持严把"入口关"、强化"培训关"、落实"考核关",着力打造一支业务强、素质硬、纪律好的专业化育人队伍。

最后,形成可持续的协同育人机制。协同机制的功能在于聚合分散的育人力量,使不同领域、不同层次的育人要素实现互促融通。高校中的各教学单位、学生处、团委、教务管理部门等,应打破原有的"各人自扫门前雪"的机械化的岗位边界,互相"搭台补台",形成以育人目标为导向的"你中有我,我中有你"的多元协同的大思政工作格局。

2.2.4 新时代高校"三全育人"的运行机制

2.2.4.1 高校"三全育人"工作运行机制分析

(1)德育队伍建设

一是突出党组织的领导作用。在高校德育工作中,党组织的领导作用是我国高校在党领导下的校长责任制的具体体现,在具体工作中,党组织的领导作用体现在对学校德育方针的制定和执行,对重大德育问题进行决策、规划、组织和协调。在新时期,"全员育人"并非不分主次,全员平分德育工作职责,而是德育队伍内部按照系统构成要素的差异,进行合理分工和协作,在党组织的统一领导下开展德育工作。

二是完善学工、团委组织协调工作。团委和学生工作部门是直接从事学生各项工作的机构和组织,其主要德育职责是在党组织的领导下,通过开展形式多样的思想政治教育活动,提高学生的思想觉悟,引导学生树立正确的价值观。在具体德育工作中,团委和学生工作部门存在着分工的差别,团委的主要职责是发展建设团组织,在学生思想政治教育中协调其他部门共同开展具体工作;学生工作部门的职责则是做好学生管理和学生思想教育的具体工作。两部门在学生思想政治教育工作的内容上有所交叉,在实际工作中应明确双方的分工,共同围绕德育工作的核心,在党组织的领导下,开展例如研讨会、报告会及志愿者服务等活动。

三是发挥辅导员德育骨干作用。在我国高校中,辅导员的主要职责是在党组织的部署下对学生进行针对性的思想政治教育,同时,在部分高校中,辅导员还要兼任班主任工作,对学生学习、生活等方面进行管理和服务。可见辅导员是德育工作的骨干力量,与其他德育队伍相比,辅导员直接与学生接触时间最长,工作内容最细致,对学生思想变化了解最深刻,发挥辅导员的骨干作用,有利于德育工作的顺利开展。

四是强化两课教师德育工作的主导作用。思想政治理论和哲学社会课程教师是学生思想政治教育最专业的施教者,其工作的成效直接影响着学生的价值观和行为规范的养成,两课教师在德育工作中起到了主导作用。在德育工作中,两课教师应丰富教学手段,提高自身理论修养,努力将思想政治理论与实际相结合,引导学生积极主动的学习思想政治理论。

五是提高行政管理人员的管理水平和服务意识。行政管理人员在日常管理工作中与学生接触较多的主要是后勤工作,该项工作涉及学生在校期间生活的方方面面,行政管理人员的管理水平和服务意识高低直接影响着学生的学校生活体验,进而影响学生对学校的认可程度,提高其管理水平和服务意识,树立"管理育人"和"服务育人"的观念,对学生德育工作具有很大的促进作用。

(2)德育管理机制构建

一是建立完善的信息监控体系。新时期高校学生面对的是复杂多变的外部环境,各种不恰当的社会思潮和价值观点开始在高校学生群中开始蔓延,由于缺乏辨识能力,学生易受不良风气影响,产生错误的思想观念。因此,建立完善的信息监控体系,加强对不良信息的筛选,对学生德育工作至关重要。信息监控体系的构建应着重解决三个问题:一是党组织的绝对领导;二是监控体系人员结构的多样性;三是掌握现代信息技术,合理使用互联网资源。

二是提高信息分析诊断能力。信息监控体系的主要职责是将信息进行收集整理,由于所搜集的信息构成复杂,信息的真实性和有效性存在着较大的浮动空间。信息的形式也存在多样性,包括文字信息、图片信息、声音信息及影像信息等多种具体形态,尤其是互联网带来的海量信息更是真假难辨。因此,提高信息分析诊断能力,利用各种方式方法对信息进行辨别和筛选,提高信息的真实性和有效性,并对其中存在的可能会影响学生思想观念的问题,进一步通过思想政治教育提高学生认识水平和辨别是非的能力,使德育工作更具有针对性。

三是完善信息反馈和调节功能。根据系统的功能结构原理,一个完整的系统除了应具有信息输入、处理和输出功能之外,还应当具备反馈能力,即对系统信息处理和输出阶段可能出现的偏差进行记录,并向输入端进行反馈,以便输入端调整信息筛选方案,提高系统的运行效率。"三全育人"德育系统也应当具有信息反馈能力,这是德育系统可靠运行的基本保障。例如,在学生思想政治教育工作中,为了评价教师教学效果的好坏,选择采用考试、学评教活动,将学生德育效果反馈给授课教师和管理部门,对其中存在的问题和不足进行改进。信息反馈和调节功能的完善有助于提高德育质量,是德育系统不可或缺的组成部分。

(3)德育考核工作改革

一是考核目标和内容。德育考核的目标是围绕"育人"核心,通过考核德育队伍全体成员的工作成效,达到查问题、找措施和方法创新的作用,以实现"三全育人"的育人目标。在考核内容上应该扩展到全体成员的工作效率考核及学生思想政治水平发展情况考核两个方面,实现德育考核的全面化、系统化和持续化。

二是考核原则。德育考核的基本原则应该是公平公正,具体考核工作中还应当将实事求是的原则贯彻到德育考核的全过程中,客观的评价德育工作者的水平和学生思想政治水平,检测德育工作中的问题和不足,并进行反馈和调节,进而推进德育工作的进展,促进大学生思想政治水平和综合素质的提高。

三是考核方法。德育工作与科学知识的教育教学存在很大差异,前者的成效具有隐蔽性和滞后性,往往在短期内难以看到效果,需要长期的考察才可发现学生的思想变化,同时学生的思想和行为进步受多种因素共同作用,德育工作的成效难以直接体现在学生综合素质提高方面。这就决定着在德育工作考核中,不能直接采用科学知识考核常用的考试方法来进行评价,更多的是采用思想汇报和行为规范来进行分析。因此,考核方法的科学性至关重要,德育考核中要坚持过程评价和成果评价相结合,重点评价和全面评价相结合,同时兼顾自我评价和同行评价相结合等,明确科学合理的考核制度,将"三全育人"德育工作落实到实处。

2.2.4.2 新时代高校"三全育人"工作机制的重要意义

(1)新时代高校"三全育人"紧扣了立德树人的根本使命

立德树人是高校的根本使命,青年兴则国家兴,青年强则国家强。虽然"三全育人"理念已提出十余年,但是存在着对以学生为中心的"三全育人"认识不足的现象,重知识传授而忽略人格塑造,重"育智"而轻"育心"。习近平总书记指出:"高校要以凝聚人心、完善人格、开发人力、培养人才、造福人民为工作目标,培养德智体美劳全面发展的社会主义建设者和接班人。"实现这一目标,高校必须逐步改革高校思想政治工作育人体制与育人模式,创新育人策略,力求育人实效性①。

(2)新时代高校"三全育人"指明了提高人才培养能力的核心主题

习近平总书记在 2018 年全国教育大会上指出:"教育是民族振兴、社会进步的重要基石,是功在当代、利在千秋的德政工程,对提高人民综合素质、促进人的全面发展、增强中华民族创新创造活力、实现中华民族伟大复兴具有决定性意义。"高校生产的是人才,只有培养世界一流的人才,才能成为世界一流的大学。为此,高校坚持以立德树人作为根本任务,把服务中华民族伟大复兴作为重要使命,将教育队伍建设作为基础工作,不断提高人才培养能力,增强人才竞争力。

(3)新时代高校"三全育人"突出了创新人才培养模式的中心任务

百年大计,教育为本,中华民族在实现社会主义现代化的征程中,也要实现教育的现代化。《国家中长期教育改革和发展规划纲要(2010—2020年)》强调:创新人才培养模式,注重学思结合、知行合一、因材施教,着力培养学生的社会责任感、创新精神和实践能力。党的十八大以来,国家提出培养技能型人才和高素质劳动者的要求,到 2020 年,我国将迈入到人力资源强国和人才强国行列,人才供给和高校创新能力将得到极大提升。新时代呼唤着人才培养模式的创新,"三全育人"工作机制正是适应了新时代高等教育人才培养模式改革的要求,通过深化课堂教学改革,创新教育教学方法;优化育人环境,营造良好育人生态;深化创新创业教育,完善产学研用结合的协同育人模式;推进"互联网+教育",利用互联网、大数据、人工智能等技术提供更加优质、个性化的教育服务,不断拓宽教育发展新空间②。高校不断通过创新育人理念、育人模式、育人渠道,寻求育人实效性的有效提升,必须多措并举,坚持全员、全过程、全方位的多维度育人格局。

2.2.4.3 新时代高校"三全育人"的工作机制的创建路径

(1)遵循学生成长规律,努力实现全员育人

习近平总书记在全国高校思想政治工作会议上指出:"我国高等教育发展方向要和我国发展的现实目标和未来方向紧密联系在一起,为人民服务,为中国共产党治国理政服务,为巩固和发展中国特色社会主义制度服务,为

---

① 马小华.增强新时代高校思想政治工作育人实效性探析[J].齐齐哈尔大学学报(哲学社会科学版),2018,255(5):175-177.

② 吴玉程.新时代高校落实"三全育人"的理论与实践探究[J].中国高等教育,2018(13):35-37.

改革开放和社会主义现代化建设服务。"高校培养出的大学生必须具备接好社会主义建设事业的接力棒的能力,才能完成"四个服务"的历史使命。因此,把握大学生成长规律,有助于增强高校思想政治工作的针对性和科学性。

加强高校思想政治教育工作,必须把握和满足大学生思想需求,激活大学生接受思想政治教育的动机,符合大学生思想需求的实际,让学生从思想上认识、接受,从行动上践履、实行。大学生要成长为德智体美劳全面发展的人才,高校要因事而化,建立全员育人工作机制,综合实施德、智、体、美、劳等教育。新时代下全员育人更注重微观环境,立足于协同育人视角,整合校内外资源,围绕着思想政治工作建立协同育人机制,构建协同育人体系,实现全员育人。全员育人队伍中不仅包括思想政治理论课教师、党团干部、辅导员,还包括专业教师、行政部门干部、后勤职员、退休教职工及学生朋辈群体。

思想政治理论课是思想政治工作的主渠道,思想政治理论课教师作为教学课堂的实施者,不仅要有坚定的理想信念、丰富的专业知识、深厚的理论功底和扎实的科研水平、炽热的仁爱之心,而且还需要高尚的道德情操,以良好的师德师风和人格魅力言传身教,行为示范,让学生真学、真信、真懂、真实践。在教育教学过程中,思政课教师必须扮演好学生思想的"引航员"角色,引导学生坚定共产主义理想信念,在纷杂的社会思潮中明辨是非,树立正确的价值观。

专业课教师要自觉肩负起"守渠"和"种田"责任,挖掘课程的思想政治教育资源,实现从"思政课程"到"课程思政"的转变。在专业课程讲授过程中渗透思想政治教育,引导学生关心时政,增强中国特色社会主义的"四个自信",可以达到润物细无声的效果。

加强党委对思想政治工作的统一领导回答了"培养什么人""为谁培养人""如何培养人"等问题。很多高校官方网站都已增添书记、校长信箱栏目,每周都有一天设为校领导接待日,倾听不同声音,实施具体方法,做好思想政治工作。高校党政领导干部做好顶层设计,搞好制度建设,积极探索党委统一领导下的各教辅机构及行政部门协商协作、齐抓共管,建设党、政、教、团、学全员覆盖,各尽其能的工作新机制,保障思想政治教育工作的顺利开展。

日常思想政治教育是思想政治工作的主阵地,让更多的人加入到日常思想政治教育工作的队伍中来。辅导员是大学生思想政治教育的骨干力量,力争做到专业化培养,专业化使用;鼓励行政职员、离退休干部当兼职辅导员,成为学生成才路上的引路人;鼓励专业教师发挥特长优势,指导学生社团和社会实践项目;聘请校内外专家学者成为学生的就业导师;邀请优秀校友在开学典礼、学生表彰大会、毕业典礼等重要场合进行演讲,以身说法,为大学生们点亮人生路上的航灯;充分发挥学生党员和学生干部的先锋模范作用,带动学生学业的发展,促进学校优良学风的形成。

(2)围绕教书育人规律,实现全过程育人

新时代下,高校以立德树人为根本任务,大力发展终身教育,把育人工作贯穿于学生学习成长的始终,实现全过程育人,有计划、有步骤、分阶段来开展大学生思想政治工作。

教书的目的是育人,育人的基础是教育,两者互为补充,不可或缺。大学生入学、在校、甚至是毕业,都要抓好思想政治工作。

大学初期,以"适应"为重点,引导学生走进大学校园的第一步,尽快实现角色转变,适应新的校园生活。在新生见面会上,抓好理想信念教育,请专业教师和优秀学长介绍专业情况、展望专业前景,让学生对学校、专业做一定了解,树立崇高理想,坚定执着信念;在新生军训中,厚植爱国主义情怀,培养自制、自爱、自理、自强能力;在迎新晚会上,以浓厚的校园文化氛围,展示大学丰富的课余生活,引导新生正确处理学习生活的关系。

大学中期,以"发展"为目标,引导学生过好学校生活的每一天,充分利用学校资源,全面提升自身素质。充分发挥思想政治教育的主渠道和主阵地的作用。习近平总书记在全国高校思想政治工作会议上指出,要用好课堂教学这个主渠道,思想政治理论课要坚持在改进中加强,提升思想政治教育亲和力和针对性,满足学生成长发展需求和期待,其他各门课都要守好一段渠、种好责任田,使各类课程与思想政治理论课同向同行,形成协同效应。知识的传播需要价值的引领,充分挖掘思政课程和非思政课程的育人价值,发挥"课程思政"的育人作用。日常思想政治教育是思想政治工作的主阵地,高校思想政治工作教育主体要针对"00后"大学生的思想特点和个体差异,不断创新教育手段和方式,科学制定分层级的育人方案,提升大学生思想政治教育的获得感,使大学生真心喜欢、终身受益、毕生难忘。领导干部主动承担起党课、团课,提升学生思想政治素养,培养优秀学生党员和学生干部;开展形式多样的社团活动,发挥大学生特长,培养青年学生的集体意识和责任意识;定期开展班会主题活动,把握学生思想动态,培养良好的班风学风。

大学后期,以"就业"为中心,指导毕业生合理进行择业和就业,提升大学生职业素养,切实做好就业准备。建立毕业生跟踪调查制度,将了解到的学校毕业生走向工作岗位后的思想政治素质、专业技能、职业道德以及工作适应度等内容,反馈给学生的思想导师、专业导师和就业导师,并做好及时的跟踪服务。建立校友联络机制,请优秀校友为学弟学妹指点迷津,利用校友这一宝贵的人力资源,为学校建设和发展服务,为学校教育教学改革增添新鲜活力。

(3)依据思想政治工作规律,实现全方位育人工作机制

思想政治工作是研究人的思想变化规律的一门综合性应用科学。所谓思想政治工作规律,就是按照人的思想、行为变化的特点和规律进行思想政治工作的必然遵循[①]。党情国情世情在不断变化,新时代的青年大学生思想、行为也各有特点,高校思想政治工作需要不断改革创新,协同发力,抓住关键领域,围绕大学生的学习、工作、生活等方面,构建多位一体的教育、管理和服务体系,以立体式的教育模式开展育人工作,共筑大思政育人格局,让思想政治工作像空气一样无处不在,有效促进大学生健康成才,科学实现全方位育人。

显性教育与隐性教育是大学生思想政治工作的"两翼",缺一不可,相得益彰,两者都是思政工作的重要手段,高校要整合育人资源,打造课内课外、校内校外、网上网下全方位育人平台。实施新生引航工程、校园文化工程、专业提升工程、实习实践工程、社会服务工程,创新人才培养模式,探索人才成长成才新途径,努力提高大学生的学习、创新、实践、交流、求职、创业和社会适应等能力[②]。

一是挖掘大学文化的深厚底蕴。加强制度建设,做好顶层设计,实现立德树人目标与学校正常秩序有机结合,让大学制度的价值导向释放师生活力。

二是让课堂教学主阵地与第二课堂有效衔接。利用实验室、研究所等开展创新实践活动,提升大学生的创新精神和实践能力;鼓励学生组织创办集多样性、知识性、教育性为一体的社团,让学生既增长知识,又陶冶情操,

---

① 白雪源,韩春红,沈晔.全员、全过程、全方位育人的平台和机制建设研究[J].思想政治课研究,2018,231(3):10-14.

② 季靖.构建全员全方位全过程育人格局助力学生全面成长成才[J].北京教育(德育),2013(1):25-27.

既锻炼自己,又接受教育①。

三是推进实践人,实现知行合一。社会实践让大学生较快地了解社会,熟悉生活,鼓励学生大胆地将所学运用于实践,将理论认知和实践认同相结合,专业实习实训、"三下乡"活动、青年志愿服务活动都是大学生将思想政治工作育人的潜在价值从理论转化为现实的好形式。

四是打造服务育人机制。完善学生资助服务体系,实现精准育人;加强心理健康咨询服务,促进学生身心健康发展;加强与地市、企业、兄弟院校战略合作,建好学生实习实践基地,为大学生充分参与社会实践,不断搭建平台、创造条件,形成了产学研用结合的协同育人模式。

五是推进"互联网+教育"。不断拓宽教育发展新空间,打造网络思政教育平台。高校可以利用公众号、微信、微博、QQ 等现代信息手段,通过建立网络思想教育教学基地,把新媒体运用与学生思想引领结合起来,形成多维度网络思政阵地,定期向大学生群体推送跟他们学习生活相关的思想教育内容,拉近师生之间的距离,让学生与学校平等对话。

在德育为先的新时代背景下,高校要注重培养和提升青年学生的创新实践能力,按照全员协同育人、全过程育人、多位一体全方位育人相结合的育人格局,不断创新思想政治教育工作的方式方法,健全思想政治教育工作的长效机制,提高思想政治教育的针对性、实效性,促进学生的全面发展和综合素质的提升。

2.2.5 "三全育人""产教融合"互联互通互促

党的十九大报告针对新时代教育事业发展明确指出:深化产教融合、校企合作。深化产教融合,既是高等教育适应社会主义现代化大生产、提高人才培养社会契合度和人才培养质量的内在要求,也是深化供给侧结构性改革、促进经济换挡升级、加快建设创新型国家的根本要求。作为推进产教融合的重要主体,高校应当用好"三全育人"(全员育人、全程育人、全方位育人)这把"金钥匙",有效促进教育链、人才链与产业链、创新链有机衔接,打通教育成果转化为产业效益的"最后一公里"。

将"三全育人"与产教融合有机结合是高校人才培养的时代要求。当前,新一轮科技革命和产业变革正在向纵深发展,高校人才培养与产业需求

① 苗青."全员育人、全程育人、全方位育人"德育机制的实践探索[J].河南教育:高教,2018(4):31—33

在结构、质量、水平等方面出现了不相适应的问题,存在"两张皮"现象。如何培养理想信念坚定、思想政治过硬,并且能适应现代产业发展的高质量人才,是摆在高校面前的一个重大课题。"三全育人"是党中央、国务院着眼新时代新任务,加强和改进高校思想政治工作的重要举措,根本目的就是要使思想政治工作体系贯通学科体系、教学体系、教材体系、管理体系。深化产教融合作为党和国家的战略性举措,同样应当成为"三全育人"机制必须贯通其中的重要对象。党和国家高度重视深化产教融合,先后出台了一系列指导性、操作性文件。可见,产教融合既是"三全育人"的职责使命所在,也进一步丰富和充实了"三全育人"的内涵,两者同向同行,完全可以相互融入、协同推进。应积极做好顶层设计和制度安排,推动"三全育人"与"产教融合"互联互通互促。

一是动态对标。全面贯彻落实习近平总书记关于教育的重要论述,坚持用党的创新理论指导教育改革实践。把服务中华民族伟大复兴作为教育事业的重要使命,努力在实现中国梦的伟大征程中提供接续不断的人才保障和智力支持。将产教融合落实到高校办学理念、人才培养和治理体系治理能力建设的全过程,融入"三全育人"的顶层设计之中。避免将产教融合狭隘地理解为"实践教学",要特别重视工匠精神的培养和激发,并将加强产教融合师资队伍建设作为重要基础。

二是加强建章立制,保根本、谋长远、促长效。注重"三全育人"与产教融合的制度体系建设与创新,建立两者互联机制。将"三全育人"与产教融合纳入"十四五"规划重要内容,建立完善充分运用现代科技手段的考核评价指标体系、引导促进机制,营造推进产教融合的良好环境与氛围。

三是着力服务国民经济发展主战场,推动人才培养与地方经济高质量发展要求相适应。通过"三全育人"系统,为产教融合注入正确的价值导向、强劲的精神动力和可靠的人才供给,引导学者和学生将论文写在大地上,切实对接好,服务好地方经济社会发展。

2.2.6　工匠精神融入高职院校"三全育人"的思考与探索

在新时代条件下,弘扬和培育工匠精神是高职院校人才培养的重要特征,也是贯穿高职院校"三全育人"的重要任务,坚持和推进工匠精神融入"三全育人",具有时代的重要性和现实的必要性。

2.2.6.1 工匠精神融入"三全育人"的重要性

新时代工匠精神既是一种优秀的职业道德和职业品质,也是一种优秀的职业能力和职业技能;推进"三全育人"不仅是加强和改进高校思想政治工作的重要载体,而且是培养担当民族复兴大任时代新人的重要途径。

面对新形势新任务新要求,将工匠精神融入"三全育人"整体推进。

首先,将工匠精神融入"三全育人",有利于教育引导学生自觉践行社会主义核心价值观。爱岗敬业、诚信友善的职业精神,不仅是社会主义核心价值观的重要内容之一,也是工匠精神的重要内涵所在。把工匠精神融入"三全育人",在教育教学的全过程中,要引导广大学生自觉践行社会主义核心价值观,让"三全育人"起到"春风化雨、润物无声"的良好作用。

其次,将工匠精神融入"三全育人",有利于教育引导学生不断增强职业梦想意识。在推进"三全育人"过程中,注重培育学生的工匠意识和工匠精神,有助于他们深入学习专业知识、增强专业认同感,促进他们对未来职业的向往和热爱,鼓励他们增强实现职业梦想的信心和意志,科学规划职业生涯,并奋力实现人生梦想。

最后,将工匠精神融入"三全育人",有利教育引导学生逐步提升职业素养。推进工匠精神融入"三全育人",可以在教育教学各领域和各环节,教育引导学生了解和掌握未来职业的岗位标准和工作要求,激励他们深入学习本专业的基础理论知识,熟练掌握本专业的实践技术技能,不断提升未来职业所需要的基本素养,努力成为国家所需要的高素质技术技能人才。

2.2.6.2 工匠精神融入"三全育人"的现状

近几年来,高职院校不断推进将工匠精神融入"三全育人"的工作,但也仍然存在一些推进不充分不平衡的问题。

一是全员育人协同推进还不够有力。目前,大多数高职院校具有"双师"素质的教师数量还不多,特别是具有丰富企业实践经验的教师还较少,不少专业还缺乏高层次的技术技能人才和骨干教师,管理服务人员的综合素质也亟待提高。

二是全过程育人机制不够健全。在教学管理中,无论是督导、考评还是激励、奖惩等制度,还没有完全融入培育工匠精神的要求;在学生管理中,缺少比较系统的转型养成教育,专业人才培养方案也缺少工匠精神的渗入;有些院系管理方式还比较传统,缺少标准化、精细化、高效率的组织管理。

三是全方位育人体系不够合理。专业设置上考虑还不够全面,课程教学体系还不够合理;专业课和思政课的教学内容、教学方法、评价体系等,还不能完全体现培育工匠精神的特性。因此,对高职院校来说,大力推进工匠精神融入"三全育人"已经成为最为现实而迫切的需要。

2.2.6.3 工匠精神融入"三全育人"的基本路径

高职院校推进工匠精神融入"三全育人",需要抓住重点群体、把握重点阶段、找准重点领域,积极探索有效的路径和方法,不断提升人才培养的质量和水平。

(1)加强师资队伍建设,协同推进工匠精神融入全员育人

协同推进工匠精神融入"全员育人",关键在于坚持把良好师德师风作为第一标准,着力提高以教师为主体的各类人员的整体素质。一是着力打造一批教学名师、技能大师。坚持引进和培育相结合,造就一批教学水平较优、科研能力较强、技术技能较高的教学名师,选拔一批实践经验丰富、技术技能高超的技能大师,充分发挥全员育人的示范引领作用。二是精心培养一支"双师"素质的教师队伍。坚持把职业道德素养、技术技能水平融入教师考核管理,促使教师强化职业培训和实践教育,帮助他们增强工匠精神意识,提高技术技能水平,在全员育人中发挥主体作用。三是加强校企合作,推进产教融合。聘请企业中的专业技术骨干担任兼职教师,将较高的技术技能和专业知识传授给学生,还能用职业精神、职业道德、职业追求熏陶感化学生,使学生在生产实践中真切地感受工匠精神,从而内化为自觉的职业道德。四是全面提升管理服务人员的职业素养。坚持深化管理服务机制改革,引导管理服务人员转变工作理念和方法,定期到行业企业学习培训,帮助他们丰富工作阅历,增强社会实践经验,提高管理效率和服务水平。三类人员相互配合、相互促进,逐渐形成全员育人的合力。

(2)深化教育教学改革,统筹推进工匠精神融入

全过程育人推进工匠精神融入全过程育人,关键要把握好学生在不同学习阶段的特点,加强不同阶段教育教学过程的相互衔接。一是要融入转型养成教育。大一新生入学前,各院(系)根据行业企业和区域经济社会发展需要,以及学生教育管理的特点,强化顶层设计、科学统筹,将工匠精神融入专业人才培养方案和转型养成教育方案。二是要融入职业素养教育。针对大一学生,在推进"三全育人"时,将工匠精神融入职业素养教育,引导学生完善自我、提升自我,树立正确的世界观、人生观、价值观,励志培育精益求精、专业敬业、专注执着、求实创新的"大国工匠"素质。三是要融入教学

实践活动。针对大一、大二学生，注重将工匠精神融入课程育人和实践育人，创新构建产教融合、校企合作育人模式，强化实验实训教学环节，激励学生增强工匠精神的实践素养。四是要融入创业就业教育。针对大二、大三学生，推动工匠精神融入"双创"教育，对学生进行职业生涯规划、职业道德教育等，树立爱岗敬业、专注执着的职业精神，帮助他们把握正确的创业就业方向。这四个阶段应循序渐进，有的放矢加以推进，以不断增强全过程育人的针对性和实效性。

（3）构建特色校园文化，引领推进工匠精神融入

全方位育人工匠文化是高职院校校园文化的最显著特色，要始终贯穿于全方位育人之中。一是推进体现工匠精神的特色校园文化建设。挖掘校园传统文化的内涵和资源，坚持资源整合与集成创新有机结合，构建项目运作模式的"一院一品"文化品牌，打造独具特色的校园文化。二是校企文化融合为切入点，在校企文化融合中逐步渗透工匠精神。可利用广播、电视、校报、橱窗等文化宣传阵地宣传工匠精神，让工匠精神融入校园文化建设之中。学校可将企业文化融入课程，将企业的经营理念、服务理念、战略目标、竞争意识、创新意识、效率意识、敬业精神等与专业课程相融合，在思想政治课、法律课、就业与创业指导课中融入工匠精神。开展融入工匠精神培养的技能竞赛、志愿服务等实践活动，邀请能工巧匠宣讲先进技术、工匠故事，开展优秀企业家讲座，宣传企业文化和企业家精神，开展以工匠精神为主题的职业教育活动，选派学生进入企业实习实训，打造工学结合的实践育人文化。通过打造具有工匠元素的课堂、实训、活动、场景等各类文化，逐步推进独具工匠文化特色的全方位育人。

2.3　高职学生教育管理的外延分析

2.3.1　新时代中国特色社会主义思想赋予的"立德树人"新内涵研究

2017 年 10 月，习近平总书记在中国共产党第十九次全国代表大会上，做了题为《决胜全面建成小康社会　夺取新时代中国特色社会主义伟大胜利》的报告，中国特色社会主义进入新时代。党的十八大以来，以习近平同志为核心的党中央，坚持真理，尊重规律，与时俱进，科学把握新的时代使命和实践需要，形成习近平新时代中国特色社会主义思想，高瞻远瞩、科学系

统地诠释了新时代坚持和发展中国特色社会主义的一系列重大问题,引领着全党全国人民为实现中华民族伟大复兴砥砺奋进,不懈奋斗。

习近平新时代中国特色社会主义思想的内涵极其丰富,涵盖了党和国家建设发展的方方面面。特别是对教育工作,习近平同志在党的十九大报告中明确指出"要以培养担当民族复兴大任的时代新人为着眼点",再次强调"优先发展教育事业",赋予了新时代中国教育新的发展内涵。由此可见,科教兴国是国家兴旺、民族复兴的战略性工程,在中国特色社会主义新时代,教育现代化就意味着教育要全面贯彻新时代党的教育方针,要持续深入推进教育公正公平,坚持立德树人为主线,教育的质量必须紧紧围绕"培养什么人、怎样培养人、为谁培养人"这一根本问题而展开,从而培养更多的能够适应未来社会发展需要的新时代的社会主义事业的建设者和接班人。

对于高等学校在人才培养中的重大意义,习近平同志在不同场合、多次会议上强调"高等学校立身之本在于立德树人"。尤其是他出席 2016 年全国高等学校思想政治工作会议并讲话,全面回答了"培养什么人、怎样培养人、为谁培养人""办什么样的大学、怎样办大学"的根本性问题。由此可见,高等学校的改革发展,必须坚定不移地坚持党的领导,必须坚定不移地坚持社会主义办学方向,必须坚定不移地坚持马克思主义的主导地位,这正是高等学校思政工作的根本出发点和落脚点。高等学校必须坚持不懈、持之以恒地把思政工作贯穿于人才培养的全过程,实现立体化、全方位育人,从而开创高等学校思政工作的新局面。思政工作必须以立德树人为核心,立德树人事关中国特色社会主义高等学校的性质,事关我国高等教育发展的方向,事关人才培养目标的实现,是高等学校在新时代深化高等教育改革、提升人才培养质量的行动指南。高等学校必须学习好、贯彻好、宣传好习近平新时代中国特色社会主义思想,努力建设争创世界一流、具有中国特色、高质量发展的高等教育强国。

2.3.2 习近平思想政治教育思想蕴涵的学生工作新理念研究

大学生正处在价值观形成和确立的关键时期,大学阶段是一个人成长、成才的关键起点,青年人的思想政治教育始终得到习总书记的高度重视。在 2014 年五四青年节与北京大学师生座谈时,习总书记指出,"青年的价值取向决定了未来整个社会的价值取向,而青年处在价值观形成和确立的时期,抓好这一时期的价值观养成十分重要。这就像穿衣服扣扣子一样,如果第一粒扣子扣错了,剩余的扣子都会扣错。人生的扣子从一开始就要扣好。"之后,习近平同志在多个场合强调将世界观、人生观、价值观教育作为人生教育的"总开关",指出"要特别关注青年等重点群体的价值观问题"。在此基础上,他对广大青年培育和践行社会主义核心价值观提出了"一要勤学""二要修德""三要明辨""四要笃实"等具体要求,要求青年学生从自我做起,从现在做起,坚持用社会主义核心价值观引领自己的思想与言行。

习近平关于思想政治教育的重要论述,既继承了党的历代领导人强调的马克思主义与共产主义教育,理想信念与爱国主义、集体主义、社会主义教育,党的路线、方针、政策教育,法制与纪律教育,艰苦奋斗教育等内容,又根据新时期的实际情况以及青年发展的个性特点,将社会主义核心价值观、中国梦、"四个自信""红色基因"、创新创业等作为学生思政教育的重要内容。写信,是总书记与各界群众交流最频繁的一种方式,而他回信最多的则是青年学生群体,回信的主题围绕"中国梦",言简意赅地阐述对青年学生的理想、价值观、成长态度、创新创业等方面的看法。习总书记对青年学子的回信不仅表达出他对莘莘学子的殷切期待,蕴涵他对青年学子成长成才的重要思想,而且将学生思想政治教育的重要内容通过回信传达给创新创业学子、入伍士兵、志愿者、留学生、大学生村干部、支教毕业生等不同类型的高等学校学生,不仅体现了学生思想政治教育工作要按规律办事,而且要做到因事而化、因时而进、因势而新,要充分运用信息化和大数据时代的新技术、新载体、新手段,进一步增强新时代中国高等学校思想政治教育的亲切感、亲和力、生命力和吸引力,从而使思政工作起到入脑入心的实际效果,实现"人人皆可成才,人人尽展其才"的教育目标。

学生思想政治教育工作要深入、准确把握习近平总书记对青年学生的期望与要求。学生思想政治教育工作,从根本上来说就是做好"人"的工作,因此,就要充分尊重爱护、关心帮助、引导鼓励学生,在为学生排忧解难、释疑解惑中不断给学生以方向指引和精神滋养,注重把学生培养成品学兼优和德才兼备的人。高等学校学生工作,必须尊重学生的主体性,这是激发学生成长成才的根本动力,因而必须多角度、全方位把握学生的个性特征。目前,高等学校许多大学生是"95后",他们充满朝气、视野宽广、自信开放、锐意进取,是可信、可爱、可为的一代。不同时代大学生的思想和身心表征各不相同。做好高等学校学生工作,必须深入研究特定时代大学生群体的思想和身心的发展变化趋势,把握不同时代大学生群体的共同点与差异性。学生工作要由关注学生群体向关注学生个体与个性转变,由标准化教育管理向个性化教育服务转变，其前提就是要深入研究和把握学生思想和身心的变化发展规律，为每一位学生的充分成才、平衡发展提供可供依据的规律。

践行社会主义核心价值观，是实现"中国梦"的战略任务。高等学校思想政治教育工作，既是我国高等学校的特色，又是办好我国高等学校的优势。如何把践行社会主义核心价值观的工作落地生根，落细落实，这就需要高等学校坚持立足当前与放眼长远相结合，坚持宏观与微观相结合，坚持群体与个体相结合，坚持把"我们所提倡的"与"学生日常生活实际"紧密结合，要及时帮助学生解决其在学习、生活中所遇到的思想困惑，让学生切身领悟到在学业生涯和事业生涯中应该做什么样的人、树立什么样的目标、付出什么样的努力，从而使学生在实践中潜移默化的感知、领悟、接受、践行、宣传社会主义核心价值观，内化为自身成长成才的强大精神力量。

2.3.3　国家层面思想政治教育制度文件明确的学生工作新要求研究

党的十八大提出"把立德树人作为教育的根本任务"，规定了我国教育工作的总方向，凝聚了党和国家对人才培养的总要求，指明了我国高等教育的根本使命。朝气蓬勃、奋发进取的新时代大学生是高等学校学生工作的对象，立足中华民族伟大复兴的国家大计，从大学生成长成才、自由全面发展的实际需要出发，各高等学校坚持以立德树人统领学生工作、高等教育学科建设、人才培养、科学研究、社会服务、文化引领以及国际交流等各项事业，将思政工作紧密融入立德树人的所有环节，以科学的理念、开放的格局、创新的思维、精进的态度，统筹协调好课内课外、校内校外、线上线下等全方位的人财物资源，努力谱写加强和改进新形势下高等学校思想政治工作的新篇章。

2016 年 12 月，全国高等学校思想政治工作会议召开，习近平总书记出席会议并发表重要讲话，为做好新时代中国高等学校思想政治工作指明了目标方向。随后，2017 年 2 月，中共中央、国务院印发《关于加强和改进新形势下高校思想政治工作的意见》，肯定各高等学校在思政工作方面的有效措施和成功做法，同时为高等学校思想政治工作指明了今后的方向遵循。加强、改进中国高等学校思想政治工作，关键要坚持以下原则，一要始终坚持党对中国高等学校的领导，坚定共产主义理想信念，党的建设应贯穿高等学校的建设与发展中；二要始终坚持社会主义办学方向，中国高等教育应当积极为党的事业做贡献,积极为社会主义现代化建设做贡献;三要始终坚持把对大学生的思想引领、价值引导贯穿于教书育人的全过程,坚持"全方位育人""全过程育人""全员育人""促进学生自由全面发展"相统一;四是要始终坚持求真务实,深入一线了解学生情况,加强对学生思想状况、行为特征、心理素质等方面的调研,探索和遵循高等教育规律、青年成长成才规律、思政工作规律,进一步提升思政工作的规范性、精准化;五是始终坚持改革创新,勇于冲破高等学校传统思政工作在理念、机制、内容、方法等方面的束缚,进一步增强新时代中国高等学校思政工作的生命力、感染力和实效性。

为认真学习贯彻党的十九大精神,并将中共中央、国务院《关于加强和改进新形势下高等学校思想政治工作的意见》精神引向深入,2017 年 12 月,教育部党组印发《高等学校思想政治工作质量提升工程实施纲要》,以大力提升高等学校思想政治工作质量。《高校思想政治工作质量提升工程实施纲要》的基本原则:①坚持育人导向,突出价值引领。②坚持遵循规律,勇于改革创新。③坚持问题导向,注重精准施策。④坚持协同联动,强化责任落实。同时,《关于加强和改进新形势下高校思想政治工作的意见》提出,要充分发挥课程、科研、文化、实践、管理、服务、网络、组织、资助、心理等方面工作的育人功能,凝练育人要素,优化育人机制,完善激励模式,深化服务保障,构建了内涵更加丰富、全面的"十大"育人体系。从完善顶层设计的高度出发,教育部于 2017 年 2 月颁布了《普通高等学校学生管理规定》,2017 年 9 月颁布了《普通高等学校辅导员队伍建设规定》,进一步明确了立德树人要求,强化了以学生为本的理念,将党的十八大、十八届三中、四中、五中、六中全会精神以及全国高等学校思想政治工作会议上提出的新思想、新理念、新举措贯彻落实到高等学校学生工作的具体实践中,比如修订后《普通高等学校学生管理规定》将"加强理念信念教育"修改为"以理想信念教育为核心",比如修订后的《普通高等学校辅导员队伍建设规定》明确了高等学校要坚持把立德树人作为中心环节。

由此可见,这些制度文件的出台与修订,其指导思想与总体目标是高度一致的,强调以习近平新时代中国特色社会主义思想为根本遵循,紧密围绕国家总体布局和战略布局,坚持社会主义办学方向,以立德树人为根本,以促进学生能力素质的自由、全面、和谐、创新发展为关键,打牢基础,健全标准,完善内容,优化结构,协同运行,切实提升中国高等学校思想政治工作的质量与水平,着力构建符合时代要求、贴近学生需求的立体化、人本化育人新局面,着力培养不忘初心、不辱使命、勇挑重担、勇担大任的时代新人,着力培养德才兼备、又红又专的社会主义事业的栋梁之材,为实现"两个一百年"奋斗目标、实现中华民族伟大复兴提供强有力的人才支撑。

　　高等学校学生工作经过一系列理论探索和实践创新,已经形成一套规范的制度体系和管理机制,并在推动学生工作有序发展过程中发挥着十分重要的作用。而进入新时代,随着经济社会的发展、高等教育大众化和人才需求特点的变化,高等学校学生工作的目标使命、服务对象、理念思路等,都在发生着改变,国家层面出台的制度文件的每一个条款都蕴含着思政育人的功能。因此后期的研究重点不仅要立足新时代的人才培养需求,而且始终要将学生思政教育放在学生工作的首位,用学生思政教育统领学生工作的队伍建设、制度保障、事务处理、奖助勤勉贷等各个模块,充分挖掘学生工作的每一个环节、每一个过程、每一个人员、每一项事务的思政内涵并发挥出有效的育人功能。

3 高职学生教育管理工作现状及问题分析

3.1 学生成长环境和群体特征

随着我国职业教育的迅猛发展,用人单位对高端技能型人才的要求变得越来越高,社会也对高职院校人才培养和管理也提出了更高的要求。高职学生管理工作人员作为育人队伍的重要组成部分,担负着对高职生的教育管理和教育引导重要使命,不可否认的是生源素质的下降给新时代高职院校的人才培养带来了巨大挑战,同时也给学生教育管理工作带来了很大的压力与困难。新时代如何在深入了解高职学生特点的基础上,准确把握高职院校当前的管理重心、提高教育管理水平,成为当前高职院校教育管理的关键所在。

3.1.1 当代大学生的成长环境

社会环境对高等学校学生工作会产生作用不一的影响。当代中国正处于发展期、变革期,社会主义市场经济体制得以确立并不断深化,当代大学生在环境变化过程中也展示出自身的特点,高等学校也不断吸取世界一流大学先进的办学理念与办学实践经验,我国也正向世界教育大国的方向大步迈进。学生工作作为促进与保障学生学习,学生世界观、人生观、价值观形成的重要保障,也面临着变革的需要。本节试从以下三个方面对当前学生工作的影响因素加以分析。

我国在改革开放之前,仿照苏联模式,在吸取民主根据地管理经济的经验基础上形成了计划经济体制。但在经济发展过程中,这种高度集中的计划经济体制暴露出了很多弊端与局限。随着改革开放不断深入,1992 年 10月,党和国家确立了社会主义市场经济体制。不同于传统计划经济体制,社会主义市场经济体制具有以下特征:一是经济关系市场化,市场成为资源配置的决定性力量。在社会主义市场经济体制下,市场机制是推动生产要素流动、促进资源优化配置的基本机制,经济运行直接或间接地处于市场关系之中。二是企业行为主体化。在社会主义市场经济条件下,一切合法成立、经营的企业都成为市场经济主体,具有开展生产、经营活动所应有的权利。三是宏观调控间接化。企业的生产、经营等具体事务不再受到来自政府部门的直接干预,政府主要通过财政政策和货币政策调节经济运行,规范企业生产、经营活动。四是市场管理法治化。任何企业的生产、经营活动都必须遵照一定的法律法规,经济整体运行以健全的法律法规为基础保障,市场竞争激烈而有秩序,竞争手段规范而又公平。与之相反,我国高等学校学生工作体制最早是按计划经济体制要求形成并发展起来的,其最主要的特征是"条块分割",主要弊端是低水平重复设置各种学生工作部门,建设硬件设施,教育资源不能优化配置和充分整合利用,从而影响了学生工作的顺利开展。作为高等学校学生工作的主体,大学生面临着复杂的国际国内环境。当代大学生成才的经济、政治、文化环境发生着剧烈的变革。

从国际上看,首先,是世界经济全球化、一体化的浪潮汹涌澎湃。所谓经济全球化,是指在第三次科技革命与生产国际化浪潮的推动下,世界各国之间的经济依赖程度日益加深,各国生产、流通、分配等领域紧密联系,向一体化方向发展的历史过程。正是这种趋势,给当代大学生带来了前所未有的良好成才环境与机遇,能够有效地激发当代大学生的竞争意识,培养他们的竞技能力和适应能力。其次是世界政治多极化趋势发展。多极化是经济全球化时代各国相互依存及发展的多样性的必然要求。随着二战后世界局势渐趋稳定,各国在信息技术革命中获得迅猛发展,特别是欧盟、日本、中国、印度、俄罗斯、巴西等经济实力不断增强。在国际政治舞台上,这些国家和地区成为不可忽视、举足轻重的一极,推动着世界政治格局朝着多极方向发展。在这种格局下,当代大学生将会有更充分的发展时间和空间,面临更多的机遇,有助于大学生树立世界意识和开放意识,更好地为践行中国的科教兴国战略和人才强国战略服务。最后,在综合国力的竞争下,越来越多的国家和地区把提高文化软实力作为重要发展战略。各国文化的交流与博弈已经成为普遍趋势,这给当代大学生带来了新的文化视野,让当代大学生有机会领略西方先进的科学技术及管理经验。文化的交流与融合也有利于当代大学生吸收其他文化的优秀因子,拓展大学生文化吸收的国际视野,使当代大学生更适应多元文化的生活方式,为当代大学生成才提供了良好的国际文化条件。

从国内看,首先,我国当前正处于社会主义现代化建设的关键时期,国家对人才的需求和重视达到了前所未有的高度。改革开放四十多年来,我国经济一直保持着强劲的发展态势,取得了举世瞩目的发展成就,这为教育事业的发展奠定了有力的基础,为当代青年学子提供了潜心学习的良好社会条件,为他们创造了优越的成才环境。如经济发展使大学的办学条件极大改善,使大学生的数量和质量都有了大幅度提高,使大学的科研实力日益增强,科研成果日益增多。其次,中国特色社会主义民主政治不断健全、完善和发展,民主形式日益丰富,人民能够充分行使自己当家做主的权利。这为大学生成才提供了安定有序的社会保证,为当代大学生创造了民主、自由的学习、研究范围,极大地调动了大学生成才的积极主动性。当代,根据我国现代文化的总体发展趋势,主要有三种文化形态:传统文化、外来文化和社会主义文化。这种多元文化背景能够使大学生有更多的机会汲取先进文化的精髓,而且开拓了当代大学生的视野,赋予他们更多的国际化眼光和多样化思维方式。

上述情况为中国高等学校学生工作提出了很多新的要求。首先是要加强高等学校学生工作队伍的建设,以适应高等学校招生规模和地域的扩大。高等学校学生人数的增多,就需要更多的老师保障学生的思想政治教育,就需要更多的辅导员对学生的日常生活、心理健康等进行培养,就需要更好的评价机制对学生工作进行评价监督。其次,要加强高等学校学生工作的信息化与专业化建设。目前的学生工作的机制还停留在几十年前的形式,学生工作机制日益僵化,如何应对信息化的挑战?如何应对职业教育改革的挑战?这就需要加强学生工作的信息化和专业化建设。最后,要加强学生工作与学校其他部门之间的联系。对于学生的发展,不仅仅是学生工作者的事情,也是学校各个部门共同关心的话题,必须加强学校各个部门之间的联系与交流,协同育人、全员育人,才能适应新时期高等学校发展的特点。

3.1.2 当代大学生群体的时代特征

当代大学生群体受到经济全球化、政治多极化、文化多元化的影响,置身于中国特色社会主义转型的高速发展列车上,并受到家庭环境、学校环境和社会环境的制约,他们身上出现了很多前所未有的特征,深深地打上了时代的烙印。综合而论,其特征主要有以下几点。

3.1.2.1　学习生活方式趋于多样化

主要表现在学习方式和组织形式的多元化等方面。学习方面,尤其是计算机、多媒体教学设备的更新与应用,以及互联网技术的迅猛发展,不仅进一步拓展了大学生的学习空间,也为大学生获取知识提供了更为多样的方式和渠道。同时,在素质教育全面推进以及完全学分制推行的大背景下,大学生自定学习目标、自定发展规划、自选研读专业、自修专业课程的主体性意识相对增强了。在生活上,随着大学生居住公寓化程度提升以及后勤服务社会化的不断完善,大学中以班集体为主体的学生基本组织形式将逐渐弱化,大学生因住宿、生活、学习而结识在一起的大学生群体正逐步在增强和扩大等。这些正是大学生学习方式和组织形式多元化的具体表现。

3.1.2.2　思想和思维方式的多元

随着改革开放和学习西方大学的办学经验,西方的各种理论与思想源源不断地渗透到中国的大学中,大学生所接受的思想与理论趋向多元化。虽然对中国特色社会主义道路的理想信念仍然表示很大信心,但是也有一部分大学生思想趋于异化,讲求个人利益,公德意识和社会责任感淡薄等。多元差异的价值观念、功利性色彩浓厚的就业市场、良莠不齐的网络文化,均影响、增大了大学生进行人生选择的"变量"。作为思想活跃、思维敏捷但又不太成熟、缺乏社会阅历的群体,大学生的思想及思维方式容易受外部思想及理论的影响,产生各种行为。我国传统的大学思想政治工作模式由于缺乏吸引力和感染力,导致教育引导效果不突出。

3.1.2.3　性格特征的成熟性与两重性

当代大学生对善恶、是非、美丑有较为清楚的认识,有着良好的道德观念,但是,在具体行为中,往往认知同行为不一致,甚至完全相反[①]。大学生在这一时期的性格基本定型,性格特征也基本成熟,但是仍然有一定的波动,突出的表现是对某种事物与某种观点会产生截然不同的应对态度与行为。如务实与实惠的调和、宽容与回避的调和、渴望与满足的不协调性、心理及个性化发展的不协调性等。这些都是当代大学生的基本特征。

---

① 杨小磊、李保英.高校学生工作体系的系统构建与整体优化[J].系统科学学报,2017(1):82.

3.1.2.4　学生主体性意识和地位凸显

20 世纪 90 年代以来,随着社会主义市场经济体制的确立与不断完善,个人主体性、独立性和创造性的彰显与发挥日益受到重视。相应的,"以人为本"的价值理念进入高等教育领域,受到高等学校学生工作者的关注与重视。很多高等学校坚持"以学生为本",逐步建立学生听证制度,完善学生申诉和学生权利救济制度,建立学生管理信息反馈和监督系统,尊重和保障学生的合法权利[①]。人们逐渐认同,大学教育在满足社会需要的前提下应充分尊重、凸显人的主体性价值,从而实现人的社会价值和主体价值平衡协调发展。因为在市场经济环境中,学生及学生家长,特别是优秀的学生,在交费上学的情况下,有一定的选择大学和专业的自主权利。在此情况下,大学也开始关注学生及家长的实际需求,尽力开设就业前景比较好的专业,同时为学生提供较多的奖学金和较好的后勤服务,为争夺生源特别是优秀生源展开竞争,使大学生成才环境得以优化。

3.1.3　新时代高职学生的基本特点

3.1.3.1　文化基础薄弱,学习效能感低

相当一部分高职学生存在基础知识不牢、学习习惯不良、学习效能感低下等问题,究其原因,与高职学生的学习方式、学习态度、学习目标以及学习兴趣有很大的关系。如高职学生在学习态度上通常缺乏自主性,很多学生对学习只满足于课堂听讲,缺乏对学习主动探究,在这个互联网盛行的年代已鲜有学生愿意去图书馆坐坐看几本书,扩展自己的知识面;在学习方法上缺乏创造性与创新性,高职的学习应以掌握专业技能为主,更多的学习需要在前人知识的基础上发挥个人的能动性去改革和创新,这对学生的创新能力的要求很高,从这个角度上看很多高职学生在学习上还缺乏创新意识和创新的精神;在学习目标上,功利心明显。教学成效应该体现在老师和学生间的互动与交流中,即所谓的教学相长。然而,现阶段的高职课堂上常见的现象是学生提不出问题,学生所关心的重点是这门课老师什么时候画重点、给定考试范围,这种为了考试通过而学习的功利性特点在高职生中普遍存在。

---

①　杨小磊、李保英.高校学生工作体系的系统构建与整体优化[J].系统科学学报,2017(1):82.

3.1.3.2　思想活跃积极,价值取向多元

新时代的大学生已是"95后",甚至是"00后",这部分学生从小生活条件优越,思想开放,追求个性与民主,接受新鲜事物的能力强,善于使用互联网,推崇西方文化与价值观,但因为他们的心智还不成熟,在为人处世和待人接物过程中往往表现出较强的矛盾性和两极性。如,他们思维灵活善变,但容易走极端;他们善于接受新鲜事物,但又容易被新鲜事物所左右;他们追求个性,但又害怕被孤立;他们善于使用互联网,但又经常沉溺于网络游戏不能自拔;他们喜欢西方的文化和节日,但却经常缺乏价值判断能力。除此之外,由于每个人的家庭环境、家庭条件、求学动机等因素的不同,导致了学生价值多元化,有的同学关心班集体,看重同学友谊;有的我行我素,关注自我;有的同学上学是为了混一纸文凭,子承父业;有的同学上学是为了学习一门技术,以获安身立命之本领;有些同学追求名牌,花钱大手大脚;有的同学在校内外兼职以锻炼自我。总之,价值的多元化和家庭条件的不同很容易让学生形成贫富心理差距,进而养成攀比的习惯,这些因素也正是很多诸如校园贷产生的起因。

3.1.3.3　目标动力缺失,生活缺乏规划

在经历过压抑的高考和家长的束缚之后很多学生初入大学便失去了学习和前进的动力,很多学生进入大学后不久就对大学生活感到不满和迷茫,甚至出现退学的念头。究其原因主要有以下三点。

一是学校或专业的选择与理想有落差。很多同学都是带着种种憧憬步入大学校园,但当他开始真正接触到大学生活后发现学校或者自己的专业与原来所设想的不一样时就会表现出强烈的排斥感。

二是还没有完全适应高职学习方式。高职教育以技能学习为主,很多的课程都需要学生自己动手来操作,这与之前高中的文化课程学习存在较大的差别。高中学习只需要按照课表要求进行,上课也更多地以老师讲授为主,学生不需要自己主动安排学习计划,学习只要按部就班即可。这可能会让很多同学不适应,很多同学到课程结业的时候才想起作业没做、实验报告没交。

三是缺乏对大学生生活的规划。大学生活的规划包括对大学三年学业的规划、所学专业的职业规划以及课余时间的细节规划,但很多高职学生由于缺乏自制能力以及时间管理意识,学习往往缺乏目标,他们的大把时间都花在游戏上或者在谈恋爱中度过,等到毕业实习时才发现既没有学到专业

技能,能力也没有明显的提升。

3.1.4　高职学生管理工作面临的挑战

　　高职学生管理是实现人才培养目标的重要内容,是推进素质教育的重要手段。学生管理既体现了高校的办学水平和办学理念,也为维护学校的稳定和谐起着重要作用。进入21世纪,随着社会形势及高等教育的不断发展,国家、社会对大学生的成长发展提出了更高的要求,高职学生管理在教育大众化、管理行政化、教育滞后化等方面面临着新挑战,在思想理念、学生主体性的体现、管理的系统性、机制体制等方面也显露出一些与经济社会发展和学生群体变化不相适应的地方①。

3.1.4.1　教育大众化导致学生思想日趋复杂

　　《国家中长期教育改革和发展规划纲要(2010—2020年)》提出"优先发展、育人为本、改革创新、促进公平、提高质量"的工作方针,到2020年,基本实现教育现代化,基本形成学习型社会,进入人力资源强国行列。在全面推进高等教育事业科学发展的新形势下,高校学生群体也在悄然变化,一是特困学生、心理有问题的学生比重不断增加,管理压力增大。二是"90后"等独生子女成为在校学生的主体,普遍存在动手能力差、生活自理能力弱、依赖性强等问题。部分学生听不得批评,受不了挫折,心理承受能力脆弱,自主能力较差,面对学校的管理选择回避甚至逃避。

3.1.4.2　管理行政化导致学生教育管理工作者定位发生变化

　　学生教育管理工作者在定位上既是教育者,又是管理者,更是服务者。随着教育大众化,高校学生人数持续增加,日常事务日趋复杂。学生教育管理工作者除了要完成学生思想教育、班团党建、社团文体活动等常规工作外,还需要承担越来越多的评奖评优、勤工俭学、助学贷款、就业创业教育以及公寓管理等行政化事务性的工作,时常陷入完成上传下达各种计划和任务之中,不能为学生提供所期望的全方位的教育与服务。在学生心目中,学生教育管理工作者仅是负责学生日常事务的老师,而不是担负引领学生成功,促进思想发展的政治导师,辅导员作为教育者的形象大打折扣,行政管理者的角色却日益突出,管理关系存在错位的问题。

_____

　　①　武月明.浅议大学生日常教育管理的有效方式与途径[J].山西农业大学学报(社会科学版),2011(6):548-550.

3.1.4.3 教育滞后化，缺乏以人为本的教育理念

行政化管理使学生教育管理工作者扮演"救火队员"的角色，工作始终处于一种被动、消极的应付状态，没有充分的时间和精力去研究学生的所思所想，对学生的教育普遍滞后。教育管理采用较生硬的规章、条例来约束学生，缺乏与学生的情感交流，导致学生主体意识缺乏以及自我管理、自我教育的意识缺失。当问题发生后，学生教育管理工作者往往以"监管者"的身份出现，对学生的教育主要侧重于对问题事发后的处理，而放松了对问题的预防。高职院校的管理人员，特别是辅导员、班主任在琐事上会花费大量的时间和精力，缺少与学生的沟通。在这种管理模式下，辅导员无法详细了解每位同学的真实想法，学生存在的问题不能及时被发现、解决，导致学生管理工作很被动。与此同时，高职院校的管理人员因长时间面临繁杂重复的琐事，也逐渐变得丧失工作热情，出现强烈的职业倦怠感，这一状态严重影响了高职学生管理工作的效率。

3.1.5 新时代高职学生管理工作的方向

3.1.5.1 以人为本，多途径促进学生成长

高职院校应针对学生的不同特点，努力帮助他们确定明确的目标，明确的学习目的，树立正确的价值观、人生观、世界观，制订属于他们自己的职业规划。帮助学生建立自信，点燃他们学习的热情，提高学习的主动性，营造出充满正能量的积极向上的良好氛围，培养高职学生良好的专业素质。通过开设人文类相关课程，不断开展社会实践、校园文化建设等教育方式，努力提高学生的人文素质。采用学分制管理，建立适当的激励和惩罚机制，加强管理，让学生变被动为主动，自己对自己的行为负责，把教育管理工作转化为学生成长进步的过程。

3.1.5.2 因材施教，多维度帮扶学生成长

在高职教育管理过程中，专业老师应该不断地完善和创新教学方法，及时发现、解决教学中存在的问题，以提升教学质量。针对不同的生源情况开展有针对性的教学，根据学生需求来优化教学模式，因材施教，促进学生掌握基本的知识技能。辅导员和班主任要多与学生沟通，及时解决学生中存在的问题，对于有不同需求的学生及时跟进帮扶。如对于受到学业警告的学生要通过谈话找到学习跟不上的原因，及时帮助学生解决现实困难；对于自律能力较差的学生，在日常学习和生活中多加监督和管理，引导其遵守学

校各项规章制度,并对自己的行为负责任;对于有心理问题的学生,及时了解问题的原因和严重程度,根据需要帮助学生进行心理咨询或者转介治疗。

3.1.5.3 创新管理模式,多举措提升管理效率

依靠当今的网络科技,构建高校学生管理信息化平台,实现学生管理教育的科学化、信息化、规范化,有效配置学生管理资源,提高学生管理工作质量和管理水平。通过多媒体技术,如微信、手机 APP、管理软件等简化人为工作量,提升管理质量和效率,拓展学生教育管理工作者的思维和空间,将他们从重复繁杂的工作中解脱出来,回归到学生管理工作育人的重要任务上。通过使用信息化平台可以优化教育管理工作流程,提高学生管理人员的工作热情。师生之间能够依托这个平台可以进行很好的交流、互动,有效提高了高校学生与教师之间的沟通效率。

3.2 高职学生管理队伍概述

高职学生管理工作的要求能否落到实处,关键在于能否培养一批高素质的高校学生管理队伍。高校学生管理队伍是保证高校坚持社会主义办学方向,全面贯彻党的教育方针,培养德、智、体、美、劳全面发展的社会主义事业建设者和接班人的一支不可缺少的重要力量,是高等学校教师和管理队伍的重要组成部分,是学生教育工作的组织者和指导者。邓小平曾指出:"一个学校能不能为社会主义建设培养合格人才,培养德、智、体全面发展、有社会主义觉悟的有文化的劳动者,关键在教师。"

3.2.1 高职学生管理队伍建设的重要性

教育队伍建设不但是进行高校学生管理的基本要求,教育队伍建设进程本身也是非常有意义的德育活动,它集中体现了教育的道德基础、伦理功能、教育的社会意图和人文关怀,同样会遭遇教育的现实瓶颈、客观问题、条件缺失和矛盾冲突,其建设经验是高校学生管理工作的重要参考。因此,无论是作为一种道德价值存在,或作为一种道德价值的承载,教育队伍建设在高校学生管理质量提升进程中都具有非常重要的、不可替代的意义。

3.2.1.1 时代发展的客观要求

党的十八大提出了新时期我国的发展目标,即全面建成小康社会,为了完成这个奋斗目标,新时期的高校大学生必须肩负起这一光荣而伟大的历

史任务,做一个合格的、优秀的新时代青年。在高校学生管理工作的开展过程中,应该深入进行马克思主义基本理论、党的基本路线、基本纲领等内容的教育,帮助他们树立起坚定的社会理想。在社会群体中的宣传教育,引导人们树立中国特色社会主义的共同理想,加强高校学生管理工作,应该妥善处理好各种矛盾和问题,特别是涉及社会成员切身利益的矛盾,一定要谨慎处理和对待,以保持友好团结的局面。爱国主义教育也是高校学生管理工作中的重要组成部分,要抓住社会群体的思维特点和心理需求,结合他们的需求深入开展以爱国主义为核心的团结统一、爱好和平、勤劳勇敢、自强不息的民族精神教育。党团组织应该充分发挥自己在高校学生管理工作中的领导作用,通过合理的规划与管理在社会群体中全面开展高校学生管理工作,坚定社会成员的政治立场。精神文化教育是提高高校学生管理工作的重要途径,同时也是进行思想政治素质教育,提高人们思想政治水平的重要方式。

3.2.1.2　有利于从整体上把握高校学生管理工作的进程

就当前环境需求而言,由于社会处于转型期,多种因素不可避免地影响着高校师生的思想变迁、心态转化和行为抉择。从总体上说,高校教师队伍主流是积极向上的。他们具有较高的思想觉悟和政治素质,能够在社会各种群体中发挥先锋模范作用,能在复杂的环境中坚持正确的政治观念和健康的思想情操。但也有极少数的教师政治观念不自觉地淡化,政治立场不自觉地动摇,逐步丧失坚定的理想信念。高校学生管理工作倘若没有大学教师的高道德水准作为标杆和示范,就会造成高校学生管理及其相关活动的普遍失效。为此,必须大力加强高校教师队伍建设,"正本"方能"清源"。

加强教师队伍建设,从方法论的视角阐述了提高高校学生管理工作质量的路径。具体来说,加强教师队伍建设,涉及很多方面,包括政治素质、道德素质、身心素质和专业能力等,其中道德素质的建设是其尤为重要的一个方面。道德教育是一个涉及价值观形成、道德观培养和理想信念树立等多个环节的系统工程。从系统科学的角度来看,无论是大学生的管理工作,还是教师的道德建设,都属于一种持续与周围环境交换信息、物质和能量,并能相对独立运行的复杂系统。教师的道德建设与学生的思想教育,可谓是相互作用的两个复杂系统。由于教师群体整体而言具有较高的素质,并对教育教学活动有深入的体会和灵敏的认知,教师道德建设工作开展的效率和效果应当要优于高校学生管理工作,同时教师道德建设工程中的很多思想、方法、经验,可以为高校学生管理工作提供重要的借鉴和参考。因此,也就可以运用教师道德建设视角解析更为复杂的大学生管理工作,为我们提供一条更为简洁、高效的系统化剖析高校学生管理整体性能的研究路径,为切实加强和改进高校学生管理工作提供新的思路。

3.2.1.3 提升大学生道德成果的基本保障

大学生道德能否达到预期的效果,其价值能否实现,主要依靠两个方面:一方面要靠真理的力量;另一方面要靠人格的力量。但无论是真理的力量还是人格的力量,都要通过高校学生管理工作者体现出来。一是,他们所宣传教育的内容,必须合乎实际,反映事物的本质和社会发展的真正规律,以及党的路线、方针、政策的精神实质的;二是,他们又必须带头实践自己所宣传、提倡的内容,做到言行一致,才能起到示范带头作用。因此,只有提高高校学生管理工作者的素质和能力,才能推动高校学生管理工作的发展。

3.2.1.4 引导培养我国青年工作的开展

当前国际局势动荡复杂,各国的政治活动频繁并且局部战争时有发生。改革开放以来,在这个信息化的时代,各类事件不断在当代青年人的视野中出现。青年时代是人生观、世界观以及价值观逐渐形成并逐步稳定的关键时期,对人的一生有十分重要的影响。我国的青年学生人群以"90后"为主体,他们热于接触新鲜事物,思想相对开放,因而对他们的三观引导至关重要。高校学生管理队伍的职责就是让我国广大的青少年从内心"变强",在政治立场上坚定地发展社会主义,与其他一切违背社会主义原则、危害人民利益的坏人坏事做斗争;在实际工作中要勤奋努力,积极投身于社会主义建设的伟大事业;在日常生活中乐观开朗,积极向上。

3.2.2 高职学生管理队伍的构成

我国高职学生工作者队伍主要由辅导员、学生工作部门工作人员、班主任、生活导师(少数情况)、学生干部等组成。其中,辅导员与学生工作部门工作人员构成了我国高职学生工作队伍的主体。辅导员直接与大学生接触,因而是高职学生工作的"主力军",是我国高职学生工作的实际承担者。

我国党和政府向来重视高等学校学生工作队伍的建设,自改革开放以来,有关部门已多次下发文件、召开会议,就加强高等学校学生工作队伍建设做出部署。作为高等学校学生工作的"主力军",高等学校辅导员由专职辅导员和兼职辅导员组成。目前对高等学校辅导员的管理实行校、院两级领导制,由学校党委统筹规划、统一领导辅导员队伍建设工作,学生工作部(处)负责具体开展辅导员队伍的管理与建设;而各院(系)则负责辅导员的日常培养、使用、管理和考核等工作。由此可见,我国高等学校学生工作队伍管理关系明确、职责清晰。随着中国高等教育现代化、大众化、国际化进程的不断推进,高等学校辅导员的工作内容不断更新。2004 年《中共中央国务院关于进一步加强和改进大学生思想政治教育的意见》和 2006 年教育部《普通高等学校辅导员队伍建设规定》,都对高等学校辅导员的身份定位、人员配备、职责要求、培养发展等都做了明确规定和要求,辅导员是教师和管理干部双重身份,专业职称和职员级别双向晋升,学校和院系双重管理。而根据教育部《关于加强高等学校思想政治教育工作的若干意见》的要求,高等学校要按照 1∶200 的比例配备学生辅导员。尽管如此,从现实来看,这一比例的落实情况并不尽如人意。一些高等学校普遍存在辅导员配备不足的情况。

3.2.2.1 专职辅导员

当前,高校学生管理工作的紧迫需要要求我们必须建设一支精锐的职业性的专职辅导员队伍。教育部《关于加强高等学校辅导员班主任队伍建设的意见》明确指出,辅导员是"学生健康成长的指导者和引路人"。由辅导员、班主任组成的高校学生管理专职队伍,是开展高校学生管理工作的骨干力量,承担着学生的人生导师和健康成长的知心朋友的重任,承担着我国大学生教育管理工作坚持马克思主义方向的重任,承担着培养我国大学生在今后的工作和学习中坚持马克思主义,坚持把马克思主义和我国实际相结合的重任。他们的工作领域,涵盖了学生生活的方方面面。工作内容包括学生价值观引导、道德品质教育、党团建设、学风建设、心理指导、就业指导、勤工助学、宿舍管理、帮困救助、社会实践以及社团文化建设等一切和学生学习生活相关的内容。这就要求辅导员要兼具人生发展引路人、职业指导师、心理咨询师等多重角色,必须在政治上和业务能力上都具有过硬的素质,在原则的坚定性和方法的灵活性上都靠得住。

根据精锐和职业型的建设目标,在辅导员的聘用上,有严格的准入条件。要求新聘的辅导员应该为中共党员,一般具有硕士及以上学历,有相关的学科专业背景,有较强的责任心和敬业精神,热爱学生,善于做高校学生管理工作。同时,辅导员在工作的过程中,还应该通过适时地再培训和学习,取得相应的职业资格。作为职业型队伍建设的需要,相关社会职能部门应依辅导员的工作任务、学科背景、学历层次,道德水准、工作能力等方面来建立相应的职业资格制度。"政治强,业务精、纪律严、作风正"这十二字,是对辅导员职业化队伍标准的凝练表述。

（1）政治强

辅导员首要的素质是政治理论素质。从事辅导员这个职业首先必须要有较强的政治理论素质,能真学、真懂、真信、真用马克思列宁主义、毛泽东思想、邓小平理论、"三个代表"重要思想和科学发展观以及习近平新时代中国特色社会主义思想,贯彻落实"党的十八大"精神,进一步坚定理想信念,坚持政治原则,坚持政治方向。

（2）业务精

辅导员队伍将由"实践型"向"实践研究型"转变。要干好这个职业,辅导员必须具有较高的政治素质。除此之外,还要了解学生思想状况的发展规律和成长成才的规律,成为学生的心理咨询师、职业指导师、生活指导师等,关爱学生,做学生真正的朋友。尤其是处在学生的个体自主性日益增强的时代,学生对当今社会的政治、经济、科技、文化都保持高度的关注,辅导员必须随着时代共同发展,掌握必备的专业知识,既作为老师同时又承担学生成长道路上的朋友,才能符合职业需要。同时,工作中要既讲究方式、方法,又善于区分不同性质的矛盾,做到头脑清醒,审时度势、防微杜渐,保证学生思想朝着正确的方向发展。

（3）纪律严

一支精锐的队伍,必须有严明的纪律作保证。辅导员首先必须坚守严明的政治纪律,在牢牢掌握党的方针政策和国家法律法规的基础上,增强法治观念,自觉用《中国共产党章程》规范自己的言行,所有言论必须保持和马克思主义、毛泽东思想、中国特色社会主义理论体系以及党和国家的方针、路线、政策高度一致;其次,辅导员还必须有高尚的职业操守,具有把学生培养成为"四有新人"教师的职业自觉性;最后,辅导员也必须坚守严明的工作纪律,以党员教师的标准严格要求自己,严守党的纪律。

（4）作风正

作为与学生接触最为密切的大学老师,辅导员的作风直接影响到学生的思想健康。深入学生、发扬民主、尊重理解关爱学生,以人为本,热忱服务,是辅导员应该树立的良好形象。辅导员的作风,体现的是党员的党风,体现的是大学教师的师风,体现的是我们党、我们国家和社会所要倡导的社会主义核心价值观,对学生影响巨大。所以,作为精锐的职业性的辅导员队伍,必须具备正派的工作作风。辅导员是对大学生思想影响最为深刻的老师,因此辅导员自身的作风形象直接关系着大学教育的成败。

3.2.2.2 日常管理人员

高校学生管理是个系统工程,由方方面面的力量组成的业务型的日常管理队伍是高校学生管理工作的重要力量。这支队伍,一般以学生工作领导小组的形式存在,由主管学生工作的党委副书记、党委组织部、宣传部、学生工作部(处)、团委等各个部门的相关人员组成。这些部门,在高校学生管理工作中都担负着各自的重要职能,尽管工作侧重点各不相同,但各有优势,目标一致,能够形成高校学生管理工作的合力。一是,各个职能部门在学校党委的统一领导下,在同一个工作目标下,发挥各自优势,担负各自职能,从组织、宣传、党建、团建、学生日常管理等不同的工作角度,统筹规划和组织实施相关业务工作,并将这些工作下达到学院层面的党支部书记、副书记、学生辅导员等队伍有序管理。二是,是齐抓共管、协同作战。尽管这些职能部门都有各自不同的业务领域,但工作目标都是一致的。学校以学生工作领导小组的形式将这些职能部门组织在一起,互通情况、共商思想政治工作的实施方案,并在方案确定后,分头实施,协同作战,形成合力。可以说,这支队伍是否具备高度的政治理论素质和精湛的业务能力,影响到学生工作的整体开展,对于培养"四有新人"的社会主义教育目的具有十分重大的战略意义。

3.2.2.3 特聘兼职教育人员

《中共中央宣传部、教育部关于进一步加强高等学校形势与政策教育的通知》在对教师队伍的建设方面,明确提出,"可聘请地方党政领导、知名企业家、社会各条线的先进人物担任特约报告员"。作为对高校学生管理教师队伍的有益补充,聘请校外的相关人士组成兼职教育队伍,具有多方面的益处。校外的特聘人员,他们往往以自身独特的行业特色、丰富的个人阅历和显著的工作业绩,使其教育更具有独特的个性魅力,也更具有说服力和感染力。同时,他们的讲课或报告,因为内容中伴有大量的社会信息和鲜活的实践案例,更具有积极意义的实践性、针对性和时代性,能够让大学生看到社会积极正向的一面,对社会以及网络上流传的各种思想是一种抵制,也因此更受大学生的青睐。

要建设好这支队伍,首先应该引起学校领导的高度重视,充分挖掘校友、离退休老同志、社会合作共建单位、优秀学生家长等资源,用对教育事业的真诚、真挚的情感邀请其中的优秀分子加入到高校学生管理队伍的行列，并加强日常的联络和沟通，注重结合高校学生管理工作在教育内容、教育主题等方面的实际需求，有体系、合理化地建设好这支队伍。

3.2.2.4　党政结合的教育工作人员

高校学生管理的对象不仅仅是学生，同时也涵盖了全体教职员工。由于教职工自身作为高校学生管理的实施者承担着教育职责，直接关联着学生管理工作开展的质量和成效，所以他们自身的思想政治素质情况和对这支队伍的再教育显得至关重要。教职工的教育学习应建立有相应的机制。例如，每周的教师政治学习制度；教师德育分享学习制度；职工党员学习交流活动等。

对教职工的思想政治管理工作，应着重强调建立一支党政结合的工作队伍。高校学生管理工作应结合教师的工作特点以及实际的工作特点开展，这样才更易于取得实效，教职工的思想政治工作必须务实，要充分重视利用好系科、教研室、科研团队负责人这样一支队伍，把思想政治教育工作开展到实际工作中去，坚定教职工马克思主义信仰。这支队伍的人员应该具有业务能力强、政治水平高、具有广泛的群众基础，开展工作具有一定的说服力等特点。同时，充分依托教师所赖以依存的跟专业紧密结合的行政建制的负责人开展思想教育工作，可以使教职工的思想政治工作不至于流于空泛，得以与他们的具体工作实际结合，从而更能提高教育的有效性，以至于达到马克思主义哲学与各科理论进行结合的程度。当然，在其中党组织对这支队伍负有组织学习、教育以及具体指导，共同探讨问题、解决问题的职责。

3.2.3　中国高等学校学生工作人员管理模式概况

目前，我国高等学校已形成较为成熟的学生工作人员队伍管理模式。当前各大高等学校对学生工作人员的管理基本上实行校级和院系两级管理，开展激励、考核综合管理。在当前中国高等学校学生工作人员管理模式中，对学生工作者的考核占据核心位置。在考核内容上，除了对其开展的学生思想政治工作考评外，还包括对其工作表现、工作方法、工作绩效等各方面考核；在方法上实行定性与定量相结合的考核方法，以实现对高等学校学生工作人员考核的综合性、整体性、科学性。当然，在保证考核综合性的同时，高等学校学生工作考核也注重一定的差异性，对于表现优秀者给予物质、精神乃至晋升激励,对于不合格者进行批评教育,对于长期考核不合格者纳入末位淘汰序列,以加强对高等学校学生工作人员队伍管理的有效性。此外,不少高等学校通过实行"双轨制"拓宽了高等学校学生工作者的上升空间与发展前景,以保证学生工作者的工作积极性与上进性。这里的"双轨制"是指,高等学校学生工作人员在开展学生工作的同时,还可以向教学科研岗方向发展。这一制度的实施,既能够稳定高等学校学生工作队伍,又能够提升学生工作人员的工作认同、工作层次与工作地位,具有较为积极的激励作用。这既是一种较为特殊的管理模式,对高等学校学生工作者而言更是一种特殊的培养模式,对高等学校学生工作者提出了更高的要求,有利于从整体上提升高等学校学生工作人员队伍的专业化水平。

3.2.4 中国高等学校学生工作人员的工作内容及方式

改革开放之前,我国高等学校学生工作人员的工作内容偏重于"政治思想工作",这与当时的政治形势、政治环境有关。改革开放之后,特别是社会主义市场经济体制确立之后,原先偏重"政治思想工作"的较为单一的学生工作模式难以适应新形势、新问题。在此情况下,中国高等学校学生工作者的工作内容逐渐由"政治思想工作"扩展至"日常思想政治教育、事务管理、发展指导"。1981 年,《高等学校学生思想政治工作暂行规定》提出"在第一线从事学生思想政治工作的政治辅导员",不再使用"政治思想工作"这一提法。2006 年,《普通高等学校辅导员队伍建设规定》将辅导员的工作内容规定为日常思想政治教育、学生事务管理、学生发展指导等。相应的,高等学校学生工作人员的工作方式也有原先的"灌输"式方法转向"教育引导、管理、服务"。当然,这并不意味着高等学校学生工作抛弃灌输理念。事实上,政治性是我国高等学校学生工作的一大特色与优势,加强党的思想政治教育工作仍然在高等学校学生工作中处于十分重要的地位。但是,随着高等教育大众化程度不断提高、高等学校招生规模不断扩大,高等学校在校学生数量也日益增多,当代大学生的学习方式、生活习惯及思维方式均发生了较大变化。传统的"灌输"方式效果不佳,难以适应高等教育发展。针对此现象,教育部《普通高等学校辅导员队伍建设规定》明确地提出"有针对性地帮助学生处理好学习成才、择业交友、健康生活等方面的具体问题"。同时,高等学校学生工作者尤其是辅导员的工作方式需要重视对学生的各方面管理,包括对学生进行课堂管理、寝室管理、奖惩助贷补免管理、安全风险管理,等等。

当然,我国高等学校的学生工作人员的职业发展还受到一些制约。一是科研水平落后,高等学校辅导员日常工作占用其大量时间、精力,导致其无心科研或有心无力。二是上升空间有限,"金字塔式"的行政管理岗位设置限制了高等学校辅导员的上升空间,长期忙于学生日常管理的高等学校辅导员容易感到动力不足与职业倦怠,这影响了其工作积极性与主动性。三是高等学校学生工作队伍不稳定,普遍缺乏基础理论培训和后续教育计划,职业认同感不强,人员流动频繁。同时,高等学校学生工作者的"双重身份"并不明晰,"双向晋升"的前景并不明朗,"双重管理"的管理架构更是使学生工作者在实际工作中面临着诸多困境。

3.3 高职学生工作取得的成绩

随着高等教育的发展与不断变革,学生工作作为重要一环,在不断的探索创新过程中,既积累了丰富的经验,也取得了一定的成就。总体而言,高等学校学生工作取得的成就表现在以下几个方面。

一是确立了学生工作在高等学校工作中的重要地位。学生工作已从以往的边缘性工作转变为高等学校的重点工作。而在高等学校生源竞争激烈、大学生就业竞争加剧的大背景下,高等学校的党政领导越来越认识到学生工作的重要性。

二是各高等学校就全员育人、协同育人达成共识,高等学校学生工作全员育人、全过程育人、全方位育人的工作格局已初步形成。

三是学生工作组织架构设计的规范化,大多数高等学校设立了学生工作处和研究生工作处,建立一套具有相对稳定性、独立性的学生工作体系,同时纷纷建立专业化的学生工作队伍。

四是学生管理的规章制度不断完善,各高等学校建立健全了学生综合测评、评奖评优、行为纪律规范等各项学生管理制度,高等学校学生工作的科学化、制度化、规范化水平不断提高。

五是开展了诸如大学生辩论赛、大学生运动会、大学生文化艺术节、大学生心理健康教育等一系列行之有效的学生活动,这些形式多样的活动不仅营造了良好的校园文化氛围、推动了校园文化建设,还很好地丰富了学生的知识面,提升了学生的动手能力与交际能力,促进学生的全面发展。

六是进一步扩大学生工作的服务范围,初步建立起家庭经济困难学生的资助奖励体系,加强了对学生的心理健康教育与心理咨询服务,加强了对毕业生的就业指导和就业市场的开拓。

七是依托互联网技术尤其是新媒体,建立学生工作网络平台,初步实现了学生工作网络化,即通过网络平台发挥思想政治教育、学生事务管理和信息服务等功能,为学生工作的有效开展开辟了新的网络交流空间。具体的成就主要包括以下几个方面。

3.3.1　学生工作扩展到教育、管理和服务的多个层面

随着社会主义市场经济体制改革和高等教育改革的不断深化,高等学校对于学生工作重要性的认识也不断强化。相应的,高等学校学生工作的理念也由"管理"理念转向"发展、服务"理念,服务学生成为学生工作的主要职能,与学生教育、学生管理并重。各个高等学校的学生服务工作主要有两种模式,第一种是大多数高等学校采用的模式,即由学生工作职能部门及其下属服务中心或挂靠在院、系一级的服务中心共同负责学生服务工作。这种模式统筹兼顾了直接服务学生和间接服务学生两种方式;第二种模式是少数高等学校采取的模式,即由学校单独设立学生服务中心,直接向学生提供服务,这种模式可视为第一种模式的有益补充。

目前高等学校的学生服务工作主要包括:勤工助学服务、就业指导服务、维权服务、心理健康教育与咨询服务等。其中,勤工助学服务主要是为家庭经济困难学生提供有关国家助学贷款申请、校内资助申请、社会资助申请的政策咨询服务。除此以外,高等学校的勤工助学服务机构还针对家庭经济困难学生开设了能够给予一定报酬的勤工助学岗位,或为有需要的学生提供岗位推介服务、岗位信息搜集服务。就业指导与服务主要为学生提供专业的职业生涯规划辅导以及就业指导、就业推介服务,为用工单位提供学生信息、招聘场地和就业手续办理的服务。心理健康教育与咨询服务主要为学生提供心理测评服务、心理问题咨询服务、心理疾病和辅导服务。维权服务主要是为学生提供法律救济服务、法律事务咨询服务。可见,服务的内容与层次均较之前有了很大的深化。

此外,在机构设置上,不少高等学校为了给学生提供全方位、一站式服务,单独设置了助学服务中心、心理咨询中心、就业指导中心,提升了学生服务工作的品质,拓宽了学生服务工作的业务范围。

3.3.2　思想政治教育的途径和载体更加丰富和有效

当前,高等学校学生思想政治教育的途径和载体均有所扩展,成效

显著。

首先,学生思想政治理论教育成效突出。高校从思想政治理论课和学生理论社团建设入手,抓好学生思想政治理论教育工作。如加大了课程建设经费投入,加紧落实了中国特色社会主义理论进课堂、进教材、进学生头脑的工作,改进了教学手段、方法,改革了考试制度,更加注重教师队伍的建设等。社团建设上,加大学生理论社团的投入,积极引导学生深入学习中国特色社会主义理论,努力坚定大学生的理想信念,学生的政治理论素质普遍提高。

其次,是学生日常思想政治教育开展得如火如荼。各高等学校在入学时,即开展学校规章制度教育,使学生一踏入校门就牢固树立遵纪守法,热爱祖国,报效社会的思想。在毕业教育环节,帮助学生树立正确的价值观、择业观、就业观,引导学生在实现中华民族伟大复兴的生动实践中实现人生理想。在日常教育中,把军训作为大学第一课,培养学生的组织纪律性和集体荣誉感,锻炼意志,开展主旋律教育等。

再次,是学生社会实践活动取得了丰硕的成果,形成了良好的校园文化氛围。各高等学校都确立并完善了开展大学生社会实践活动的规章、机制,具体包括:大学生社会实践活动的经费支持机制、大学生社会实践团队的管理制度、大学生社会实践活动的评价机制,在此基础上大学生社会实践活动逐渐走向常态化、规范化。随着各大高等学校多样化的社会实践活动的开展,高等学校理论联系实际的学风愈发浓厚。

最后,是思想政治教育阵地建设不断加强。除了传统的校园广播、校园橱窗、校报等思想政治宣传阵地外,各高等学校还根据互联网尤其是新媒体发展的实际情况,纷纷加强了校园电视台建设、校园网络新媒体建设,不断拓宽思想政治教育阵地与平台,创造了良好的思想文化氛围和优良学风氛围。

3.3.3　学生管理制度不断完善,管理程序日趋规范

制度对人的行为具有强制约束作用,是建立和规范系统秩序的重要前提[①]。制度规范是高等学校深化教育、科学管理、规范服务的重要保障。随着社会法治化程度的提高和公民意识的增强,依法治校的意识得以强化高

---

①　张永芝.舍勒"先天价值秩序"的缺陷及其矫正[J].理论探索,2014(4):40-43.

等学校把以德育人和管理育人有机地结合起来,强化校规校纪建设,通过完善制度和严格管理,规范学生行为,使之养成良好的行为习惯。自《普通高等学校学生管理规定》颁布以后,各高等学校结合自身实际情况,广泛征求学校师生和法律专家的意见,在充分尊重学生主体性的基础上,修订和制定了一系列学生管理制度,进一步提升学生管理工作的规范化程度。

目前,高等学校学生管理工作的模式不断丰富、完善,主要有以下三种模式,第一种模式是学校间接管理模式,在这一模式下,宏观性、总体性工作由学生工作职能部门负责,微观具体工作则由院系学生工作队伍负责开展;第二种模式是学校直接管理模式,即在学校层面设立学生工作管理中心,由这种独立设置的学生工作管理中心全面负责全校的学生工作事务,实现学校对学生工作的直接管理;第三种模式结合了直接管理模式和间接管理模式,即在学校层面独立设置学生工作管理中心,但该中心的实际工作与学生工作职能部门存在不少重合之处。

高等学校在学生管理的具体过程中,注重加强制度的宣讲,注重管理程序的规范性,尊重学生的意见表达,相继成立了申诉处理委员会和学生权益中心,为学生开辟了维护自身权益的渠道。各高等学校学生管理工作的内容架构也不断地充实与完善,目前学生管理工作的内容主要包括:招生管理、学籍与档案管理、学生评奖评优管理、学生资助管理、学生日常事务管理、学生违纪行为管理、学生宿舍管理和学生社团管理等。

3.3.4 学生工作队伍的建设日益得到重视

建设高素质、有能力的学生工作队伍是加强学生工作的前提和保证。目前,高等学校学生工作队伍的构成主体是党政干部、共青团干部、学生辅导员、思想政治理论课教师。高等学校按照专家化、专业化、职业化的要求,为思想政治理论课教师和专职学生干部提供学习、交流、培训、深造的机会,通过更新知识、提高学历层次等构建合理的梯队结构,并采取相应的政策与措施稳定这两支队伍,在专业技术职务评聘、课题申报、科研立项等方面适当倾斜,保持了队伍的稳定性。

高等学校还建立了学生工作队伍管理体制和约束激励机制,明确了学生工作各岗位的工作职责,建立了比较科学的工作绩效评价体系,通过切实可行的考核机制和激励机制,增强了队伍的凝聚力与创造力,增强了学生工作岗位的吸引力,学生工作干部的工作主动性和创造性被极大地激发和调动起来。特别是在辅导员队伍的专业化建设方面取得了不小的进步,大多数高等学校纷纷提高了对专职辅导员的招聘要求,加强了对专职辅导员的专业培训力度,在职称、职务、工作津贴和福利待遇等方面为专职辅导员提供政策支撑。在上述因素的推动下,我国高等学校专职辅导员的人数呈逐年上升趋势,同时专职辅导员的年龄结构、专业背景、学历及职称结构也日趋合理,专职辅导员队伍的专业化、职业化水平不断提升。

3.4 高职学生工作存在问题

我国高等学校学生工作虽然取得了很多的成绩与经验,但是也存在很多的问题,主要有以下几个方面。

3.4.1 高职院校对学生工作功能定位存有认知偏差

高职学生工作应当是高等教育管理的重要组成部分,理应得到学校的关注与重视。然而,相当一段时间以来,由于思想政治教育学生工作既缺乏明确的职能定位又缺乏学科的专业性支撑,不少高职院校中的学生工作者存在着凭经验和感觉办事的问题。正因如此,学生工作在学校中难以得到足够认同,高职院校的高层管理者、专业教师、普通行政管理人员和学生均对学生工作部门及其人员的职责定位存在一定的认知偏差。这种认知偏差集中体现为以下几种观点。

第一种观点认为,学校学生工作就是单纯的思想政治教育工作,认为学生工作与学校日常教学活动及学生培养活动是分离的。

第二种观点认为,学校学生工作是辅助性、应急性工作,这种观点将高职学生工作的工作范围锁定于处理关于学生的日常杂务,甚至认为学生工作部门没有单独存在的必要性,认为学生工作对于学校长远发展无足轻重。

第三种观点认为,学生工作是监督性工作,高职学生工作的主要内容是对学生进行考勤与纪律约束,认为学生工作容易引发师生对立,引起学生抵触情绪。

总之,由于存在上述认知误区,高职学生工作被贴上了"经验型""应急型""辅助型"等功能标签,使得学生工作者在开展工作过程中难以获得认同与支持,无法有效发挥学生工作应有的功能。

3.4.2 条块式组织架构阻滞学生工作部门协调

所谓组织结构,"是指描述组织的框架体系,它反映了特定组织内部的部门组合及其相互间的责任和权力关系"①。在组织中决定人的行为的首要因素是组织结构②。总体来看,我国相当一部分高等学校的学生工作运行机制还存在不足,具有很大的提升空间。尽管很多高等学校设立了专门的学生工作职能部门,一些高等学校还在学校层面单独设立了学生事务服务中心。但是,在该模式下,各职能部门、各服务中心自成体系、各自为政,各条线上的部门因职能分工的差异具有各自的工作理念与工作作风。这一现象导致高等学校学生工作部门在实际工作过程中被划分为若干个小型"块状"实体。从单一学生工作部门的内部角度看,该部门能够有条不紊地运作。但是,从全校学生工作的总体层面看,这些"块状"部门之间往往存在沟通不畅、协调困难等问题,进而导致这些部门无法协同合作,难以在学生工作系统中实现合力育人。除此之外,学生工作职能部门在履行职能之时,往往需要学校其他职能部门支持、配合。但是,在高等学校多管齐下的管理模式下,学生工作职能部门难以与其他职能部门有效协调,难以真正形成育人合力,有时甚至会出现违反教育一致性原则的现象,进而导致各部门的工作效果相互抵消。

3.4.3 高职学生工作内容缺失学生本位价值

目前,从学生工作的内容体系设计看,高职学生工作的工作内容、方式方法仍然具有较浓的主观性色彩,往往以学生工作者自我为中心。而大学生作为受教育者,有其自身的个性特征、兴趣爱好、心理需求。但"以自我为中心"的学生工作者往往忽视了这些因素。这使得学生工作内容缺失了学生本位价值,针对性、实效性不强。一些学校的学生工作内容,常常是在上级部门发布文件之后,就立即按照上级精神组织活动,并强制或半强制性地要求学生参加活动,这显然并未较好地尊重大学生主体地位,没有从根本上调动学生的积极性;常常是千篇一律地硬性规定与要求,忽略了不同学生的心理特征与实际需要,忽略了不同学生的专业兴趣与个人追求;常常按照一时一事的要求确定学生活动内容,缺乏目标导向与长远考量,可持续性不足,不利于促进大学生全面、健康地成长成才;常常是先有活动内容的大致方向,而缺乏规范性操作指导,这导致学生活动组织水平的高低受具体实施

---

① 罗伯特·G.欧文斯.教育组织行为学[M].孙绵涛,刘卫华,涂艳国,等译.武汉:华中师范大学出版社,1987:67.

② 王孙禺.高等教育组织与管理[M].北京:高等教育出版社,2008:110.

者个人能力影响,存在不稳定因素;常常因为缺乏周密计划与充足准备,导致学生对活动预知程度、接受程度不高,降低了学生的参与度。上述问题的存在,对以学生为中心、促进学生全面发展等科学理念在高职院校的贯彻落实构成了不小的阻碍,影响了高职学生工作应有的成效。

3.4.4 学生思想政治教育全面性与针对性不足

思想政治教育是高职学生工作的一项重要内容。但是,在开展思想政治教育过程中,一些高职院校的学生工作者偏重于对学生进行理想信念教育,而弱化了道德修养、道德规范等方面的教育。部分高校的思想政治教育内容深度不够、覆盖面不广,这与各高等学校投入其中的人力、时间、财力不足有关。虽然有不少高等学校设立了专门的思想政治网站或微信公众平台,这些平台对学生的影响力有限,不少学生对这些网络平台视若无睹。同时,学生认为思想政治理论课课程体系设置不太科学,教学内容的针对性并不强。由此可见,思想政治理论课的课程体系、教学质量和教学方法确实存在不容忽视的问题。针对上述情况,高等学校必须不断丰富思想政治理论课的教学内容,切实优化思想政治理论课的教学模式,适时创新思想政治理论课的教育方式,使思想政治理论课在高职学生工作中真正发挥应有作用。

3.4.5 高职学生工作现有评估机制不完善

当前,虽然高职学生工作的机制体制不断完善,但在学生工作过程中依然存在评估规范性不足的现实问题。一般来说,高职学生工作的评估体系包括两部分:一是学校对院、系一级学生工作状况的测评;二是学校对学生综合素质的测评。在高职院校对院系一级学生工作的测评过程中,评估人员主要由学校层面分管学生工作的领导、学生工作职能部门负责人、院系一级分管学生工作的领导组成。其中,院、系一级分管学生工作的领导既是高职学生工作的评估对象,需要接受校级评估;又是高职学生工作的评估主体,需要参与学校评估。这种"评估者"与"被评估者"的二重角色必然产生角色冲突,不可避免地产生一些问题乃至矛盾。更为重要的,在校级的学生工作评估过程中,往往缺少各院、系专业教师以及普通学生的参与;学校评估人员将学生工作评估的重点放在各院、系是否按照学校规定成工作任务,而对院、系一级的学生工作究竟是否有助于人才培养、是否促进学生全面健康发展等问题缺乏关注与考察。可以说,这种从评估者视角出发的单一评估模式,并不符合高等学校育人目标,不利于调动全体师生员工的育人积极性。在学校组织开展的学生综合素质测评中,专业课考试成绩是评价学生素质高低的主要标准,学生的道德素养、创新实践能力往往被忽视,因而高等学校学生工作评估的方法缺乏一定的客观性与科学性。在重表象不重实质的评估导向下,评价得分又成为决定学生能否评优的唯一依据。这种评价机制不利于实现"立德树人"的育人目标,同时容易造成学生理论学习与实践脱节。此外,尽管各高等学校完善了学生权益救济制度,但是在实际工作中,相关工作的管理色彩浓厚、服务意识不足,学生工作者秉持"管理论"思维开展工作,不仅容易激化学生工作者与学生之间的矛盾,还降低了服务效果。

3.4.6　学生就业、心理咨询服务品质不高

不可否认,我国高职院校在勤工助学、学生心理咨询、学生就业指导等学生服务方面取得了不小的成绩。然而,高职学生工作的服务品质还有待提高,尤其在服务内容与服务方式上还存在诸多不足。如服务机制的全程性、专业性有待提升,关于学生就业指向的服务有待补充,团体辅导基础上的个性化指导有待进一步深入。

具体来说,在学生心理健康教育与咨询方面,部分学校学生工作的目标设置处于消极性层次,忽视大学生更高层次的心理需求,大多局限于心理咨询服务,对大学生尤其是存在一定心理问题的大学生进行预防性与补救性服务较少,偏离了心理健康教育的主要目标。这主要表现为:高职学生心理咨询服务的服务对象与服务内容较为单一,仅限于对那些主动需求心理咨询的学生进行疏导、关怀,缺少面向全体学生的发展性心理健康服务,如心理素质拓展提升训练、职业心理辅导等。由于存在上述缺失,学校的心理健康教育并未完全发挥应有功能,尤其是发展性功能发挥不足。在开展心理健康教育与咨询活动的过程中,一些高职院校缺少相应的硬件配置,导致其心理健康咨询服务停留于心理测验、心理分析的简单层面。从师资水平上看,当前在高职院校从事学生心理健康教育的教师专业水平参差不齐,咨询服务的规范性、专业性仍存在很大的提升空间,专业领域的理论研究也不够深入,这些都客观上影响了心理健康服务的水平。

在学生就业规划与指导上,部分学校对学生开展就业规划与指导的内容和层次不高,尤其在内容上仍然停留在收集学生就业需求信息、分析就业形势与政策、传授面试技巧等方面,忽视了学生的专业差异与兴趣爱好,忽视了对学生创新创业能力的提升。此外,高职学生就业规划与指导工作人

员的专业性有待提高,人员数量也不足,由此无论是对专业知识的掌握层面,还是在人才储备层面都远远无法满足就业指导工作的需要,因而就业指导的针对性不强、效果不理想。

3.4.7 高职学生工作队伍专业化建设不全面

当前,不少高职学生工作部门在学生工作人员队伍建设上存在认知误区与实践失误。从学生工作人员的选拔方式上看,一些高职院校更看重被选拔者的政治素质、组织能力和日常表现,却忽视被选拔者是否具有与学生工作相关的专业背景。从对学生工作人员培训上看,一些学校较为注重经验式传承,缺乏系统的学生工作理论传授,更缺乏将理论与学生工作实际相结合的培训内容。在学生工作人员的激励和评价机制上,一些高职院校更看重学生工作者的工作热情和奉献精神,忽视其实际工作水平与理论研究能力。上述情况导致学生工作人员对学生工作理论学习、研究的重视程度严重不足,往往是凭经验和感觉开展工作、思考问题。这导致学生工作者在学校没有学术地位,得不到专业教师的认可,学生工作者自身也没有术业有专攻的荣誉感、归属感。在上述因素作用下,高职学生工作者很难在工作时投入饱满的热情,实现全身心投入。因此,高职学生工作队伍仍存在不稳定性,这种不稳定性影响了高职学生工作的功能发挥。同时,由于部分学生工作者的专业知识和专业能力不足,导致其在处理学生事务时表现出无能为力或不能胜任。

3.4.8 服务"产教融合"不够主动

当前,高职院校的学生管理的老师们主要来源于高校毕业生,具有高等学历,经历过短期培训后,掌握了一些管理知识和管理技能,但是他们没有参加学生管理工作的实际经历,从事事务性工作时间较多,对高职院校"产教融合"学习不够深入,研究不够透彻;对学生职业道德、企业文化潜移默化的融入渗透做得不够,致使学生顶岗实习后,还停留在学生的角色,没能很好的转化为企业员工的角色,当出现一点心理落差后,跳槽现象频繁。学生对工作的适应到熟悉再到创新,不是一蹴而就的,而是需要在企业岗位长期的工作过程中成长为高技能人才,频繁地跳槽对高技能人才的成长是最大的拦路虎,对企业的损失也是很大的,更是违背了产教融合、校企合作的初心。

3.4.9　企业参与学生管理较少

随着工学结合人才培养在高职院校的深入开展,越来越多的高职院校把校企合作作为重点工作,与不少企业建立了长期合作关系,为促进校企合作有效开展,很多院校还根据实际情况增设了校企合作办、实训中心等教学管理部门①,但是涉及学生企业实习的日常思想政治教育老师和师傅却没有组建成专门学生管理部门,与学生朝夕相处的师傅不愿意过多地参与学生思想政治教育,学校里的学生管理老师鞭长莫及,通过和学生电话和 QQ 群的沟通教育是滞后的也是不够的。

3.5　高职学生管理工作存在问题的原因分析

对学生管理工作存在问题的原因分析主要从社会发展、高职院校改革和现高职学生自身三个方面进行分析。

3.5.1　社会发展的原因

一是社会环境的变化。在全球化、信息化时代,经济全球化、政治多极化、文化多元化,特别是计算机通信技术、互联网技术的快速发展,在很大程度上冲击并改变了人们既有的生活方式和思维方式。一方面,在信息化时代,人们对大量信息的获取更为便捷、快速,人们知识积累和更新的速度不断提高;另一方面,全球化、信息化时代的来临,也改变了人与人之间的沟通方式、交际方式,甚至会对人们的身心健康产生影响。社会环境的变化,对高等学校学生工作的影响,虽然悄无声息,但是却影响深远。社会环境变化中隐含着诸多不可预知的变量,这给高等学校学生工作带来了越来越多的挑战。除此之外,社会发展直接影响学生的心理,如西方自由主义思想的传播,则对当代中国的思想政治教育工作带来严峻的挑战。高职学生的人生观、价值观受西方文化的影响也越来越多元化,思想教育的难度不断加大。信息化时代极大地拓展了教育的时空界限,改变了高职学生原有的生活方式和学习方式,进一步增大了学生的流动性,淡化学生对于班级甚至院系的归属感。削弱了主要依靠班级来进行的学生管理和教育工作,高职学生管

---

①　张洪华.中国职教师资培养的探索与创新(1978—2018 年)[J].职业技术教育,2018(28):42-47.

理"真空"地带就会出现。新媒体技术的发展转变了管理者和被管理者的观念,提高了学生参与管理的兴趣。对于现代具有很强参与意识和平等意识的大学生来说,学生要求学校为他们提供参与管理的渠道。因为新媒体技术是一把"双刃剑",为学生获取知识提供了便利,同时国外的各种文化和观念也影响着他们,学生开阔眼界和扩宽知识的同时,也容易被网络糟粕和西方敌对势力所影响。因此,高职学生的世界观、价值观的教育出现前所未有的"危机",也是高职学生管理的任务的重中之重。

二是市场经济发展带来的影响。市场经济发展使大学在利润因素的影响下必须关注办学的效益。特别是一些民办高职院校更加要追求办学的利润和服务地方经济的需求,使得高职院校必须走出去,开放办学,适合市场的需求,获得社会和企业的支持。同时新媒体时代,高职院校的一些"事件"很容易成为社会的热点话题,成为社会媒体和舆论关注的焦点。学校为确保"不出事"就必须更加严格管理,也自然增大了学生管理的难度。且高等教育本是收费教育,这让高等教育的学生就成了教育的消费者,成为自身权益的代言人,无形中学生与教师和学院的关系产生了变化,教师也不只是教育者,还是学校和教师自身权益的代表。双方不只是教育和被教育、管理和被管理的关系,还是消费者和提供服务者的关系,且学生处于了高等教育最直接的利益相关者,他们成为学校教育的主体地位。虽然学校在不断变革,比如实施学生评教、参与教学质量评价等,但对学生个体自身发展需求和个性化需求还是远远不能满足,而且学生参与学生管理和决策的权利也并没有得到很好的释放。如何缓解这一矛盾,就需要创新学生管理模式,让学生的参与意识不断增强,参与范围和权利也不断加大,提高学生在管理中的主体地位。

三是国家现代化建设需求带来的影响。当今中国处于一个飞速发展的年代,人才的需求越来越多,高等教育就承担培养人才这一重要责任。但我们不得不看到,当前高职教育培养出来的人才与社会的需求还是有很大的差距,高职院校一直在强调要培养"高技术""高技能"人才,但却忽略了最根本的东西——"合格的公民"。如果培养出来的大学生,没有社会责任感、缺乏责任心、缺乏社会担当、缺乏辨别是非的能力、缺乏自律性、缺乏进取心,那么他们如何去承担建设祖国的重任,如何成为一个创新型人才。这就要求我们高职教育应该改变观念,除了专业、技能的教育,还要重视学生管理、重视学生素质培养。

四是高等教育大众化的影响。随着高等教育大众化、普及化趋势不断发展,高等学校学生培养工作的重心也有所变化。为了适应时代环境的变化、满足时代变化产生的新需求,高等学校越来越将培养高素质应用型人才作为学校培养的重要目标。越来越多的高等学校认识到,学生的综合素质和实践能力的提升,尤其是学生就业能力的提升,已成为高等学校人才培养过程中的重要内容与关键一环。同时,中国高等学校实行的收费制度,导致高等学校传统的师生关系以及校生关系发生转变。尤其在社会主义市场经济环境下,青年大学生的消费者意识开始强化并凸显。越来越多的大学生及其家长将接受高等教育视为实现高质量就业与实现向上流动的重要途径。由此可见,高等教育的普及化、大众化趋势,促使高等学校调整、更新了人才培养目标与学生管理方式,同时也带来了大学生群体特征的变化。在此情况下,高等学校学生工作的传统模式及方法越来越不适应现实变化。如学生增多,导致专业的学生工作人才数量难以配套跟进,导致学生工作服务体系的运转不灵,导致学生就业压力疏导困难的增加,等等。上述都是高等教育大众化对学生工作的巨大挑战。

3.5.2　高职院校内部改革的原因

一是高等教育大众化发展造成学校的生源数量不断增加,办学规模不断扩大,学生管理工作的内容也越来越多,思想政治工作、奖勤助贷、心理、就业、公寓管理、人文素养、课外活动,还有各种创业科技等比赛组织,等等。而且现在实行的"学院二级管理"制度,基本上所有事情的落脚点都在辅导员身上,"有事就找辅导员"已经成为大学学生工作的真实写照。辅导员工作繁重,只能频繁应付各种事务性工作和考核,而对学生的思想教育和个性化发展指导根本很难有充足的精力去完成。这种集权制度对学生个体和学生组织参与管理也加以了限制,即便学生主体地位有了一些体现,但是学生工作者的主导作用并没有被改变,学生自我教育、管理和服务的能力及作用都得不到很好的发挥。

二是学分制、弹性学制的影响。学分制和弹性学制让学生的学习更为自由,为学生自主选课、自我设计、自主学习、选择兴趣爱好等创造了条件,但同时也一定程度上打破了传统的班级、年级和系别的概念,而传统的学生管理就是以班级为主要单位的管理模式,这种传统的管理模式正在失去它的优势,变得慢慢不再适应现在的高职学生管理。所以如何在这种开放的时空对学生更好地管理,又不制约学生的自主发展就是现在学生管理制度创新的目标。

　　三是开放式校园带来的影响。现在高职院校与社会的"围墙"已经被新媒体彻底打破了。学生的学习、生活、工作、社交、娱乐等都开始走出了校园，走向了社会。但同时各种社会问题也在校园内不断出现，未婚同居、未婚先育、吸毒、赌博、艾滋病、校园网贷等等都层出不穷。而且很多社会不法分子就是盯着校园学生的年轻和社会经验不足，设下各种圈套。互联网、新媒体和自媒体的出现和推广，让学生的社交方式也发生了很大的改变，同学情谊不再是大学生情感的重心，取而代之的是网友、朋友圈等等。处理这些问题，采取传统的"堵、压、灌"等方式已经难以奏效，需要的管理理念和创新的管理模式。

　　四是高额学费造成学生家庭贫富差异带来的新问题。社会经济的发展使得社会的贫富差距不断增大，而且高职院校的收费是比较贵的，特别是一些民办高职院校的收费，让很多家庭已经难以承受。所以高职院校家庭经济困难学生的问题日趋严重，也对高职校园稳定带来一定的冲击，很多高校出现的一些突发事件，很大程度上都与学生家庭经济困难而产生的心理问题有一定的关联。国家、社会和各大高职院校都在通过奖勤助贷各种途径不断地帮助家庭经济困难学生，但是在新媒体的影响下，伴随学生的诚信问题、学生的自强自立、学生的感恩教育等也成了学生工作的重要任务，资助育人工作任重道远。

3.5.3　学生个体的变化

　　在社会不断发展的 21 世纪，青年大学生的主体意识不断加强，但也随之导致青年大学生越来越以自我为中心，大学生在日常学习、生活中所表现出来的功利化倾向越来越明显。毋庸置疑，青年大学生思维敏捷、知识面广，想象力丰富，易于接受新鲜事物，富有青春朝气与创新精神。在高等教育大众化、普及化背景下，随着高等学校招生规模不断扩大，大学生生源的复杂性也有所增加。青年大学生由于在家庭背景、年龄结构、学习动机、心理特征等多方面存在差异，其实际需求也呈现出多样性。

　　一是在当今社会多元价值理念的影响、冲击下，大学生的自我意识、消费者意识、平等意识日益增强，他们更加关注自身的发展尤其是未来就业方向。他们不仅关注外在发展，且关注自己性格、智力、情商和人际交往的发展。他们还注重知识学习的自主性、表达见解的独立性、对事物评价的批判性和怀疑性，同时他们渴望得到尊重和认同，期望进行自管、自教。但是我们现在统一的管理方式和严格的规章制度，已经不适于培养学生自我管理、教育和服务的能力,更不能激发学生的自主性和创造性。

二是现在的高职学生普遍政治敏锐性不强、道德素养不高。他们对国家政治、经济发展保持肯定态度,怀有强烈的爱国主义情感,但同时部分学生丧失政治热情、缺乏精神支柱和政治信念;他们关注社会公德,具有较高的文化素养和社会奉献精神,对社会不良现象强烈不满,但部分学生基础文明素质较差,学风不正,在道德认知和道德实践上却表现较差;他们强调平等、尊重、公正、宽容且权利意识和法制观念强,但对如何维护和实现自身权利的认识不足,对自身在社会中应承担的责任和义务认识不清。

由于上述大学生个体的变化,高等学校学生工作所面临的问题也日益增多,高等学校学生工作面临着更为艰巨的挑战。

总之,当前高职学生管理模式虽然能够完成教育和管理学生的任务,也能关注学生的需要,但是一定程度上也限制了学生的参与性和主体性,束缚了学生的积极性和创造性,让学生工作陷入不和谐状态,学生的权益也不能得到很好的保障,学校的一些决策也不能得到学生很好的配合,学生管理效率不高,出现了一系列的问题,也面临严峻的挑战。

4 高职学生工作创新发展的理论依据

4.1 高职学生工作创新的理论基础

理论是发现问题、解决问题的工具,好的理论能够对实践发展起到巨大的推动作用。学生工作是学校工作的重要组成部分,是一项需以多种理论为依据,涉及多学科门类的复杂的社会性工作。在指导学生工作的实践中,我们要把握我国高等学校学生工作的理论根基,找到学生工作的理论支撑,寻求学生工作创新的动力。

4.1.1 马克思主义人的全面发展理论

在教育史上,全面和谐发展的教育思想源远流长,并且经过一个由空想到科学的发展过程。早在古希腊时期,亚里士多德就提出了体、德、智、美和谐发展教育思想,其后经过人文主义者和启蒙思想家,特别空想社会主义者的提倡,人的"自由发展""和谐发展"和"全面发展"的问题便日益引起人们的重视。但是这些思想家与教育家不能摆脱人性论的思想范畴,不能揭示个性的真正解放和全面发展的现实的、客观的可能性,因而带有空想性质①。只有在马克思主义诞生后,关于人的"全面发展"才得到了科学系统的论述。人的全面发展理论是马克思主义理论的重要组成部分,在马克思主义理论体系中占有极其重要的地位。它以辩证唯物主义和历史唯物主义为基础,揭示了人全面发展的科学内涵、衡量尺度和成立条件,对个人及人类的发展具有普遍指导意义。

首先,人的全面发展是人的社会关系的全面发展。在马克思主义视域

---

① 叶红英. 重新认识苏霍姆林斯基"个性全面和谐发展"教育思想的深刻内涵[J]. 现代教育科学,2012(9):8-10.

下,人的发展在根本上是与人的本质相关联的。人既具有自然属性,又具有社会属性。其中,社会属性是人的根本属性。正如马克思在《关于费尔巴哈的提纲》中提到的:"人的本质不是单个人所固有的抽象物,在其现实性上,是一切社会关系的总和"。可见,人总是处在一定的社会关系之中,人的存在与发展也依赖于一定的社会关系。"这些社会关系实际上决定着一个人能够发展到什么程度"。因此,人的社会关系的广度与深度往往决定了一个人的全面发展程度。马克思在充分肯定人的遗传素质在人的发展中的作用的同时,也十分重视劳动实践、生活环境以及教育对人的发展的巨大作用,这正是重视社会关系的观点。所以在开展高等学校学生工作过程中,除了注重学生本身所具有的智力水平与能力外,还要注重为学生提供更多更优质的社会实践机会,同时对学生的学习生活环境特别是课堂教学环境及人际关系进行管理,对教育的方式与方法进行完善。

其次,人的全面发展是人的素质的全面发展。该教育思想强调培养"个性全面和谐发展"的人,它主张"全面发展",主要途径是通过"有意识的社会实践",并融合"个性发展""和谐发展"和"全面发展",它认为德育、智育、体育、美育、劳动教育各方面的协调发展,其中,德育、智育和劳动教育起着关键决定性作用,尤其以与实践活动相结合最为重要。由于时代的不同,社会环境和社会条件发生变化,因此各个阶段的马克思主义者对人才的要求不同,但是都要求人的素质涵盖各个方面,即人的素质的全面发展。党的十九大报告指出:"要全面贯彻党的教育方针,落实立德树人根本任务,发展素质教育,推进教育公平,培养德智体美劳全面发展的社会主义建设者和接班人",这明确了当前"人的全面发展"对个人素质的具体要求。

最后,人的全面发展是人的自由个性的发展。马克思主义关于"人的全面发展"思想是人的全面发展和个性发展相统一的科学学说。人的全面发展并不是指个人会成为无所不能的全能的人,其最根本旨归在于实现人的各种素质潜能的充分发挥,即劳动能力、创造能力的发展,同时也包括人的志趣爱好、才情品格等个性层面的丰富和完满。人的个性是人与人的差异性的表现,以个人的心理品质以及能力素质等的充分发展为主要内容,以个人的独特性格和行为为特征。人的个性发展得越充分,社会化程度就越高,人的独立自主性、自由自觉性和积极创造性就越强。因此,个性发展其实是在全面发展的基础上,通过个体的智慧与努力探索,逐步建构具有社会核心价值的优良品质,实现从他律向自律、自主转化的过程,这也是全面发展的目的和实质。这启示我们,高等学校学生工作需要结合好统一性和个性教育,学生工作中除了管理者的主导性作用外,更重要的是发挥学生自身的主体作用,让学生发挥自身的聪明才智,开展符合自身意愿的活动。

马克思主义关于人全面发展的科学学说,为当前中国高等学校学生工作的创新提供了根本的理论依据。

第一,人的全面发展理论明确了大学生成才的目标。人的全面发展理论表明了马克思主义者对人自身发展状态的深切关怀,直接体现了人是社会发展的目的的价值取向。基于此,学生工作需要以拓展学生的发展空间为己任,需要在新时代承担新的历史使命。

第二,人的全面发展理论对学生工作提出了基本要求。马克思主义关于人的全面发展理论从宏观上揭示了人的全面发展是人的社会关系、劳动能力和自由个性的全面发展,而且结合社会发展的水平提出了全面发展的人应该具备道德、智力、体能和心理等方面的素质,这就为高等学校学生工作的开展指明了目标导向,即培养学生的思想政治素质,增强学生的知识和能力,养成学生良好的心理素质。

第三,人的全面发展理论揭示了大学生学生工作的影响因素。人的全面发展是以现时段的社会存在为依据的,是受到客观条件制约的,而不是凭空的。人的全面发展理论指导学生工作者在工作过程中,应当注意主观与客观两方面的影响因素,在开展活动的过程中,不仅考虑到学生的需求,也要考虑到学校自身的实际条件,因地因时因人开展学生工作。

第四,人的全面发展理论指引了学生工作的途径。全面发展的规律指出,教育与实践相结合,是人的发展的必要途径。这就提示我们学生工作不要空谈,要一切从实际出发,注重实践效果。

4.1.2　马克思主义青年成长理论

青年是介于儿童与成人的一个人类生长阶段,不同文化背景对青年的年龄层次的划分有很大不同,按照共青团的标准,15～28岁的人为青年,我国的大学生绝大部分都属于青年。

青年学生是中国特色社会主义建设事业的生力军和接班人。不同时代、不同国度的马克思主义经典作家历来十分重视青年群体,关注他们的成长和成才,从青年自身的健康成长和共产主义事业的实现角度探索青年成才的理论,形成了马克思主义关于青年成才的理论。

首先,青年是国家的未来和民族的希望。马克思、恩格斯等经典作家,一直将青年视为推动时代变革的重要力量。马克思、恩格斯不仅肯定青年的社会价值和历史地位，还将青年同无产阶级革命、同人类社会进步发展紧密结合在一起。可以说，在马克思主义经典作家笔下，青年的成长与发展是与社会进步、人类解放相关联的。毛泽东同志也充分肯定青年的价值，他认为，青年在中国新民主主义革命进程中发挥了重要作用，革命队伍的发展壮大离不开青年的加入；青年是革命事业和社会主义建设事业的生力军，是推进社会进步的主体力量，正如毛泽东同志说到的："你们青年人朝气蓬勃，正在兴旺时期，好像早晨八九点钟的太阳。希望寄托在你们身上①。"习近平也在党的十九大报告中指出："青年一代有理想、有担当，国家就有前途，民族就有希望，实现我们的发展目标就有源源不断的强大力量。"新时代的使命需要青年们奋勇承担，中华民族伟大复兴的光明前景需要青年们奋力开创。

其次，要积极地为青年成才创造条件。这要求我们做到：良好的体能是青年成才的基础条件，是智能等其他素质的重要载体。相应的外部条件是青年成才的必然要求，要保障青年有一个良好的外部条件。青年主动把握机遇是成才的重要条件，青年需要发挥自身的主观能动性，积极地把握各类机遇实现自我价值。前辈的传帮带是青年成长的重要条件，要发挥前辈和榜样的示范作用。

最后，在实践中促进青年成才，广泛地从青年中培养起用人才。实践不仅是马克思主义理论的重要基础，而且是青年成才的重要途径。在实践过程中，要尽力地创造条件，让青少年敢于有梦，勇于追梦，勤于圆梦。要尽力地对青年中的人才开展培训，提高他们应对具体事务的能力，对他们抱以宽容与期待的心理，对他们委以重任。对此，习近平总书记对青年提出"知识+技能"的创新要求，勉励广大青年要"勤奋好学，刻苦钻研，不断提高社会主义社会发展所需要的素质和能力"②。这实际上就是强调实践对于青年成长的重要性。对青年的培养必须立足于社会发展的现实需求，注重理论与实践相结合，理论型与实用型并重。

由上可见，青年是国家的未来和民族的希望，要积极地为青年成才创造条件，这就启示我们在学生工作中，注重培养青年学生的远大理想，引导青年学生树立正确的思想观、价值观和人生观，注重学生心理健康素质的教育；注重为青年的成长创造良好的外部环境，打造和谐安定易于生活与学习的校园环境。广泛地从青年中培养起用人才，即在学生工作中提拔重用一

① 毛泽东.毛主席在苏联的言论[M].北京:人民日报出版社,1957:14.
② 习近平.在同各界优秀青年代表座谈时的讲话[N].人民日报,2013-05-05(1).

部分学生,使他们养成良好的责任感和能力,在实践中促进青年成才,即在学生工作中多安排一些实践活动,培养大学生的动手能力。

4.1.3　马克思主义社会需要理论

需要在教育学、心理学、经济学、社会学、生理学上有不同的含义。从宏观上来说,需要是社会的人所具有的机能,是人在社会实践中形成和展开的对自身生存和发展的外部条件的依赖和渴求状态,是人对自身生存和发展客观条件的依赖性的心理体验或主观反映。人的需要不仅仅包括与人的生命活动相联系的生理需要、物质需要,也包含与人的意识联系的、人区别于动物所特有的精神需要。在学生工作的过程中,管理者、学生都希望从学生工作中得到物质层面和精神层面的需要,但是人的需要并不等于人的主观欲望,而是具有对象性的、历史地生成的,即需要具有社会历史性。需要以外在物为其对象和内容,离开外在物,需要便成为一个空无的概念,这些外在物包括自然物、他人和社会等一切独立于需要主体之外的东西。

人的需要的社会历史性是以人的社会实践、社会地位为基础的,在阶级社会里,需要还带有阶级性。在不同的时段,学生工作所要达到的目的是不同的。比如在奴隶社会时期,大学的需要是培养学生的领导能力,为社会培养贵族。如古希腊的雅典学校就是培养城邦主。在中世纪大学,大学的需要是培养神学人才与骑士。中国封建社会的书院与太学是培养文官与士绅。在资本主义社会,大学的需要发生了显著的变化,学生工作的目的不再只是培养学生的领导能力与素养,更加专注于培养学生某一方面的技能,即为社会某一领域服务,如培养医学家,为病人服务等。在社会主义社会,由于生产资料所有制和生产方式发生变化,学生工作的使命也发生转变。学生工作的需要主要是为社会主义建设培养建设者和接班人,学生自身的需要是为了自己的德智体美劳的全面发展与个性发展。

人的需要的社会历史性表现在人的需要是现实性和超越性、有限性与无限性的统一。需要既有现实性又有超越性。人的需要总是由简单到复杂,由低级到高级转变。马斯洛的需要层次理论,把需要分为五个层次:生理需要、安全需要、社交需要、尊敬需要、自我实现的需要,当低层次的需要获得满足时,就会上升到高层次的需要。马克思把人的需要分为生存的需要、享乐的需要和发展的需要;同时强调个体需求的社会制约性,认为个体发展和实现自身的独特需求,包括较高层次的需求,必须以发展和实现自身与社会的基本需求为基础。从这一特点来看,学生工作首先要兼顾现实性,即考虑到现阶段开展学生工作的条件与限制,从实际出发,开展学生工作。如从现有的师资力量出发,对学生进行思想政治教育;从现有的资金出发,对学生进行资助;从现有的心理咨询条件出发,对学生开展心理健康教育与心理辅导。但是在开展学生工作的过程中,也要考虑到学生工作的超越性,着重于提高学生工作的水平,使学生工作反向作用于学校其他工作,对学校其他工作起到促进作用。此外,还要根据马斯洛和马克思的需要层次理论,认真分析现阶段学生自身所处的需要层次,从学生本身的需要层次出发,有的放矢开展学生工作,促进学生需要由低层次到高层次转化。

4.2　高职学生工作创新的工作要求

中国特色社会主义高等学校学生工作思想,是中国共产党历代领导集体把马克思主义基本原理同中国高等学校学生工作实际相结合的产物,是中国特色社会主义理论的重要组成部分。中国共产党历代领导人有关高等学校学生工作的论述,以实现中华民族伟大复兴的"中国梦"为目标引领,契合我国改革开放和社会主义现代化建设的现实要求,具有全局性和战略性。党的十八大以来,国家对高校学生工作更加重视,2016 年 12 月,教育部颁布了新修订的《普通高等学校学生管理规定》,该规定是指导和规范高校实施学生管理的重要规章,涉及学生的权利与义务、学籍管理、校园秩序与课外活动、奖励与处分、学生申诉等诸多方面,此次修订将对 3 000 多万在校大学生的学习和生活产生重要影响。2017 年 2 月,中共中央、国务院印发了《关于加强和改进新形势下高校思想政治工作的意见》。意见分为重要意义和总体要求;强化思想理论教育和价值引领;发挥哲学社会科学育人功能;加强对课堂教学和各类思想文化阵地的建设管理;加强教师队伍和专门力量建设;推进高校思想政治工作改革创新;加强和改善党对高校的领导七大方面。多年来,党和国家领导人对高校学生工作给予了高度重视和支持,国家出台了一系列重要的学生工作制度文件。

4.2.1　全面育人、以人为本的学生工作目标指引

中国共产党人在继承、发展马克思关于人的全面发展理论的基础上,创造性地将全面育人、以人为本确立为高等学校学生工作的根本目标,体现了马克思主义者对人自身发展状态的深切关怀。《中华人民共和国高等教育法》第四条明确指出:"高等教育必须贯彻国家的教育方针,为社会主义现代

化建设服务，与生产劳动相结合，使受教育者成为德、智、体等方面全面发展的社会主义事业的建设者和接班人"中国共产党历代领导人都十分重视全面育人、以人为本理念在高等学校学生工作中的重要性。毛泽东同志提出德育、智育、体育三育并重思想，将培养德智体综合发展人才确立为高等学校学生工作的基本方针。毛泽东同志曾提出"身体好、学习好、工作好"的口号，强调"应该使受教育者在德育、智育、体育几方面都得到发展，成为有社会主义觉悟的有文化的劳动者"①。这种崇尚全面发展的育人观，对于当代高等学校学生工作开展具有重要的指导意义，要求高等学校学生工作要具有全面性，防止厚此薄彼、顾此失彼。毛泽东同志还确立了"一切为了学生""为了一切学生"的学生工作理念，强调尊重学生的主体性与个性。

邓小平同志在肯定毛泽东同志教育方针的基础上，提出了社会主义高等教育人才培育的目标是培养"有理想、有道德、有文化、有纪律"的"四有"人才。1983 年 10 月，邓小平从世界发展大势和中华民族历史命运的高度出发，提出"教育要面向现代化，面向世界，面向未来"的战略方针②。这一战略方针为我国高等学校学生工作提供了新思路，将高等学校学生工作的使命与社会主义现代化建设紧密相连，强调了高等学校学生工作尤其是人才培养工作要为我国改革开放、为适应和满足未来社会发展需要做好准备，并进行相应的体制机制、方式方法、管理模式的改革。

江泽民同志提出"三个代表"重要思想，其中，"中国共产党要始终代表中国最广大人民的根本利益"，要求高等学校学生工作要以实现广大大学生根本利益为出发点和落脚点，以全心全意服务、引导学生成长成才为宗旨，急学生之所急、想学生之所想，通过多种方式、渠道，从思想、学习、生活、工作等多个方面关心学生、爱护学生、帮助学生。提出了高等学校学生工作"以人为本"与"德育为先"的科学指导理念。

胡锦涛同志十分强调学生工作中"人"的重要性，他在 2003 年全国宣传工作会议上指出："思想政治工作说到底是做人的工作，必须坚持以人为本，既要坚持教育人、引导人、鼓舞人、鞭策人，又要做到尊重人、理解人、关心人、帮助人。"2005 年，胡锦涛同志在全国加强和改进思想政治教育工作会议上进一步指出"培养什么人、如何培养人，是我国社会主义教育事业发展中必须解决的根本问题"，并将大学生视为中国特色社会主义事业的可靠接班

① 毛泽东.毛泽东选集(第五卷)[M].北京:人民出版社,1977:385.
② 邓小平.邓小平文选(第 3 卷)[M].北京:人民出版社,1993:35.

人,强调在大力提高大学生科学文化素质的同时,还要大力提高其思想政治素质。在2011年庆祝清华大学建校100周年大会的讲话中,胡锦涛同志强调了贯彻党坚持"育人为本、德育为先"的教育方针的重要性,并提出将大学生"全面发展和个性发展紧密结合"。胡锦涛同志的高等学校学生工作理念是以人为本、以学生为本的,既指明了高等学校学生工作的出发点、中心点、落脚点,又肯定并强调了德育在高等学校学生工作中的第一优先级。

习近平同志在党的十九大报告中明确指出"要以培养担当民族复兴大任的时代新人为着眼点",将"立德树人"确立为高等学校学生工作的中心环节。习近平总书记曾在不同场合多次强调"高等学校立身之本在于立德树人",强调把思想政治工作贯穿高等学校教育教学全过程,实现全程育人、全方位育人的目标。由此可见,习近平新时代中国特色社会主义思想中的教育思想是以人为本,以德为先,更是全面发展的。同时,习近平总书记强调"要全面贯彻党的教育方针,落实立德树人根本任务,发展素质教育,推进教育公平,培养德智体美全面发展的社会主义建设者和接班人"。这一方面明确了高等学校学生工作的使命担当,即为中华民族伟大复兴培养人才;另一方面,也为高等学校学生工作的开展提出了总要求,即贯彻党的教育方针,落实立德树人,培养德智体美全面发展的时代新人。

4.2.2 坚持正确政治导向、重视思想政治教育的学生工作基本要求

我国高等学校学生工作的一项极其重要的内容就是开展思想政治教育工作,这是我国高等学校学生工作的特色与优势所在。

毛泽东同志十分重视思想政治工作对一切工作的先导性与重要性,将思想政治工作视为做好一切工作的"生命线",明确指出:"没有正确的政治观点,就等于没有灵魂"①,认为青年大学生"应该努力学习,除了学习专业之外,在思想上要有所进步,政治上也要有所进步,这就需要学习马克思主义,学习时事政治"②。这一方面要求高等学校在开展学生工作过程中需要加强思想政治工作,将对大学生的思想政治教育视为"基础工程";另一方面要求高等学校学生工作者通过开展思想政治工作,帮助大学生坚定正确的政治立场、政治信念,着力纠正大学生思想认知上的困惑与偏差。邓小平同志明

---

① 毛泽东.毛泽东文集(第7卷)[M].北京:人民出版社,1999:226.
② 毛泽东.毛泽东著作选读(下册)[M].北京:人民出版社,1986:780.

确指出思想政治教育在人才培养中的首要地位,这为高等学校学生工作指明了方向,邓小平同志曾明确指出:"学校应该永远把坚定正确的政治方向放在第一位"①,提出加强各级学校的政治教育、形势教育、思想教育,包括人生观教育、道德教育②。邓小平同志强调,要将大学生培养为忠于社会主义祖国,忠于无产阶级革命事业,忠于马列主义、毛泽东思想的优秀人才,要将大学生培养为有很高政治责任心和集体主义精神,有坚定的革命思想和实事求是、群众路线的工作作风,严守纪律,专心致力于为人民积极工作的劳动者③。江泽民同志的"三个代表"重要思想提出"中国共产党要始终代表中国先进文化的前进方向",要求高等学校学生工作必须以马克思主义科学理论教育、武装大学生,努力使大学生具备正确且坚定的政治立场和丰富全面的文化素养,进而使大学生成为未来引领先进文化的高素质人才。胡锦涛同志主张加强对大学生的思想政治教育,以理想信念教育为核心,引导大学生树立正确的世界观、人生观、价值观;以爱国主义教育为重点,加强对大学生的国家认同教育,教育大学生将自身价值实现与祖国建设、民族复兴相结合。

习近平总书记高度重视青年大学生的思想政治教育。在 2014 年五四青年节与北京大学师生座谈时,习总书记创造性地提出"扣扣子"理论,指出:"青年的价值取向决定了未来整个社会的价值取向,而青年又处在价值观形成和确立的时期,抓好这一时期的价值观养成十分重要。这就像穿衣服扣扣子一样,如果第一粒扣子扣错了,剩余的扣子都会扣错。人生的扣子从一开始就要扣好。"之后,习近平同志在多个场合强调将世界观、人生观、价值观教育作为人生教育的"总开关"。2016 年 12 月,习近平总书记在全国高校思想政治工作上强调指出,高校思想政治工作关系高校培养什么样的人、如何培养人以及为谁培养人这个根本问题。高校思想政治工作要始终将立德树人作为中心环节,确保思想工作贯穿始终,实现全程育人、全方位育人,努力开创我国高等教育事业发展新局面④。可见,新时代我国高等学校学生工作的着力重点是要帮助青年大学生"扣"好人生的扣子,积极帮助、引

①　邓小平.邓小平文选(第 2 卷)[M].北京:人民出版社,1994:104.

②　邓小平.邓小平文选(第 2 卷)[M].北京:人民出版社,1994:369.

③　邓小平.邓小平文选(第 2 卷)[M].北京:人民出版社,1994:106.

④　习近平.把思想政治工作贯穿教育教学全过程开创我国高等教育事业发展新局面[N].人民日报,2016-12-09.

导青年大学树立正确的人生观、世界观、价值观。在这过程中,高等学校学生工作者必须着力将社会主义核心价值观融入工作中,努力使社会主义核心价值观成为青年大学生思想和行动的基本遵循。

毋庸置疑,在全球化的今天,面对多元价值观的流入以及西方各种错误思潮的侵袭,高等学校学生工作尤其是高等学校思想政治工作必须始终把坚定正确的政治方向放在第一位,努力提高大学生的思想政治素质,增强他们的政治敏锐性和鉴别力。

4.2.3　学生工作与实践相结合的学生工作基本途径

实践是马克思主义认识论首要的、基本的观点,实践是认识的来源,实践是认识发展的根本动力。马克思主义关于人的自由全面发展的规律指出,教育与实践相结合,是人的发展的必要途径。中国共产党历代领导人都十分重视实践对于高等学校学生工作开展的重要性,主张将组织实践锻炼活动确立为开展学生工作的重要途径。

毛泽东同志主张思想政治教育工作必须和生产劳动实践结合起来。1958 年,毛泽东同志在《工作方法(草案)》中指出:"一切有土地的大中小学,应当设立附属农场;没有土地而邻近郊区的学校,可以到农业合作社参加劳动"①。这种主张大学生密切联系群众,在社会实践中锻炼成长的思想,明确了社会实践的重要性。高等学校学生工作必须将组织开展各类实践活动作为一条重要工作途径。

邓小平同志强调高等学校学生工作应加强第二堂课建设,重视学生的课外社会实践活动。邓小平同志曾指出:"要恢复对学生课外活动的指导,增长学生的知识和志气,推动学生的全面发展"②。他认为除了课堂教育之外,高等学校学生工作还必须开展好课外教学活动,注重引导学生将在课堂所学理论运用到社会实践中。在这方面,邓小平同志特别重视劳动实践活动,认为"要给学生参加劳动的机会。劳动也是教学,是政治思想课"③,社会劳动实践可以培养大学生的劳动习惯,增强大学生的集体意识与观念。胡锦涛同志提出"三贴近"原则,主张高等学校学生工作应当"贴近实际",即贴

---

①　中央教育科学研究所.中华人民共和国教育大事记(1949—1982)[M].北京:教育科学出版社,1984:212-213.

②　邓小平.邓小平文选(第 2 卷)[M].北京:人民出版社,1994:54.

③　邓小平.邓小平文选(第 1 卷)[M].北京:人民出版社,1994:281.

近大学生成长发展环境的客观实际、贴近大学生的思想认知水平实际;应当"贴近生活",即强调高等学校学生工作要立足大学生学习、健康、生活、爱情、职业等生活实际,提升工作的针对性;应当"贴近青年",即要求高等学校学生工作者要成为大学生的良师益友,切实通过各种渠道了解大学生面临的实际问题。

4.2.4 发扬民主作风、重视学生自主性的学生工作方式方法

毛泽东同志深刻把握了马克思主义人学的科学内涵,强调尊重学生的主体性与个性,将学生视为学校教育和管理中的主体,他曾明确提出,"学校的校长、教员是为学生服务的,不是学生为校长、教员服务的"①。在此基础上,毛泽东同志提出"不抓辫子、不戴帽子、不打棍子"的"三不"理念,强调高等学校学生工作者在日常工作中要讲求方式方法,注重民主,摒弃"家长式""命令式"作风。江泽民同志强调高等学校学生工作体制应更注重学生主体性,给予学生更多、更合理的自主发展空间,同时强调改革高等学校学生工作的内容、方法、手段及管理模式,探索建构符合大学生成长规律、有助于激发大学生创造性的新型学生工作模式。胡锦涛同志立足于大学生全面发展这一目标,强调高等学校学生工作应强化主体性关怀,尊重大学生主体地位,实现大学生"自我教育、自我管理、自我服务"。

习近平总书记十分尊重大学生的主体性,尊重大学生群体的身心特征及成长规律。他认为,高等学校学生工作从根本上说是做人的工作,只有坚持学生本位,围绕学生、关照学生、服务学生,才能真正促进学生全面成长。大学生群体在年龄、生理、心理特点和发展水平等方面不同于中小学生,也不同于其他成年人,有其特殊的特点和发展规律。对此,习近平总书记做过精辟判断:"现在高等学校学生大多'九五后',再过两年,新世纪出生的青少年也将走进高等学校校园。他们朝气蓬勃、好学上进、视野宽广、开放自信,是可爱、可信、可为的一代②。"基于这一判断,高等学校学生工作要更加关注、重视学生个体与个性转变,进而实现由"大而化之"的教育管理向个性化教育服务转变。其前提是要深入了解、掌握大学生个体年龄、生理、心理发展特点,为学生工作尤其是思政教育工作的分类指导、因材施教,为学生的

① 毛泽东.毛主席论教育革命[M].北京:人民出版社,1967:24.

② 习近平.把思想政治工作贯穿教育教学全过程开创我国高等教育事业发展新局面[N].人民日报,2016-12-09(1).

充分成才、平衡发展提供可供依据的规律。

此外,中国共产党历代领导人还十分重视高等学校学生工作队伍建设问题。毛泽东同志提出了思想政治工作"齐抓共管"的管理模式,他认为高等学校学生工作需要党、共青团、政府主管部门、高等学校负责人及教师共同负责。邓小平同志认为,建设一支政治强、业务精、作风正的高素质学生工作队伍,是高等学校思想政治工作开展的有力保障,强调"要提高教师水平,包括政治思想水平,业务工作能力,以及改进作风等"①。江泽民同志对高等学校学生工作者提出了"志存高远,爱国敬业,为人师表,教书育人,严谨笃学,与时俱进"24字要求,更加注重高等学校学生工作队伍的综合素质和创新能力,主张高等学校学生工作者应树立终身教育的观念,及时了解科学发展的前沿动态,把握好教育发展规律和市场经济规律,努力提高教学管理水平。

总之,在领导中国革命、建设、改革、复兴的伟大历史进程中,中国共产党人提出并总结了一整套科学系统且具有中国特色的高等学校学生工作理念、原则和方法,这成为当代中国高等学校学生工作创新的重要理论源泉,对于优化、完善、创新高等学校学生工作具有重大的理论指引和现实指导意义。

4.3　高职学生工作创新的价值导向

任何一项工作的开展都需要一定的价值取向指引,进而达到最终期望。高职院校对学生工作进行创新,就是希望达到一定的价值取向。从学生的各个层面来说,高等学校学生工作创新的价值取向主要有以下几个方面。

4.3.1　以人为本与公民精神

从高职学生工作实际看,"以人为本"就是以学生为本,就是将促进学生全面发展作为学生工作的目标定位。这就要求我们开展学生工作时,始终要以实现学生自由全面发展为终极目标,始终以促进学生发展、服务学生利益作为高等学校学生工作的出发点与落脚点。更进一步说,广大学生工作者应该以学生为中心,积极转变传统的"管理"思维,树立服务意识,从广大

---

① 邓小平.邓小平文选(第2卷)[M].北京:人民出版社,1994:55.

学生的根本利益出发,更好地满足大学生在生活、学习等各方面的需求。高等学校学生工作树立"以人为本"理念的目标指向在于促进学生的全面发展,而"德才兼备"则是衡量学生是否实现全面发展的重要标准。正如有学者指出,道德价值是全面发展的内涵,非智力因素是全面发展的主导,人文教育是全面发展的底蕴,个性发展是全面发展的核心①。因此,"以人为本"的价值理念要求高等学校学生工作必须努力实现人本化、个性化和人性化,一切学生工作必须以学生为本,一切活动的开展都必须以促进学生全面发展为出发点与归宿,这是当代中国高等学校学生工作的最基本价值取向。

公民是指具有一国国籍,享受权利和履行义务的生命个体。精神是指一种极健康、目标明确、指向实践、自我超越、批判性建设的个体有意为之的习惯性态度②。所谓公民精神是指一个合格的公民所应具备的基本精神品质。作为公民中受教育程度较高的群体,青年大学生理应具备现代公民所应有的责任、诚信、自立等公民精神,在完善自我的过程中促进社会主义和谐社会的建设。这是当代大学生工作的诉求之一。具体地说,大学生的公民精神主要包括国家层面的责任担当精神,社会层面的诚信与体让精神,个人层面的自治精神③。要达到这种层次,就需要在学生工作中注重培养,首先是要强化大学生的公民精神意识,其次要为大学生公民精神培育确立榜样,可以是身边的,也可以是伟人,最后要为大学生砥砺自身的公民精神提供实践的机会。

4.3.2　自由教育与守法意识

教育的最终指向是自由教育,在中西方的教育传统中,教育家们始终把自由教育作为追求的理想。在西方,亚里士多德、斯多葛、康德、卢梭、杜威都坚持自由教育。如斯多葛主张"维护人的绝对独立性,被看成是人的最基本的美德"④。在中国,孔子早就提出"为己之学",《中庸》中的"率性"思想都是自由教育的本质。在现代社会,高等教育强调培养学生的自由思想,独

①　田建国.树立以人为本的德育新理念[J].中国高等教育,2004(5):19-21.

②　张笑涛.亟需培养大学生的公民精神:对数起高校恶性案件的解读[J].现代教育科学,2013(6):69-74.

③　林玉美.和谐社会视域下的大学生公民精神建构[J].重庆交通大学学报(社会科学版),2012(1):8-10.

④　贺麟.文化与人生[M].北京:商务印书馆,1996:21-23.

立品格,就是自由教育的延续。学生工作创新的目的,正是培养学生的自由思想,独立品格。如开设的多种类型的社团,就是培养学生的多种爱好与兴趣;对学生的思想道德进行培养,就是培养学生形成独立自主的思维与想象能力。

学生工作除了对培养学生的自由思想有所帮助外,还必须加强学生的守法意识。依法治国是党领导人民治理国家的基本方略,也是国家长治久安的重要保障。依法治国需要人们懂法、守法,因此大学生的守法意识的高低直接地影响到国家的法治化进程,影响国家的未来与发展。当前我国学生工作创新的目的之一就是希望在广大学生当中,通过对法律的宣传与教育,开展多种多样的普法活动,使学生形成良好的守法意识。因为大学生只有有了良好的守法意识,才能够促进自身的健康成长,才能够有助于将来的工作与事业的发展,使自己更好地适应社会,才有助于促进我国社会主义民主法治建设的发展。

4.3.3　博雅教育与包容贵和

现代博雅教育是为激发学生学习热情、培育学生批判性思维、提升学生有效交际能力以及责任意识而建立的高等教育体制[①]。现代博雅教育的特点主要表现为:课程设置系统且灵活,既能保证学习的深度与广度,又能尊重学生的自主选择权;教学理念及方式新颖,以学生为中心,运用交互式教学法,要求学生在课堂内外直接使用思辨性读本。由此可见,博雅教育不仅仅要求学生在课堂上学到哪种类型的知识,还要求学习的深度与广度。这一点在学生工作中是可以达到的。因为学生工作涵盖学生的各个方面,包括学生思想道德的培养、文化活动的参与、创新精神的培养、专业技能的应用等,这些在学生日常的活动中都能够加以强化,学生也只有在学生工作中才能够对自身的素质得到进一步的完善,即达到博雅教育的诉求。

包容贵和是人类的优良品格,结合高等学校学生工作来说,包容贵和就是每一位学生都能参与学校的发展并从学校发展中获益,这是当今高等学校的必然选择。就学生工作而言,我们不仅要开展日常的学生工作,还要对一些特殊群体加以包容。这里的"特殊群体",主要是指那些在生理、心理、经济、学习、就业等方面存在困难的弱势学生群体。针对这一群体的特殊

---

① Jonathan,Be cker,岳玉庆,赢莉华.博雅教育的内容[J].开放时代,2005(3):24-34.

性,高等学校学生工作需要在生理上,对弱势群体加以爱护,予以必要的照顾,学校设施注重对弱势群体的考量;心理上积极地进行心理健康教育,加强弱势群体学生的挫折教育,完善心理咨询体系,消除弱势群体心理危机;在经济上完善大学奖学金制度,大力宣传助学贷款制度,给学生提供勤工俭学的机会;学习上学生之间互帮互助,提高弱势群体学习效率和学习的积极主动性;就业上对弱势群体宣传就业方针政策,组织针对性的招聘活动;行动上扩展针对大学生弱势群体思想政治教育的活动载体,加强大学生弱势群体思想政治教育的管理载体。学生工作正是通过这些行动,实现包容贵和的目标。

4.3.4　主题观念与责任奉献

主题观念是指将具有某一特征的某种基本思想作为核心内容,并在活动中使其得到充分体现的一种观念①。学生工作的目标之一就是使学生养成主题观念,即能够抓住某一事件的核心,对某一事件进行准确地把握与控制。学生工作者在平常经常开展主题教育活动,尤其是在学生的思想道德建设上。对于学生的培养,学生工作者一般将学生成长分为三个体系,即学生发展辅导体系、学生成长服务体系、学生权益维护体系进行培养。

道德责任是指道德主体应当对其自主做出的选择承担相应的义务。在康德看来,道德责任是一种伦理义务,康德从人性与人类的目的出发,将道德责任划分为对自己的义务和对他人的义务。而意大利思想家马志尼则将人的责任分为四种:"首要的是对人类的责任,其次是对国家的责任、对家庭的责任、对自己的责任"②。但是如今的大学生,责任奉献意识淡薄,首先,知行脱节,实践能力弱,对社会主义道德一些基本的内容能够掌握,但往往不付诸实践。其次,是崇尚自我,社会责任感缺乏。往往以自我为中心,对父母、他人和社会的要求高而多,对自我的要求低而少,缺乏应有的感恩之心。再次,心理脆弱,自我责任感淡薄。目前责任教育在高等学校愈来愈受到人们的关注,学生工作的内容包括对学生思想道德的培养,包括对学生心理健康的教育与辅导,也包括组织团体活动,这些都是为了提高学生的道德责任

---

①　张革,王秀彦.以主题教育为载体,推进高校德育工作创新[J].思想教育研究.2008(8):32-35.

②　张宗海.西方主要国家的高校学生责任教育与启示[J].高教探索,2002(3):37-39.

意识,培育学生的集体责任感,强化学生的自我责任意识。可见,责任奉献是高等学校学生工作的重要价值取向。

4.3.5　创新能力与创业品格

创新教育是以培养人的创新精神和创新能力为基本价值取向的教育,其核心是研究和解决人的创新精神和实践能力的培养问题。培养学生的创新能力是时代与社会发展的需要,是高等教育发展的需要,是高等学校大学生自身发展的需要,也是大学生学生工作的价值诉求。为了培养学生的创新能力,需要调动学生的主观意愿,发挥他们的主观能动性,这就需要开展一些能够使他们感兴趣的学生活动,使他们在实践当中训练自己的发散性思维和批判性思维;创新能力的培养不仅仅在课堂,更多地在课外,学生工作不仅能够保障课堂活动的有序进行,还能够提供优良的课外环境,使学生能够自由地参与讨论,激发他们的创新精神。

近年来,学生的就业形势日益严峻,如何促进学生更好地就业是摆在学生工作者面前的重大问题。目前,高等学校对学生创业品格的培养还不够重视,今后,学生的创业品格将是学生工作者重点努力的方向。如何提高学生的创业品格,首先,需要一批具有高素质的创业能力和创业意识的学生工作队伍,其次,在学生中广泛宣传创业意识,变被动就业为主动创业,并开展定期讲座指导学生进行创业实践,并为学生的个人创业行为提供个别咨询与资助体系。再次,在学生工作中创办创业类的社团,开展创业模拟活动、创业计划比赛、创新设计大赛、小发明小创造成果展览等富有创业引领的科技活动,鼓励学生大胆创新,锻炼学生的创业品格。最后,学生工作者要为学生提供良好的创业环境,与学校、社会、家庭、个人之间做好沟通纽带的作用。

4.3.6　职业素质与工匠精神

职业素质是指职业人尽自己最大能力把本职工作做好的特有素质,它是一种内在的、相对稳定的基本品质,主要体现在职业意识、态度、技能等方面。一般而言,职业素质越高的人,获得工作机会越多,成功的概率越大。由此可见,职业素质在整个职业生涯显得尤为重要。

在2016年的政府工作报告中,李克强总理首次提出"要培育精益求精的工匠精神"。2017年,工匠精神又被写入党的十九大报告,习近平总书记提出:"建设知识型、技能型、创新型劳动者大军,弘扬劳模精神和工匠精神,营造劳动光荣和社会风尚和精益求精的敬业风气。"随着经济转型和产业升级,工匠精神越来越受到党和政府的重视,成为推动我国产业结构由中低端向中高端迈进的重要动力之一。工匠精神是高职学生基本职业道德素质之一,工匠的培养离不开现代职业教育。在产教融合的背景下,将工匠精神贯穿融入学生素质培养过程中,不仅是高校人才培养的重要内容,也是实现高职学生与未来就业岗位零距离对接的现实需要。

工匠精神是一种独特的职业素质,包涵精雕细琢、追求完美的精神理念。工匠精神中所包含的严谨、专注、诚信、务实、踏实、合作、敬业、奉献等品质与职业素质相关要素一致。工匠精神的"精",是工匠的立足之本,也是匠人追求专业技能极致中所表现出的"精细、精心、精准",与高等职业教育的教育目标相一致,校企合作的人才培养模式相吻合。厚植工匠精神于高等职业教育教学全过程,将工匠精神与学生素质、技能培养有机结合,内化于学生的精神生活、外显于学生的工作实践,只有这样,才能提升高职学生的职业素质。

在高职学生职业素质培养中融入"工匠精神"符合现代高等职业教育人才培养的需要。高等职业教育的人才培养目标是"培养德能兼备的现代职业人",主要任务是面向生产、建设、服务和管理的第一线,培养多规格、个性化、高素质的现代大国工匠,为企业输送更多高素质的员工[①]。将"工匠精神"融入学生职业素质培养,是职业教育与产业需求融合发展的必然结果。因此,在实际教育过程中应注重对学生开展专业、专注、精准、创新和个性化培养,实现职业教育与产业需求的高度融合,使得职业教育人才培育机制更完善、接地气。

职业素质培养中融入"工匠精神"符合当前职业教育中"素质教育"的需要。高职院校通过在教学课堂、实习实践、校园生活中培育高素质学生,做到全员、全程、全方位、高质量育人。因此,将工匠精神融入高职教育,不仅使学生获得过硬的职业技能,还能使学生获得一定精神资源,培养一大批高素质的工匠,体现素质教育。这不但与素质教育发展需求相适应,同时,也与用人单位对人才需求相吻合,实现产教融合。

职业素质培养中融入"工匠精神"是深度产教融合、深化校企合作的需要。目前,大部分高职院校密切与行业、企业的全方位、多角度、深层次合

作,且不断扩大合作规模、丰富合作内涵,形成产教研融合发展的长效机制,进一步推进"工学结合、校企合作"人才培养模式改革,为社会培养出更多匠人。在产教融合、校企合作环境中培养具有工匠精神的高素质高技能人才,不仅有助于高职院校教育更接地气,而且有助于加强教育教学的实用性,有目标、有针对性地培养高素质人才,满足行业企业的需求。

5 高职学生教育管理创新发展路径

新时代高等学校学生工作要实现创新发展,方法和实现路径的选择直接关系到教育效果的实现。毛泽东曾把实现目标与方法形象地比喻为过河与桥、船的关系。他说:"我们不但要提出任务,而且要解决完成任务的方法问题。我们的任务是过河,但是没有桥和船就不能过。不解决桥和船的问题,过河就是一句空话。不解决方法问题,任务也只是瞎说一顿①。"由此可知,要实现高等学校学生工作的创新,路径和方法至关重要。在新形势下,根据当前高等学校的发展特点和当代大学生的特点,高等学校学生工作一方面要从过去的优良传统中,寻找适合新形势需要而又行之有效的传统办法,赋予新内容,加以运用;另一方面,要充分地考虑到现在高等学校学生工作中存在的种种问题,借鉴经验,吸取教训,不断创新学生工作运行机制,在改革中推动高校学生工作的发展。

5.1 坚持推进思想政治教育引领

作为我国意识形态工作的前沿主阵地,高等学校担负着研究、学习、宣传马克思主义,培养中国特色社会主义事业建设者和接班人的重要任务。加强和改进高校思想政治工作,是办好中国特色社会主义大学的根本保证。党中央、国务院所印发的《关于进一步加强和改进新形势下高等学校宣传思想工作的意见》,深入贯彻落实党的十八大以来重要会议精神,对做好新时期高等学校学生工作,加强意识形态阵地建设提出了明确要求,做出了全面部署,是指导我们加强和改进新形势下高等学校学生工作的纲领性文件。习近平总书记在 2016 年全国高校思想政治工作会议上强调:我们的高校是

---

① 毛泽东.毛泽东选集(第 1 卷)[M].北京:人民出版社,1991:139.

党领导下的高校,是中国特色社会主义高校,办好我们的高校,必须坚持以马克思主义为指导①。

5.1.1 坚持马克思主义指导地位是推进高等学校学生工作的政治基础

党的十八大以来,党中央号召全党同志高举中国特色社会主义伟大旗帜,"解放思想,实事求是,凝聚力量,攻坚克难,坚定不移沿着中国特色社会主义道路前进,为全面建成小康社会而奋斗②。"习近平新时代中国特色社会主义思想"坚持辩证唯物主义和历史唯物主义,紧密结合新的时代条件和实践要求,以全新的视野深化对共产党执政规律、社会主义建设规律、人类社会发展规律的认识"③,集中体现了当代中国马克思主义最新成果,是当前和今后相当长时期党和国家事业发展的行动纲领和科学理论指导。因此,当代中国高等学校学生工作必须坚持马克思主义的根本指导地位,在政治上实现坚定自信、在思想上实现同心同德、在行动上实现高度一致,方能真正做到坚持中国特色社会主义办学的基本方向不动摇,方能切实肩负起建设高等教育强国的时代嘱托,用崇高的理想信念团结和带领广大师生努力办好人民满意的高等教育,为创建世界一流大学而努力奋斗。马克思主义作为一种科学的世界观和方法论并不是僵化不变的,而是一种随着时代形势的变化而不断发展的科学理论。当前,当前世情、国情、党情以及大学的校情都在发生深刻变化,制约高等学校学生工作的主客观因素相互交织、错综复杂,学生工作者要迎难而上,既不能有回避思想,也不能有为难情绪,要坚持和巩固马克思主义指导地位,坚持科学理论武装头脑,积极探寻人类社会发展规律、社会主义建设规律和高等教育发展规律及高等学校学生工作规律,深入学习领会党的理论创新成果,坚持用马克思主义的立场、观点、方法看问题,找到破解难题的正确方法和实现途径。

---

① 应中正,贺利华,宋健,等.我国高校学生工作的中国特色[J].思想教育研究,2017(12):115.

② 朱燕.认真学习把握习近平新时代中国特色社会主义思想[J].云南社会主义学院学报,2017(04):5-7.

③ 王晓晖.深刻领会习近平新时代中国特色社会主义思想的核心要义和创新观点[N].人民日报,2017-11-23.

5.1.2　坚持马克思主义指导地位是实现学生工作内涵式发展的价值取向

改革开放40多年来,我国经济实现了突飞猛进的快速发展,现已进入转型期、增长换档期和矛盾凸显期,可以说是机遇和挑战并存,矛盾发生和风险产生的概率前所未有。我们要实现经济增长的常态化,人力资本投资和科技创新驱动的增长,实现经济转型升级、化解各种社会矛盾,核心问题就是要培育大批高技术人才。党的十八大以来,习近平总书记对教育工作做出一系列重要的、具体的论述,深刻阐明了我国当前教育改革发展的所面临的重大理论和实践问题,为我们认识高等学校教育事业改革发展、增强深化教育改革的信心、推动学校事业快速发展提供了科学指引。十八届三中全会做出全面深化教育综合改革的决定,为教育改革发展指明了方向、开辟了思路。围绕当前高等学校学生工作的现状,我们要加坚持和巩固马克思主义指导地位,既要坚持一切工作做好顶层设计提出科学有效的改革方案,又要坚持从实事求是的客观实际出发,坚持以"钉钉子"的精神,锲而不舍地推进高等学校学生工作的创新发展,紧紧围绕立德树人的根本任务,加快构建充满活力、富有成效、敬业乐群、有利于学校科学发展的良好氛围,建立提高思想政治工作的针对性和实效性的长效机制。

5.1.3　坚持马克思主义指导地位是学生工作立德树人的根本保障

教育的根本任务和核心就是要坚持立德树人。习近平总书记2016年在全国高等学校思想政治工作会议上指出,立德树人是高等学校的立身之本,是高等学校的中心环节,强调把思想政治工作贯穿高等学校教育教学活动的全过程,实现全程育人、全方位育人。为此,高等学校要"牢牢抓住全面提高人才培养能力这一工作核心,并以此带动高等学校其他工作",培养德才兼备、全面发展的中国特色社会主义合格建设者和可靠接班人。具体而言,加强和改进高等学校学生工作要"遵循教书育人规律,遵循学生成长规律,不断提高工作能力和水平",以立德树人作为学生工作的基本引领与根本遵循。同时,高等学校学生工作要高度重视对学生的思想道德教育,积极帮助学生夯实思想基础、端正政治立场、陶冶高尚情操,激发青年大学生的历史责任感,引导青年大学生树立正确的世界观、人生观和价值观,努力使他们将个人的成长成才与投身实现中华民族伟大复兴中国梦的实践紧密结合。

坚持育人工作的核心是人才培养,树立全员育人、管理和服务育人的理念,加强第二课堂教育,培养学生的爱国主义、集体主义、英雄主义和乐观主义,运用新媒体新技术使高等学校学生工作活起来,推动工作理念、手段和方法上的工作创新。坚持为学生的健康成长负责,促进学生综合素质的有力提升。

5.1.4　坚定大学生理想信念教育

习近平总书记 2013 年在同各界优秀青年代表座谈时指出,"广大青年一定要坚定理想信念。理想指引人生方向,信念决定事业成败。没有理想信念,就会导致精神上'缺钙'"。作为社会主义事业的可靠接班人,大学生要树立坚定的理想信念,为实现"两个一百年"奋斗目标和中华民族伟大复兴的中国梦贡献力量、不懈奋斗。在高等学校里还存在有极个别的学生理想信念模糊,缺乏信仰,有着消极倾向。对此我们要多管齐下解决此类问题。

第一,加强大学生的理想信念教育,坚定大学生对马克思主义理论的信仰。"马克思、恩格斯创立的理论是科学的理论。它研究、继承和改造了人类文明的优秀学说,揭示了历史发展客观规律的总趋势,将建构人类理想的社会主义和共产主义奠定在唯物史观和剩余价值理论的坚实基础上,它又具有与时俱进的理论品质,能与各民族的特点相融合,能随着实践、科学和时代的发展而发展,是一个与世开放、广泛包容、善于吸纳进步文明成果而不断创新的伟大理论"。在当代中国,继承、学习马克思主义理论,既要研读马克思、恩格斯等经典作家的著作,也要学习马克思主义中国化的最新成果。此外,还要注重马克思主义理论教育方式的改进。教师在教学过程中要充分地调动大学生的学习积极性,改变以往的灌输式、说教式教学方式,使大学生认可和理解马克思主义理论,坚定自身的理想信念教育。

第二,加强社会主义核心价值观教育。习近平总书记在党的十九大报告中强调,要培育和践行社会主义核心价值观,发挥社会主义核心价值观对国民教育的引领作用。社会主义核心价值观包含三层共 24 字内容,国家层面提出"富强、民主、文明、和谐"的价值目标,社会层面提出"自由、平等、公正、法治"的价值取向,公民个人层面提出"爱国、敬业、诚信、友善"的价值准则。我国高等学校学生工作的一项极其重要的工作内容就是思政育人,在这一过程中必须积极融入社会主义核心价值观。高等学校学生工作者应将培育社会主义核心价值观贯穿于各项工作中,积极引导大学生践行社会主义核心价值观。为此,高等学校学生工作应该从人的发展角度出发,充分尊重大学生的主体作用,寓教育于课堂与实践活动中,提高大学生的学习积极性,通过专业学习和实践锻炼、有意识教育和隐性熏陶有机结合,使社会主义核心价值观内化为大学生思想道德基石。而不应把学生作为一个被动接受的客体,这并不利于提高教育实效性。

第三,用中国梦来凝聚大学生的理想信念。思想政治教育作为高等学校学生工作的重要内容,如何将实现中华民族伟大复兴的中国梦内化为学生的理想和追求,激励大学生为推动国家发展和社会进步而贡献青春力量,是学生工作的重要课题。"当代大学生是我们祖国发展的主力军,是中华民族未来的希望,是中国梦的筑梦者,大学生的理想信念关系到中国梦的实现。"学生工作者要在就业指导中加强学生的理想信念教育,一方面要培育大学生爱岗敬业、艰苦奋斗、诚实守信的职业精神,将理想信念转化为勤奋工作、乐于奉献的具体行动;另一方面,培养大学生遵纪守法、勇于奉献的职业品质,向大学生传授法律知识,增强他们知法、懂法、守法、用法的法律意识,进一步引导大学生实现职业理想和个人价值的有机统一,避免就业的功利化倾向,增强大学生就业理想信念教育的实效性。

5.2　建立学生工作发展协同机制

5.2.1　建立学生工作发展协同机制的现实必要性

高校学生工作不仅是专职学生工作者、思想政治教育理论课教师、学生干部的工作,而是一项涉及高校全体师生的全局性工作。高等学校中的专业课教师、行政干部、后勤管理人员都应是学生工作的主体,都肩负着协助学生工作者开展工作的职责。但是,从当前中国高等学校学生工作的现状来看,不少高校教师尤其是专业教师、行政人员将学生工作视为专职学生工作者以及思想政治教育理论课教师的工作,认为学生工作与自身无关。这些教职员工在思想认识和行为方式上往往各行其是,在相当程度上阻碍了高等学校学生工作教育合力的形成。究其原因,高等学校教职工还是没有认清学生工作在高等学校全部工作中的重要地位和作用,也未能体会以整体性思维统领高等学校学生工作全局的重要性。事实上,高等学校所有教职员工所从事工作尽管职责不同、类型不同,但归根到底都是服务于大学生的成长与发展。因此,从本质上看,大学生在校的一切行为都或多或少地与各岗位上的教职员工存在联系。因此,在高校学生工作中发挥教育合力有着坚实的思想依据和实践基础。在高等学校学生工作中,树立"人人都是德育老师""处处都要教书育人"的思想,加强师资队伍建设、加强管理与服务队伍建设、整合教育资源是形成学生工作教育合力的有效途径。

5.2.2　健全学生工作的协同领导体制

高校学生工作"要建立和完善党委统一领导、党政齐抓共管、专兼职队伍相结合、全校紧密配合、学生自我教育的领导体制和工作机制"①,这明确了高校学生工作的主体和主要方式。2014 年,中共中央办公厅印发《关于坚持和完善普通高等学校党委领导下的校长负责制的实施意见》,进一步明确了高等学校全面实行党委领导下的校长负责制的实施意见。学生工作作为高校工作的重要组成部分,在学校学生工作管理体制中,党委处于决策层,负责全局性、战略性问题;校长处于执行层,负责将党委的精神、决议贯彻实施。

同时,高等学校学生工作的协同领导体制需要树立现代化管理理念。学生工作具有总体性、全局性的特点,工作内容庞杂,涉及学校众多部门。面对当前新形势下的学生工作,就需要各个部门协同配合,形成工作合力。对此,高等学校要加强学生工作组织机制的建设,强化组织协调功能,理顺管理系统各部门、各层次、各个岗位在学生工作方面的职责权限关系,建立健全责任制,做到责、权、利的统一。此外,学校还要从实际出发,适当放权,赋予基层院系开展学生工作的自主权,发挥院系基层管理的作用,提高学生工作的实效性。为此,高等学校要加强推进和完善基层院系党政融洽、协调统一的学生工作体制,努力实现学生工作的教育、引导、管理、服务的作用。还需重点指出,作为高等学校学生工作的重要内容,思想政治教育也应实现组织化、有序化,这需要学校高度重视并加强思想政治教育工作,将思想政治工作与教学科研同等对待,将思想政治教育贯穿于学校教育教学活动始终。同时,要不断优化议事决策机制、沟通协调机制等,从多方面进一步完善党委领导下的校长负责制。

----

① 中共中央国务院发出《关于进一步加强和改进大学生思想政治教育的意见》[N].人民日报,2004-10-15(1).

5.2.3 建构学生工作的协同育人机制

"提升人才培养质量,必须坚持育人为本,加强优质教育资源建设,创新协同育人机制,构建分类评价体系,形成高等学校各自的人才培养特色①。"协调理论思想是从系统理论分化出来,阐述了复杂开放系统中大量子系统相互作用而产生的整体效应或集体效应及发展规律。高校学生工作也可以借鉴协同理论开展相关工作,以促进大学生的全面发展。

第一,建立学生工作的部门协同机制。在组织机构上,我国许多高校学生工作实行的是校、院二级管理体制和条块结合的运行机制,机构之间的职责时有重叠,学生受多头管理,管理效率不高②。因此,应努力通过实现学校相关职能部门之间的有效沟通,营造协同氛围,形成合力。高校应当构建学生工作职能部门之间以及与学校其他部门之间的协同联动机制,通过各职能部门之间的协同合作,使不同部门认识到高等学校学生工作的系统性、复杂性,从而有效整合各类教育资源,实现教育资源的效益最大化。这有利于各部门从实际出发,开展贴近实际、贴近学生的针对性、实效性的学生工作活动。大学生的教学、日常管理、学籍情况、就业创业、饮食住宿等大多由学校管理、服务部门承担,它们的工作水平、管理能力和服务意识同样会影响高等学校学生工作的整体质量,因而需要加强对要加强学校管理与服务部门的协同。总之,以协同育人的理念打造高等学校学生工作的主阵地,能够有效形成教育合力,从整体上提升高等学校学生工作的质量。另外,整合教育资源也是建构学生工作部门协同机制的重要内容,这有利于高等学校学生工作的内容和方式不断丰富发展。

第二,建构学生工作的人员协同机制。要实现教育资源的有效整合,实现各学科之间的协同效应,离不开人员的协同合作。当前,高等学校的辅导员与思政课教师是开展学生工作的主要力量,必须建构辅导员与思政课教师之间协同育人机制。一方面,辅导员要注重解决大学生在日常学习、生活过程中遇到的实际困难和心理困惑。另一方面,思政课教师要不断创新教育教学方式,丰富课程内容,通过系统、专业的授课模式,引导大学生自觉认同学生工作。同时,辅导员应与思政课教师进行常态化沟通,及时了解大学

---

① 丁晓昌.推进协同育人提升教学质量[J].中国高等教育,2012(22):33.

② 程波、马炳涛.国际化视域下学生工作的挑战与应对——基于北京10所高校的调研[J].思想教育研究,2015(7):100.

生的实际需求与心理动态。高等学校应该为辅导员与思政课教师的交流合作交流搭建平台,特别是课题研究、理论指导等,以更好地提升双方的协同育人意识。

第三,优化政、校、企协同机制。目前我国高等职业学校在产教融合的过程中,主要是政府引导,学校主动参与,企业被动参与。针对这样的情况,应该优化政、校、企协同育人机制,调动企业的积极性,使企业在提高学生素质方面起到积极作用。同时应该形成以政府为引导、行业协调、学校与企业互动的机制,加强学校与企业之间的协调,在互利互惠的原则下做好协同育人工作。一方面,加强企业、学校和家庭的合作。教师应加强对学生的指导,同时与企业保持联系,企业应该选择经验丰富的指导师傅负责学生的管理与培训。对于实习单位,在学生实习过程中应主动与家长联系,为学生编制实习指导手册,将学生实习过程中的相关信息传递给家长,让家长了解学生实习的重要性。为此,应搭建良好的育人平台,提高教育管理工作的有效性。另一方面,加强专业教师与职业导师的互动。学校与企业是教育学生的重要基地,产教融合模式下,企业与学校是学生教育的执行者。学生管理过程中应该由企业师傅、学校教师、职业发展导师形成合力,共同对学生的技能予以指导,帮助学生明确职业目标和人生规划,提高学校学生的自我管理能力。

5.3 发挥学生主体意识

教育过程的是一个双向互动的系统工程。这一过程既是教育者引导和激发受教育者的主动性和积极性的过程,也是受教育者能动的受教育的过程。因此,这既需要教师充分发挥自身主观能动性,也要求学生主体能动地对教育内容进行分析、评价,根据自身内在需要将教育内容内化并转化为个人生活中的实际行动。

5.3.1 大学生主体性的内涵及特征

所谓主体性是指,"人在实践过程中所表现出的能力、作用,即人自主、自觉、能动地进行有目的的实践活动。而大学生主体性主要表现为大学生对教师教学内容的自觉吸收、对教师教育方式的自觉配合、互动以及大学生将所接受的教育内容转化为个人生活中的实际行动等方面"①。作为受教育者,大学生的主体性在高等学校学生工作中具有重要地位,是高等学校学生工作能否顺利进行的关键,也是高等学校开展学生工作所必须尊重的规律。大学生的主体性在高等学校学生工作过程中主要体现为自主选择性、主观能动性和创造性。当然,在学生工作的影响下,大学生也会表现出一定程度的受动性和模仿性。

第一,大学生具有自主选择性。这主要体现为大学生对教育内容或知识信息的自主选择。由于大学生的家庭环境、成长经历、性格个性不同,对事物的认知水平、认知程度和深度也各有不同。因此,大学生对于教育教学活动所传递的信息的选择并不是完全一致的。大学生会根据自身情况对教育信息进行选择性接受或是再加工,倾向于选择那些符合个人意愿或兴趣,达到自己目的和需要的教育内容。这就要求高等学校学生工作者要了解大学生的真实需要与心理特征,根据当代大学生的特点"因材施教",科学设置教育内容,提升学生工作尤其是思想政治教育信息的教育实效性。

第二,大学生具有主观能动性。这主要表现为大学生在接受思想政治教育过程中的自主认知、自主选择、自主思维、自主控制和自主完善等方面。大学生对教育知识内容的自主认知主要发生于其自身认知需求。作为"能动的自然存在物",大学生能够自觉、积极地进行自我认识,认识到教育内容对自身的意义,能动地反映外部世界和自身,积极地汲取学生工作活动中有利于自身发展与完善的积极要素的信息。大学生的主观能动性要求高等学校学生工作者要在教育过程中实现与大学生的双向良性互动,促进教育目标的实现和大学生的全面发展和健康成长。

第三,大学生具有创造性。创造性以探索和求新为特征,是大学生在接受教育过程中个人主体性的最高表现和最高层次。创造性是人类最宝贵的精神财富之一,大学生在接受教育过程中的创造性表现为"能够灵活运用所学内容、将所学内容转化为能够解决日常问题的方式和手段"。更为重要的,大学生善于基于所学内容进行独立思考,并在此基础上不断提升自我修养与能力,不断适应社会发展。因此,高等学校学生工作必须充分发挥大学生的主体性,这是高等学校学生工作能否具有实效性的基础性前提。

高等学校学生工作发挥大学生主体性具有现实必要性。一方面,发挥

---

① 李晔.大学生主体性思想政治教育实践研究[D].西安:陕西师范大学,2015.

大学生的主体性是高等学校学生工作的本质要求,是衡量学生工作是否具有实效性的关键标准。高等学校学生工作不仅蕴含着促进人的自由全面发展的崇高价值立场,更彰显了高等学校传道授业的重要职责、立德树人的神圣使命、道济天下的公共情怀。在高等学校学生工作中发挥学生主体性,学生工作者需要认真理解、掌握其工作使命与内容,不断丰富、更新其工作方式,以便于相关学生工作活动被大学生接受。另一方面,高等学校学生工作发挥大学生主体性是大学生健康成长、全面发展的现实需要。进入大学生活后,青年大学生的成长环境由原先的"小社会"(家庭)转变为"大社会"(大学)。在大学的环境中,大学生在很大程度上脱离了父母的日常约束,中学期间的"优秀"也受到他人的挑战。在此情况下,大学生更需要其发挥主观能动性,明确未来方向,自觉养成积极向上的人生态度,保证健康成长与全面发展。若大学生不能发挥自身的主观能动性,高校学生工作者的一切努力都难以得到积极反馈,高校学生工作也难以取得应有成效。

5.3.2 大学生发挥主体性的方式与途径

高等学校学生工作的理想状态是使大学生接受、认同学生工作对自身成长的重要意义,是使大学生自愿将学生工作活动传递的信息内化于心、外化于行。因此,在高等学校学生工作实践中,学生工作的目标顺利实现的一个重要问题就是通过有效途径激发大学生主体性。具体而言,高等学校学生工作可以通过以下途径推动大学生发挥自身主体性。

第一,营造主体性学生工作教育环境。对于高等学校学生工作而言,营造主体性教育环境的关键是明确"以人为本"的育人理念,保证教育者和受教育者进行良性互动、实现精神"相遇"。这一方面表现为学生工作者在传授教育内容过程中充分发挥主观能动性,另一方面表现为作为受教育者的大学生对所学内容进行合理内化并外化为实际行动。为了营造主体性学生工作教育环境,必须树立"以人为本"的理念,将学生作为学生工作出发点和终极归宿。学生工作者必须改变传统的"现成理论灌输"的教育模式与教学方式,努力将工作重心转向为受教育者产生道德自觉与主体自觉提供现实思路。当然,需要指出的是,"以人为本"的学生工作理念并不否认教师的主体性,同样要求尊重教师的教育者地位。因此,营造主体性学生工作教育环境,还需要改进教学设备,为教师提供物质激励和精神支持,提高教师的教学热情。

第二,营造实践育人环境。营造实践育人环境要有针对性,要紧密结合当代青年大学生的心理特征和成长规律。为此,不断通过实践途径加强校园文化建设,形成有利于大学生全面发展的文化环境。譬如,在新生入学时,可以通过新生军训加强对大学生的组织纪律性教育,提升新生的集体荣誉感,培养大学生团结协作、吃苦耐劳的精神。再如,整顿高等学校周边的文化娱乐场所尤其是台球厅、网吧、旅店等,这也是保证高等学校形成稳定、有序的校园环境的关键。此外,随着互联网的迅速发展,大学生容易受到网络消极、不健康的信息的思想侵蚀。为营造实践育人环境,高等学校学生工作需要对大学生进行积极引导,教导他们正确认识网络的"双刃剑"属性,引导学生将网络作为提高自身能力的工具。

第三,帮助大学生树立自我教育意识,增强大学生自我教育能力。自我教育意识和自我教育能力是大学生在参与学生工作相关活动中发挥自身主体性的两大重要维度。鉴于自我教育是大学生发挥主体性的重要途径,作为教育者的学生工作者们需要立足扎实、有效的思想政治教育工作,帮助大学生这一受教育群体树立明确的是非观、善恶观、美丑观,鼓励大学生肯定并坚持自身正确的思想、行为,敢于否定自己,及时改正自身错误言行,从而不断提升自我。

第四,帮助大学生提高自我学习能力和集体学习能力。自我学习和集体学习是大学生获取优质知识资源的两大基本途径。在高等学校学生工作过程中,学生工作者可以通过开展丰富多种的自我学习、集体学习活动,激发大学生发挥自身主体性。需要指出,自我学习和集体学习这两种方式各有优势,需要学生工作者结合具体情况灵活运用。譬如,在大学生初步接触相关知识时,集体讨论、分组辩论等方式有利于大学生更快地入门、更为容易地把握知识内容。同时,大学生在集体学习过程中不仅能够体会到知识的重要性,还能培育团队合作精神。大学生还应该通过积极、自觉地参与社会实践获取知识,促进书本知识的内化。

第五,引导大学生提高自我正面激励的能力。帮助学生实施自我管理、注重自我激励、促进自我提升,是激发学生主体性的重要途径。高等学校学生工作者可以根据教育目标,设立先进典型,引导大学生以先进典型为榜样和模范,激励大学生产生向榜样学习的意识,学习典型和先进,进而帮助其提升自身思想道德品质。

5.3.3 优良学风对大学生主体性发展的促进作用

学风,顾名思义是指一所学校在学习、科研、创新等方面所展现的整体风气。对高等学校而言,由于不同的高校具有不同的发展历史和学科特点,因而各个高校所展现的学风往往蕴含着该校独树一帜的历史底蕴与精神特质。学风是一所学校文化和理念的反映,也是校风的重要组成部分,优良的学风不仅能够提升人才培养的水平和教学质量,更是可以通过以潜移默化的作用方式深刻影响师生,很多毕业于同一大学的大学生往往具有较为趋同的思维方式、价值观念、人生态度,这种良好的风气甚至可以影响学生一生。具体而言,一所学校的优良学风主要有以下功能。

第一,优良学风的激励导向作用。优良的学风能够激励大学生奋发向上、勤奋学习、努力成才;能够鼓舞大学生在完成学业的艰苦过程中坚定意志、战胜困难、克服弱点。优良的学风对学生产生激励作用,能够激励大学生发挥自身的主观能动性,能够激励大学生以严谨求实的态度对待学习、工作,以乐观向上的态度对待生活。优良的学风还将激励后进学生向优秀学生看齐,营造一种比学赶超、共同进步的良好学习氛围。

第二,优良学风的文化引领作用。优良学风是大学经过长期选择、发展和创新而形成的优质文化,是大学群策群力的协作成果,它以制度规范和文化引领为方式,推动大学生群体自觉遵守和积极参与。一所具有优良学风的大学,身处其中的学生必然是深刻体验到大学的核心价值,在大学核心价值的渗透和引领下,学生能够理解和认同学校文化,日益规范自我行为,进而崇尚科学,自觉学习[①]。

第三,优良学风的约束规范作用。优良学风对大学生还具有约束规范的作用,能够帮助学生形成内心的一种自我监督意识。在优良学风熏陶下,大学生能够以较高的标准要求自己并衡量自身的学习状况,在学习过程放松懈怠时,会自觉意识到自身与他人的差距,并主动纠正自己的懈怠行为,以严格的标准要求自己[②]。

---

① 钟凯雄.优良学风的建构:大学文化管理的旨归与路径[J].华南师范大学学报(社会科学版),2013(04):29-33,159.

② 李晔.大学生主体性思想政治教育实践研究[D].西安:陕西师范大学,2015.

5.3.4　优化学生社团环境

作为高等学校学生工作的重要载体,学生社团具有凝聚力量、引领价值等重要功能。通过组织、开展学生社团活动,高等学校学生工作能够提高大学生的社会实践能力,提升大学生的主体性。具体来说,可从以下四个方面来优化大学生社团环境。

首先,在思想上要重视学生社团工作。高等学校应认识到优化学生社团环境对推进学生主体性的重要作用,在资源、政策上为学生社团工作给予支持、保障。在管理过程中,将学生社团工作纳入学校学生工作,以完备的管理体系规范学生社团发展,引导学生社团运转沿着推进大学生全面发展这一目标指向。在加强大学生社团工作过程中,要不断创新学生社团思想政治教育的活动形式、活动方式,如学生社团可以通过组织学生参与企业实践、知识竞赛以及学术讲座等活动,让大学生接受理想信念教育、社会主义核心价值观教育等,使学生社工作方式更为多样化。

其次,着重通过学生社团发挥学生工作的思想政治教育功能。在高等学校中,党委承担着学校思想政治教育工作的总体职责,而团委则是学生社团工作的实际指导者。团委在开展学生社团管理工作过程中,保证、引导学生社团符合国家政策方针、弘扬社会主旋律。其中,直接参与学生社团管理工作的团委指导教师只有具备优秀的道德品质和较强的领导能力,才能对社团工作中可能存在的问题与不良风气进行整改,采用多样、灵活的方式创新学生社团工作方式,以大学生更易接受的方式开展社团活动。在此过程中,高校党委、团委以及社团活动指导教师等要结合社团和学生的特点来制定社团建设的目标,提高学生社团活动的针对性和目的性,保证大学生在社团活动中更好地提高自身素养。

再次,通过建立完善的制度、增强学生社团对学生主体性的推进功能。大学生社团的有效运行需要以完备的规章制度作为坚实保障。一是要根据学校的培养目标和社团的自身特点制定社团规章制度,尤其要明确社团的宗旨以及社团成员的权利与义务;二是做到社团工作总结常态化,定期对社团成员构成情况进行统计,做好大学生社团的档案留存工作,确保学生社团工作的持续性;三是规范学生社团工作的财务管理制度,对社团活动经费的来源、去向、使用明细及结余进行详细记录,保证学生社团财务管理的公开、透明;四是健全学生社团激励机制,以科学的考核指标来完善社团激励制度,对优秀社团、优秀个人进行精神激励或物质奖励,对违反社团规章制度的成员进行批评教育和适当惩罚,进一步优化学生社团环境。

最后,在学生社团文化建设中突出思想政治教育引领。社团文化是一个学生团体中成员精神面貌的集体呈现,是学生社团的活的灵魂。优质的学生社团文化对于加强大学生思想政治教育具有积极影响。社团文化建设中首先要培育大学生的集体主义精神。当前,在大学生群体中,依然存在着个人主义、利己主义等不良风气。对此,社团文化建设要着力引导大学生树立正确的价值观念,将集体主义思想融入社团文化建设中,一方面在社团活动中让大学生认识到团队合作的重要性,感受到集体主义的强大魅力;另一方面,社团活动的组织者要身体力行,发挥模范带头作用,推动整个社团的发展,增强社团的凝聚力、向心力,以此在社团文化建设中推进高等学校学生工作。

总之,高等学校学生工作要遵循主体性原则,凸显人文色彩,努力实现大学生的自然属性和社会属性、共性和个性的辩证统一。大学生是教育的对象,应当受到学生工作者的关怀。高校学生工作既需要提高大学生思想道德修养,也需要服务大学生的物质利益、心理需求。尽管高校学生工作的目标和要求在教育实践中是一致的,但由于每个学生的个性特征不尽相同,因此在教育方式、方法的选择上就要因人而异,要根据不同的个性特征选择相应工作方法,做到共性和个性的统一。作为一项有目的、有计划的教育活动,高校学生工作应当利用大学生的理性因素实现教育目标,同时积极发掘并利用大学生的非理性因素如情绪、情感等,取得意想不到的效果,这就是理性和非理性的统一。总之,高校学生工作尊重主体性原则、突出人文特色,在本质上就是要关注大学生生活,采用贴近生活和实际的教育方式方法开展工作教育,给予大学生更多的人文关怀。

5.4 实施劳动教育和工匠精神培育

5.4.1 劳动与劳动教育

马克思认为"全部人的活动迄今都是劳动",劳动是人的本质。俄国教育家乌申斯基说:"劳动是人类存在的基础和手段,是一个人在体格、智慧和道德上臻于完善的源泉。"《中国大百科全书》教育词条认为,劳动教育的目的在于使学生树立正确的劳动观点和劳动态度,热爱劳动和劳动人民,养成劳动习惯。徐长发教授认为,劳动教育包括劳动思想观念的教育、劳动技术知识和劳动技能的教育。劳动是一个发展的概念，不同的时代劳动的内涵也不尽相同，因而扎根劳动实践的劳动教育也会烙上时代的印记。劳动教育要积极回应时代发展与人的发展的诉求。我们的教育方针是培养德智体美劳全面发展的社会主义事业建设者和接班人。劳动教育是全面贯彻党的教育方针的基本要求，是培育和践行社会主义核心价值观的有效途径。

5.4.1.1　新时代劳动教育

劳动教育是中国特色社会主义教育制度和国民教育体系的重要内容，是学生成长的必要途径。党的十八大以来，习近平总书记高度重视劳动教育，特别是在全国教育大会的讲话中，他再一次强调劳动教育的重要性，强调要在学生中弘扬劳动精神，教育引导学生崇尚劳动、尊重劳动，懂得劳动最光荣、劳动最崇高、劳动最伟大、劳动最美丽的道理，长大后能够辛勤劳动、诚实劳动、创造性劳动。中共中央、国务院印发《关于全面加强新时代大中小学劳动教育的意见》（下文简称《意见》），对新时代劳动教育做了顶层设计和全面部署。对高校来说，要充分认识劳动所具有的树德、增智、强体、育美等多维价值，加强新时代大学生劳动教育。

（1）培育新时代大学生正确的劳动价值观

马克思、恩格斯分别从历史唯物主义、政治经济学和教育学原理三个维度对劳动价值观进行过十分重要的理论解释。历史唯物主义强调，劳动创造世界、劳动创造历史和劳动创造人本身；政治经济学强调，劳动是商品价值的唯一源泉，劳动剥削是资本主义的社会本性，按劳分配是实现社会正义的重要原则；教育学原理则强调，劳动形成人的本质，劳动是实现人的全面发展的重要途径，教育与生产劳动相结合是社会主义教育的根本原则。马克思、恩格斯对劳动及其劳动价值观的阐述能够给予我们最重要的启示，告诉我们劳动观、劳动价值观决定了劳动教育观，新时代劳动教育的主要使命就是要让学生牢固确立"四个最"的劳动价值观。

青少年阶段是人生的"拔节孕穗期"，最需要精心引导和栽培。要坚持"用劳动创造美丽人生，用奋斗谱写幸福乐章"，在劳动实践中，一方面使学生能够体会劳动的本质，即懂得劳动是什么。让学生牢固树立劳动最光荣、劳动最崇高、劳动最伟大、劳动最美丽的观念；另一方面使学生能够明确劳动的价值，即劳动在人和人类社会中所具有的重要价值。首先，明白劳动的本源性价值，即劳动是创造物质世界和人类历史的根本动力，劳动、劳动者神圣光荣；其次，明白劳动的经济性价值，即劳动是一切社会财富的源泉，按劳分配是合乎正义的分配原则,不劳而获、少劳多得可耻不义;最后,明白劳动的教育性价值,教育与生产劳动相结合不仅体现社会主义教育的本质,而且热爱劳动、参加劳动不仅不会耽误学习,反而能够促进学习,有助于人的全面协调发展。

（2）培育新时代大学生正确的劳动教育观

马克思、恩格斯认为,劳动形成人的本质,劳动也是发生在人身上的教育。教育既承载于劳动,又服务于劳动,一方面教育的目的就是提高人的劳动能力,另一方面承载着教育功能的劳动本身也使人能够不断丰富自己的精神、拓展自己的才能和实现自己的成长。列宁曾指出,没有年轻一代的教育和生产劳动的结合,未来社会的理想是不能想象的,无论是脱离生产劳动的教学和教育,或是没有同时进行教学和教育的生产劳动,都不能达到现代技术水平和科学知识现状所要求的高度。

"教育必须与生产劳动相结合,才是造就全面发展的人的唯一方法",这是马克思对教育与生产劳动关系的精辟论述。"德智体美劳",劳动教育是中国特色社会主义教育制度的重要内容,是教育体系的重要环节,是学生健康成长的价值底色,直接决定社会主义建设者和接班人的劳动精神面貌、劳动价值取向和劳动技能水平。劳动是成功的必由之路,创造价值的源泉。今天,人类劳动的形态已经发生了巨大变化,开展劳动教育也须与时俱进。以《意见》印发为契机,全面构建体现时代特征的劳动教育体系,注意劳动教育的界限,劳动教育始终是与德智体美教育融合在一起的,既不能以劳动教育代替德智体美教育,也不能以德智体美教育混淆劳动教育。重塑劳动教育观不仅能提升学生就业创业能力,还有助于引导受教育者树立正确择业观,涵养不畏艰辛、崇尚奋斗、甘于奉献的精神,自觉将人生理想、家庭幸福融入国家富强、民族复兴的伟业之中,将个人与集体、个人梦与中国梦融合统一的发展共同体和命运共同体,为实现中华民族伟大复兴中国梦接力奋斗。

（3）培育新时代大学生正确的劳动实践观

教育家苏霍姆林斯基认为,"离开劳动,不可能有真正的教育"。劳动教育具有塑造健全人格、磨炼顽强意志、锤炼高尚品格的重要作用,从这个意义上说,新时代弘扬劳动精神、加强劳动教育、重申劳动价值,是对劳动教育本质认识的回归。正如习近平总书记所指出的:"劳动是财富的源泉,也是幸福的源泉。人世间的美好梦想,只有通过诚实劳动才能实现;发展中的各种难题,只有通过诚实劳动才能破解;生命里的一切辉煌,只有通过诚实劳动才能铸就。"真正的幸福应该建立在劳动创造的基础上,建立在努力奋斗的社会实践过程中。离开了劳动创造,幸福就成了无源之水、无本之木。

"纸上得来终觉浅,绝知此事要躬行。"劳动,不仅为幸福实现提供物质条件,而且劳动的过程本身就是一种幸福体验;劳动不仅能为个人创造美好生活,也能给社会创造更多价值。人生的"拔节孕穗期",在青春岁月博观约取,才能在人生旅程厚积薄发。习近平总书记反复强调,要坚持问题导向,把问题作为研究制定政策的起点,把工作的着力点放在解决最突出的矛盾和问题上。新时代高校劳动教育要注重贴近学生实际,把握学生特点,分类施教,在目标、对象、资源、方法等方面精准回应学生的成长成才需求,引导广大青年牢固树立"劳动最光荣、劳动最崇高、劳动最伟大、劳动最美丽"的价值取向,真正将劳动教育落到实处。不单是要教会学生们洗衣做饭、打扫卫生,更重要的是让他们懂得生活靠劳动创造,美好人生也靠劳动创造,从而奠定人生健康成长的基石。

5.4.2 新时代职业院校培育工匠精神的内涵价值

工匠精神,在不同国度有不同称谓,在美国被称为"职业精神",在德国被称为"劳动精神",在韩国被称为"达人精神",在日本被称为"匠人精神"。深刻认识和领会工匠精神的内涵是培育工匠精神的基础和前提。

工匠在传统社会是指有工艺专长的匠人,是技艺、品质、信誉的代名词,受到世人喜爱、敬重、推崇。工匠精神是一种坚守,坚定自己的理想信念;是一种责任,专注于某一事业,全身心投入;是一种追求,一丝不苟,精益求精,追求完美;工匠精神是一种革新,不满足现状,敢于尝试失败,挑战自我,标新立异。工匠精神是职业素养在职业教育领域的具体表现。职业素养是人类在社会活动中需要遵守的行为规范,是在职业活动中表现出的综合品质,包含职业道德、职业技能、职业行为、职业作风和职业意识等方面。

专业、敬业、精业和乐业是职业素养的四个核心内容,专业是基础,敬业是心态,精业是态度,乐业是境界。只有专业才能赢得社会尊重,才能赢得信誉、才能立足市场;只有做到专业,才能谈敬业、精业和乐业。敬业就是心存对职业的敬畏之心,尊重职业,热爱职业,敬业精神不仅是职场的必备素质,更是民族素质的重要内涵。我国古代思想家朱熹说:敬业者,专心致志以事其业也。有没有认真的工作态度,有没有敬业的精神,不仅关系一个国家的精神风貌,更关系国家的强弱、民族的兴衰。敬业不易,精业更难,业精于勤,荒于嬉,只有持之以恒,长期坚持不懈,才能熟能生巧,做到精业。敬业是精业的前提,一个不尊重职业的人,不可能做到精业。乐业,不仅反映的是一种人职匹配的状态,更反映的一种工作境界。孔子曰:"知之者不如好之者,好之者不如乐之者。"只有乐业,才能敬畏职业,勤奋好学,做到精业。总之,四者之间是互为因果、相互依存、相互支撑的关系。

5.4.2.1　工匠精神是立德树人在职业教育领域的重要表现

党的十八大提出教育的根本任务在于立德树人。关于成人成才与职业道德的关系,中国传统文化对于道德与技术有着深刻的认识。老子曰:"有道无术,术尚可求也。有术无道,止于术。"庄子曰:"以道驭术,术必成。离道之术,术必衰。"《孙子兵法》中提出,道为术之灵,术为道之体;以道统术,以术得道。道是理念,具有抽象性、规律性和相对稳定性;术是方法,讲究因时因地因人因事而变,是能够被反复学习从而提高的事物和本领。"不忘历史才能开辟未来,善于继承才能善于创新。"

5.4.2.2　工匠精神要胸怀祖国,有家国情怀

家国情怀在中华民族传统文化中一直占有极其重要的地位。无论是"天下兴亡,匹夫有责"还是"先天下之忧而忧,后天下之乐而乐"等,都是家国情怀的重要体现。当下要充分理解家国情怀的时代内涵,就是对自己国家一种高度认同感和归属感、责任感和使命感的体现,要认识到每个人的前途命运与国家和民族的前途命运的紧密相连。作为一个制造业大国、并迈向制造业强国的工匠,要树立市场意识、质量意识、竞争意识、服务意思、环境意识,树立科学严谨的态度,一丝不苟的作风,创造中国质量、中国品牌。要把职业当事业,把事业当信仰,化作对党、对国、对民族的忠诚,培育具有鲜明特色的新时代职业信仰精神。

5.4.2.3　工匠精神要具有开拓创新的精神

工匠精神要与时俱进,十八届五中全会提出"创新、协调、绿色、开放、共享"的五大发展理念中,不仅把创新放在首位,而且其他四大发展理念都体现了创新,贯通了创新精神,彰显了创新在中华民族伟大复兴事业中的重要地位。创新是一个民族进步的灵魂,是一个国家兴旺发达的不竭动力,也是中华民族最深沉的民族禀赋。在激烈的国际竞争中,唯创新者进,唯创新者强,唯创新者胜。当前,我国正从效率型国家走向创新型国家,创新型国家需要培育创新型人才,创新型人才不仅需要祖冲之,也需要鲁班,现代大国工匠也需要具有创新精神,在未来的职业生涯中具有革新、创新的能力。时代在发展,技术在进步,市场在变化,面向未来,接受挑战,改革创新是新时

代工匠精神的重要内容。

总之,培育工匠精神,我们既需要继承传统工匠的专业、敬业、专注、坚守、淡泊名利、追求完美和极致等品质,也要体现开放、创新、民主、平等现代性;工匠精神必须赋予时代特色。爱岗敬业、无私奉献、开拓创新是新时代工匠精神的集中表现。

5.4.3 培育和弘扬工匠精神的时代价值

培育工匠精神是职业院校落实立德树人根本任务的要求。培养全面发展的社会主义事业建设者和接班人是教育的首要任务,培育工匠精神是职业教育坚持立德树人和践行社会主义核心价值观的重要体现。职业教育面向人人、面向全社会,培养数以亿计的高素质劳动力和技术技能人才,培养的学生是我国未来产业大军的重要来源,学生的思想道德状况培养的好坏,直接决定了我国产业工人的素质,也关系到国家和民族的未来。十九大报告中指出,建设知识型、技能型、创新型劳动者大军,弘扬劳模精神和工匠精神,营造劳动光荣的社会风尚和精益求精的敬业风气。这就要求把提高职业技能和培育工匠精神高度融合,在培养技术技能人才时,把工匠精神纳入教学中,从人才培养的源头开始,培养爱岗敬业、无私奉献、开拓创新的工匠精神成为教育的核心问题,让学生认识到工匠精神对成长成才的重要性。

5.4.3.1 培育工匠精神也是新时代科学评价技术技能人才的客观要求

培养什么样的人,怎样培养人是教育领域永恒的主题,职业教育服务发展、促进就业的办学方向,要求密切关注人才市场需求,深化供给侧结构性改革。中共中央办公厅、国务院办公厅印发的《关于分类推进人才评价机制改革的指导意见》,明确提出要坚持德才兼备,把品德作为人才评价的首要内容,加强对人才科学精神、职业道德、从业操守等评价考核,倡导诚实守信,强化社会责任,抵制心浮气躁、急功近利、投机取巧等不良风气。健全以职业能力为导向、以工作业绩为重点、注重职业道德和知识水平的技能人才评价体系。

5.4.3.2 培育工匠精神是新时代党和国家加强产业工人队伍建设的现实要求

产业工人是创造社会财富的坚实力量,是创新驱动发展的骨干力量,是实施制造强国战略的有生力量。为推动产业转型升级、中国制造2025、一带一路等战略的有效实施,中共中央、国务院印发了《新时期产业工人队伍建设改革方案》,围绕加强和改进产业工人队伍思想政治建设、构建产业工人技能形成体系、运用互联网促进产业工人队伍建设、创新产业工人发展制度、强化产业工人队伍建设支撑保障等 5 个方面,提出 25 条改革举措,明确提出要造就一支有理想守信念、懂技术会创新、敢担当讲奉献的产业工人队伍。新增产业工人主要由职业院校培养,新时代产业工人建设要求职业院校人才培养过程中重视培育工匠精神。

5.4.3.3 培育工匠精神是产业转型升级的要求

改革开放以来,我国抓住国际产业转移的历史机遇,主动承接国际产业,大力发展出口导向的劳动密集型产业,发展成为世界制造业大国。近些年来,随着新一轮技术革命和产业变革孕育兴起,我国正面临着产业结构升级的关键期,而全球性的技术变革是一个巨大的机遇。然而我国制造业大而不强,科技含量不高,发展日渐乏力,结构调整和转型升级的任务越来越紧迫。这就需要弘扬工匠精神,通过科技创新与技术创新推进制造业的质量升级、技术升级、产业升级,真正实现从量到质、从速度到效益、从旧动力到新动力的更迭转换。

培育工匠精神是国家现代化的要求。党的十九大开启全面建设社会主义现代化国家的新征程,国家的现代化包括物的现代化和人的现代化,但人的现代化是社会现代化的核心和关键。人的现代化首先是观念现代化,造就现代人,首要前提在于培育现代主体意识,而崇高道德理想信念的确立、理想人格的塑造、高尚道德品格的培养,是现代主体意识的核心。技术技能人才的现代主体意识就是工匠精神,要拥有爱岗敬业、精益求精、追求卓越、创新创业的精神风貌。

5.4.4 工匠精神培育与劳动教育的逻辑关系

5.4.4.1 共同的价值取向

工匠精神的核心要义在于对产品质量的追求和超越,是在工作实践中对职业的坚守及对技艺不断地创新。劳动教育的重要意义在于培养完整意义上的劳动者,应该成为全面发展教育的重要构成。劳动教育的最大价值在于引导学生在劳动中养成良好的劳动习惯,培养正确的劳动观念,提升劳动技能。劳动教育与工匠精神的培养在价值取向上有着本质的共同点,即两者都推崇劳动创造价值,追求劳动技能的持续提升。劳模精神是劳动精神的积极呈现,而工匠精神是劳模精神的重要构成要素,也是劳模精神当代品格的核心体现。劳模精神和工匠精神都强调精益求精的敬业态度,恪守干一行、爱一行、钻一行、专一行的职业成长之道。

5.4.4.2 共同的实践依托

无论是工匠精神培养还是劳动教育,其共同的实践依托是植根劳动者现实生活的劳动活动。一方面,工匠精神必定是在丰富的劳动实践中生成、发展起来的,劳动教育是培养学生工匠精神的逻辑起点与有效路径。另一方面,弘扬和培养工匠精神是劳动教育的价值旨归。工匠精神来源于劳动实践,是对劳动实践中职业精神的凝练和升华。劳动教育是为了培养学生良好的劳动品质和娴熟的劳动技能,而这也是工匠精神养成的必经阶段和题中应有之义。

5.4.5 职业院校培育工匠精神存在的问题

5.4.5.1 社会对职业教育认识仍存在偏见

改革开放以来,我国职业教育取得了长足的发展,培养了大批支撑经济社会发展的技术技能人才,但受"劳心者治人,劳力者治于人",视技艺为"奇技淫巧"等传统思想的影响,社会轻视职业教育的观念仍然存在。加之,我国职业教育发展时间短,体系不完善,学生上升空间有限;政府投入不足,办学条件、师资力量配备普遍低于普通学校;在考试招生中,把职业院校放在中招、高招最后批次录取;职业学校毕业生就业率虽高,但就业质量不高,待遇偏低,在择业、升学、落户、报考公务员等方面存在诸多政策限制和歧视。这些问题助长了人们对职业教育的偏见。

5.4.5.2 产业工人的经济待遇和社会地位有待进一步提高

近些年来,党中央国务院越来越重视技能人才工作,把高技能人才队伍建设纳入人才强国战略的总体部署和规划,人人都能成才、技术工人也是人才的观念逐渐深入人心,也采取了一些改善技术工人生活的民生政策,技术工人的生活待遇在逐步提高,但由于我国许多产业仍处于低端,劳动生产率低,生产附加值低,中国技术工人的待遇与发达国家相比还有一定的差距。随着产业转型升级,中国技术工人待遇和地位低的问题必须加以解决,否则人们不愿意当工人,学生不愿意学工科的现象就会出现,中国新生代工匠就可能会出现"断层",弘扬工匠精神就会成为空话,振兴中国制造业和实体经济就可能落空,实业兴国和科教兴国的战略目标就难以实现。

5.4.5.3　传统观念的影响使人们对"工匠"的认可度还有待提高

受"万般皆下品,唯有读书高""学而优则仕"等传统观念的影响,加之封建社会的长期统治,旧中国工业落后,市场有限,技术技能传承固守"教会徒弟,饿死师傅"的理念,匠人长期处于底层社会,得不到社会的尊重,中国工匠没有成为社会主流。在现代社会中,随着现代化工业的发展,现代产业代替了传统手工业、机器代替了人力、产业工人替代匠人,学校教育代替了学徒制教育,师傅、匠人逐渐淡忘。2006 年政府工作报告提出培育工匠精神,人们的认知和接受还需有一个过程,大国工匠精神还需要在理论和实践层面加大探索力度,在国家现代化强国中的重要地位和作用还需要加大宣传力度,其内涵也需要不断深化。

5.4.5.4　培育工匠精神与提高职业技高度融合还缺乏有效途径

培育工匠精神就是树匠心、育匠人、出精品。当前,人们对工匠精神的价值和重要性的认识虽在不断深化,职业院校在思想上把培育职业精神和提高职业技能放在同等的地位,在各种职业教育实践活动中,不断加强了工匠精神的宣传教育活动,如在近三年的全国职业院校技能大赛中,把工匠精神纳入比赛内容,职业教育活动周也充分展示工匠精神的魅力。但总体来看,职业院校培育工匠精神的理论准备不充分,培育的途径和手段仍处于探索之中,课程教学中反映培育工匠精神的内容还有限,提高职业技能与培育工匠精神有效融合还处于探索阶段,还未形成体系化、制度化的格局。

5.4.5.5　产教融合与校企合作的深度还不利于培育工匠精神

工匠精神是职业教育领域的职业精神,职业精神顾名思义就是从事具体职业需要体现的精神价值和精神风貌,是企业制胜的法宝,是民族振兴的利器。工匠精神是在具体的职业活动中予以体现的,离开了具体的职业环境,工匠精神也就失去了生存的土壤。工匠精神的培育离不开真实的环境,需要开展工作场所教育,需要加强产教融合和校企合作。新时代,我国职业教育产教融合、校企合作取得了长足的发展,但由于受体制机制的约束,产教融合和校企合作还有待进一步深化,企业作为重要办学主体的实现形式还有待落实,其作用还未充分发挥,现代学徒制还处于示范推广阶段,依托工作场所教育培养工匠精神的作用体现不充分。

5.4.6 工匠精神培育融入学生劳动教育的路径选择

党的十九大报告指出要建设知识型、技能型、创新型劳动者大军,弘扬劳模精神和工匠精神,营造劳动光荣的社会风尚和精益求精的敬业风气。对于高职院校而言,如何针对基础教育阶段劳动教育断层、劳动意识与劳动习惯缺失的学生开展系统的劳动教育是必须要直面的问题。

5.4.6.1 把握劳动教育的时空逻辑

劳动者工匠精神的养成非一日之功,学校劳动教育的是为学生未来的职业发展奠定坚实基础,这个基础既包括技术技能的积累,也包括其他关键能力及核心素养的培养。根据高职院校的办学定位和人才培养目标,其劳动教育内容主要是关注学生劳动意识的强化、劳动价值观的塑造、劳动综合能力(指专业技能、生活技能与创新能力)的提升。从人的认知与成长规律来看,三个层面是逐步递进的逻辑关系。但是从实际情况观之,三个层面并不是绝对割裂的,并不必然遵循依次递进的序化逻辑,而是在不同的时间、空间场域呈现不同的主次关系。因此,要充分考量学生在不同成长阶段的发展需要,分阶段、分层次确定劳动教育的目标、内容与形式。

从时间维度来看,一年级学生成长面临的主要问题是如何更好、更快地适应大学的学习与生活方式。此阶段劳动教育的重点应该以培养、强化学生的劳动意识为主,即培养学生尊重劳动的意识、态度和习惯。二年级学生所处的发展困境主要是"能力养成",即如何实现学生劳动技能与劳动态度、劳动精神、劳动习惯的融合。此阶段劳动教育的重点是以塑造学生正确的劳动价值观为主,即在专业学习中形塑学生热爱劳动的情感和意志。三年级学生成长中的烦恼则主要是如何应对职场与社会的挑战。此阶段劳动教育的重点则是聚焦"善于劳动",以职业精神培养与劳动技能的提升为主。

从空间维度来看,需要处理好两对关系,也就是课内与课外、校内与校外的关系。首先,要正确把握课内与课外的关系。课堂是教育的主阵地,是培养学生劳动技能与劳动习惯的重要场域。但课堂的时空局限限制了其功用的发挥。因此,要延伸劳动教育的"课堂",于课堂而又不完全拘泥于课堂的课外实验实训、社会实践等活动不仅延续了课堂教学效果,也丰富了劳动教育的形态和结构,深化学生对劳动实践的体验,促进其对劳动价值的理解和内化。其次,要正确把握校内与校外的关系。校内是教育的主渠道,是开展不同形式劳动教育的"主战场"。劳动教育应该超越学校的空间局限,不断向校外拓展,形成校内外同频共振的劳动教育生态。无论是在校生还是职业人,企业、社区等都是培养他们知行合一、吃苦耐劳等优秀劳动品质及责任担当、乐于奉献精神的重要基地。

5.4.6.2 职业院校营造劳动教育和培育工匠精神的教育教学环境

当前,企业用人需求把爱岗敬业、吃苦耐劳、诚实守信、团队协作等品质放在第一位,国家也提出把"立德树人"作为教育的根本任务,职业教育要把提高职业技能和培育工匠精神有机融合。职业院校要加强校企合作,构建校企协同育人的制度和环境。

在教学环境上,做到产业文化进教育,工业文化进校园,企业文化进课堂,校企共建生产性实训基地、技术服务和产品开发中心、技能大师工作室、创业教育实践平台等。

在实训教学环节上,加强理实一体化实训中心建设,按照企业真实的技术和装备水平设计理论、技术和实训课程,让学生在真实环境中真学真做掌握真本领,让学生在真实的环境中感受到职业氛围。

在课程教学中,广泛采用理实一体化课程,对接最新职业标准、行业标准和岗位规范,紧贴岗位实际工作过程,调整课程结构,更新课程内容。

在教学方式上,通过真实案例、真实项目激发学习者的学习兴趣、探究兴趣和职业兴趣。

总之,通过全员、全过程、全方位加强对学生职业素养、工匠精神、创新精神的培育,让学生在锤炼技能的同时,将职业素养、职业精神、创新基因深植于心。

5.4.6.3 完善劳动教育的体系建构

劳动教育是大学教育中不可或缺的重要部分,是实施素质教育的重要内容,促进学生全面发展、主动发展、可持续发展是其永恒不变的目标与追求。劳动教育的独特价值在于其可以促进学生在劳动体验中益德、益智、益美。高职院校要完善劳动教育体系,为学生提供适合的劳动教育。

一是完善课程教学体系。将劳动教育纳入人才培养方案,结合学校特色、专业特点开设校本劳动必修课程,设置必要学分,挖掘其他课程中劳动教育思想元素,将劳动教育与专业技能教育和生活技能教育相融合。变革传统教师单向主导的教学方式,以互动式、启发式、体验式教学方法,引导学生真参与、有收获。

二是完善实践活动体系。构建境域化的劳动实践模式,促进劳动教育回归学生的日常生活。通过搭建多元平台、创设真实情境,立足学生的生存与发展需要,让学生的劳动情怀在实践体验、文化浸润中不断生发、成长。联合企业开展丰富多彩的劳动主题教育和劳动技能竞赛活动,如开展劳动活动周、技能竞赛月、职场(企业)岗位体验等活动,唤醒学生被遮蔽的劳动情感。

三是完善综合素质评价体系。以成长档案的形式动态记录学生的劳动认知、行为习惯以及在劳动与实践活动中的表现,并将其纳入综合素质评价体系,通过外在的"他律"强化逐步实现学生的"自律"内化,从而导引教育回归培养完整的人这一教育的本质与初心。

5.4.6.4　重视企业实践中对工匠精神的培育

工匠精神反映的是工匠在实践中爱岗敬业、精益求精的工作作风和精神境界,而且各行各业的工匠精神的内涵和要求是不一样的,离开了具体工作场所,工匠精神就难以有效培养。职业精神属于默会知识,需要在具体的工作场所去学习、领会和体验,需要优秀技术技能人才的示范和引领,培育工匠精神最有效的形式是现代学徒制。职业院校工匠精神的培育必须重视学生的企业实践或顶岗实习,通过认知实习、跟岗实习、顶岗实习等形式,在真实的职业环境中,了解企业规章制度,熟悉企业岗位职责和技术操作规范,在潜移默化的过程中学习优秀员工的优良品质。在对实习企业选择上,要选择具有行业代表性、技术水平先进性、管理规范性的企业;在顶岗实习或现代学徒制中,企业要安排爱岗敬业优秀的技术技能人才指导学生,对学生技术技能评价中应将体现职业特点的工匠精神纳入评价范畴。

5.4.6.5　通过师德师风建设引领工匠精神

"教师承担着传播知识、传播思想、传播真理的历史使命,肩负着塑造灵魂、塑造生命、塑造人的时代重任"。习近平总书记要求广大教师争做"四有"好教师,全心全意做学生锤炼品格、学习知识、创新思维、奉献祖国的引路人。要健全师德建设长效机制,创新师德教育,完善师德规范,强化师德考评,发掘师德典型、弘扬师德楷模,引导广大教师以德立身、以德立学、以德施教、以德育德,坚持教书与育人相统一、言传与身教相统一,从而引导学生树立正确的人生观、价值观和世界观。职业院校培育具有工匠精神的现代职业人才,教师既要遵守作为教师要求的师德,也要遵守行业职业道德,即遵守工匠之师的职业道德;教师既要引领学生思想道德,也引领学生的职业道德,要加强专兼职结合的"双师型"教师队伍建设;既要重视校内专任教师师德的引领作用,也要重视外聘兼职教师的育人功能;不仅要重视对专任教师的考评,也要重视对兼职教师的选聘。

5.4.6.6 形塑崇尚"工匠精神"的校园文化和风尚

根据职业教育的发展规律和技能型人才的成长规律,企业也是重要的育人主体。如何实现职业文化(企业文化)与校园文化的互动融合是高职院校校园文化建设永恒的课题。劳动教育应该是实现两种文化交融的最好"黏合剂"。因为无论是企业文化还是高职校园文化,其共同的价值共识是专业、敬业和乐业。因此,要形塑以崇尚"工匠精神"为内核的校园文化,让凸显鲜明职业文化的劳模精神与工匠精神成为校园文化建设的主流与风尚。对于高职院校而言,既要弘扬质量文化,聚力推进内涵式发展,不断提升教育教学质量,深化校企合作,提升人才培养质量,也要厚植工匠文化,培育严谨认真、积极向上的校风,引导教师成为践行工匠精神的表率,推动劳模精神、工匠精神宣传进校园、进教材、进课堂,结合校情、学情组织各类学习与实践活动,宣传劳动模范和高素质劳动者的突出事迹和重要贡献,让学生深刻体悟劳动的价值与意义;更要完善激励机制,对在学习活动、实践活动、技能竞赛中表现优异的学生通过多种形式的仪式教育给予表彰和奖励,挖掘师生中的各类典型、模范和榜样予以深入宣传报道,营造"崇尚劳动、尊重劳动、热爱劳动、锤炼技能"的校园文化氛围。

培育大国工匠不仅要提高他们的待遇,更重要的是全社会形成尊重工匠的氛围。培育和弘扬工匠精神,需要制度文化再造。培育大国工匠,弘扬工匠精神,首先充分认清、高度重视工匠的作用,重视政策的导向作用,树立高技能也是人才的观念,也有获得特殊待遇的资格,在全社会形成尊重技能人才、认同技能人才、争当技能人才的主流价值观念;其次,着力开辟优秀技能人才在学历提升、职务晋升、选拔提干等职业生涯的上升通道;再次,完善技能人才的评价机制与优秀技能人才奖励制度,大力评选表彰和宣传杰出技能人才,充分展示优秀技术技能人才风采,树立工匠精神先进示范;最后,要加强开展形式多样的宣传活动,继续办好职业教育活动周、职业院校技能大赛等活动,开展"大国工匠"等品牌宣传活动,全社会形成尊重劳动、尊重技术、尊重创造的良好氛围,营造劳动光荣、技能宝贵、创造伟大的社会氛围,使技术工人获得更多职业荣誉感,让劳动最光荣、劳动最崇高、劳动最伟大、劳动最美丽的价值追求蔚然成风。

5.4.6.7 构建多方合力的社会支持系统

学校劳动教育的弱化、边缘化,其重要原因在于全社会对职业教育误解及对体力劳动的偏见。若社会对体力劳动及工匠的认知有偏差,劳动教育将始终缺乏深厚的群众基础和生存土壤。要走出当前的困局,除了高职院校要主动作为,也离不开政府、新闻媒体和企业的多方参与。对于政府来说,要完善顶层设计,发挥好政策的主导作用。在加大对高职教育资源投入的同时,要进一步完善现代职教体系,贯通人才成长立交桥,增强职业教育的吸引力,完善国家层面的工匠精神培养制度建设,提升高技能人才和高素质劳动者的待遇。人社部颁发的《国家职业技能标准编制技术规程(2018 年版)》将工匠精神和敬业精神内涵融入国家职业技能标准中,作为职业道德要求的重要内容。2018 年,中共中央办公厅、国务院办公厅印发了《关于提高技术工人待遇的意见》,重点围绕技术工人培养、使用、评价、激励和保障等环节做出了详细的规定。这些举措都将有力促进高职教育的可持续发展和高职学生的全面发展。对于新闻媒体来说,要坚持和引领正确的社会舆论方向,大力宣传劳动模范、大国工匠,弘扬劳模精神、工匠精神,助力形成尊重知识、尊重劳动、尊重劳动者的社会氛围,发挥好价值引领的作用。企业作为重要的育人主体,要发挥好学生能力形成中的重要作用,利用产教融合、校企合作平台,主动并且深度参与高职院校教育教学全过程,以现代学徒制培养模式为载体,为学生提供真实的工作场景和劳动文化氛围,强化学生在岗位体验中的匠心培育,增进学生对精益求精的工匠精神的理解和认同。劳动教育社会支持系统的构建与完善,有助于增强高职学生在劳动实践中提升综合能力的信心,有利于培养学生正确的劳动观、成才观,也有助于激励学生做现实生活中的实干家,在劳动实践中生成、发展适应未来工作世界和技术变革的关键能力以实现自我增值,成就出彩人生。

5.5 深化职业教育校企文化融合

随着我国经济社会的发展、经济发展方式的转变以及产业结构的优化升级,企业对人才质量和规格的要求越来越高,职业教育产教融合、校企合作随之得到了较快发展。然而随着发展的推进,融合(合作)的层次和深度难于深化,所培养的人才仍难以满足经济和企业发展对人才的需求。究其原因,其中一个重要的问题是在产教融合和校企合作过程中,忽视了校企文化价值观的相互对接和融合。

5.5.1　职业教育校企文化融合重要意义

职业教育校企文化融合无论是对职业院校,还是对企业而言都有着十分重要的价值和意义。

5.5.1.1　校企文化融合有利于提高学生素质,并向职业人转变

在校企合作中将企业文化引入职业院校的课程内容、学生管理和实训基地建设以及学校的教育教学管理中,能使学生深入了解企业环境和生产过程的职业特性,了解企业的行为规范和标准,认识自己与企业职工的差距,以便在学习过程中激发自己的学习热情和潜能,逐渐向职业人靠拢。同时校企文化对接不仅可激发职业院校学生的学习热情,还可塑造学生的良好品德,增强学生的社会适应能力,培养学生的企业家精神和创新精神。在校企文化融合中,用真实的职业文化氛围来熏陶学生,能使学生养成爱岗敬业、恪尽职守的思想品德、团结协作的合作精神等必备的职业素质,并在今后的学习和工作中形成服务行业的使命感和紧迫感,以职业人的形象更好地服务社会,实现由学生向准职业人的转变,从而成为新的具有较高文化素质和技术技能的应用型人才。

5.5.1.2　校企文化融合有利于产教融合和校企合作的深入发展

职业院校大多服务于特定的行业与企业,具有浓厚的行业色彩,"立足行业、服务企业"既是各职业院校的办学宗旨,也是职业教育文化的体现。校企文化融合对于打造职业院校人才培养的特色和品牌,提升职业教育的核心竞争力,有着重要的实践意义。现如今职业院校、行业、企业虽然在产教融合和校企合作上开始了对接与融合,但在融合方式或融合深度上还需进一步深化。将优秀的企业文化尽快引入学校文化,并实现全面融合,能进一步培养学生"职业人"的综合职业素养,更好地推动工学结合、校企合作的深入发展。通过校企文化的融合,可使职业院校和企业之间的合作实现由浅入深、由外向内、由物质向精神转变,不仅能加快产教融合、校企合作的进程,更能增进融合的深入程度。

5.5.1.3　校企文化融合有利于形成更具特色和竞争力的职业院校文化

职业教育文化是职业院校的灵魂和旗帜。做好职业教育校企文化融合,能够使职业院校在与企业的合作中寻求提高自身软实力的文化元素,弥

补校园文化建设的不足,不断完善自身的院校精神,寻找到适合职业院校发展的文化建设之路,创建具有职业特色的院校文化和品牌;通过校企文化融合可推进我国现代职业教育体系的建设,在校企合作中重构职业院校的文化特质。总之,将企业文化融入职业院校的文化中,并给予院校文化建设的必要指导,才能形成职业院校真正的特色文化,构筑起职业教育快速发展的文化软实力,不断提升职业院校的办学水平与实力。

5.5.1.4　校企文化融合有利于企业真正获得自身发展需要的人才

企业是吸纳职业院校毕业生就业的主体,通过校企文化融合,能真正实现企业对职业教育的影响,使企业的团队意识、协作意识、竞争意识更好地融入学生的职业素质中,从而使企业能从职业院校中获得更快更好适应岗位需求、实现企业自身价值需要的人才。同时,可使职业院校充分感悟到企业的职业环境,做好专业设置与建设,完善人才培养方案,实现专业建设与岗位发展的有效衔接。企业的发展离不开人才,而校企文化的融合,不仅可以让企业给学校输送企业的先进理念和优秀文化,更重要的是,可让学生更快更好地吸纳企业文化,尽快适应企业发展的需要,使企业真正获得自身发展需要的专业性人才。

5.5.1.5　校企文化融合有利于节约企业经营成本

有学者认为企业在职业教育校企文化融合的对接过程中,可以近距离地对学生进行了解、观察和评价,最大限度地降低企业挖掘、发现、获得人才的成本。同时,可对毕业生进行具有企业文化精神特色的岗前培训,保证学生毕业即可上岗,上岗即可独立开展工作,工作又可持续发展,大大缩减了新员工的培训时间和上岗适应时间,增强了员工的持续使用与发展,有效降低了人力资源的培养费用和成本。可见,企业通过校企文化融合平台,参与院校办学,不仅可以增强企业文化对学生的影响,更能使企业从职业院校中持续地获得自身需要的新员工、节省新员工的培训费用、降低经营成本,这是企业既高效又经济的一项投资策略。

5.5.1.6　校企文化融合有利于企业文化的完善和可持续发展

企业文化是企业发展的灵魂,对于保障企业各项工作顺利、持续发展具有重要意义。基于校企合作的双方文化融合,可很好地强化企业的文化建设。随着"双师型"教师的发展,许多职业院校的教师不仅只有教师这一身份,他们还兼职企业的管理骨干、优秀员工或董事顾问,他们熟知企业的工作流程和管理技能以及发展趋势,在产教融合、校企合作的过程中,他们能将职业院校的优秀文化(比如学生自我管理、自我约束、自我教育)引入到企业的文化建设中;通过融合,增进两种文化之间的交融,可以将学校文化具有的人文性、学术性、科学性、包容性、批判性等特点有效地融入企业的文化中,让企业内部的成员获得职业院校的再教育,既可丰富企业文化内涵,又可提升企业文化品位,将企业建设成为新时期的学习型组织,从而不断充实和完善企业自身的文化,实现企业的可持续发展。

5.5.2 职业教育校企文化内涵的异同性

在校企文化内涵的异同性研究方面,研究者们认为,职业院校与企业作为两种不同文化的物质载体,在所形成的文化中有着各自独特的内涵和本质特征,要实现二者文化的相互对接与融合,必须对二者长期实践形成的相对稳定的文化共性和个性进行细致的分析和比对,从而使职业院校在教育理念和教学实践中实现对学生职业意识和职业道德的培养,使学生能很快认同企业的文化和价值理念。

学者们通过对校企文化内涵和二者联系的研究后认为:一是二者的文化基础相同。它们都属于社会文化,是一种以组织文化、管理文化为主的文化;二是从文化结构上看,都包含着精神文化、物质文化、行为文化、制度文化和技术文化五个层面;三是从根本属性上看,都注重"以人为本",重视人的价值和作用;四是从作用上看,其作用都在于发挥文化软实力的凝聚、激励和导向等作用,从而提高自身的核心竞争力。

学者们在二者文化区别的研究上认为,在目标上,职业院校是以培养人才、科研创新为目标,而企业则是以追求利润为目标。在主体上,职业院校校园文化的主体是全体师生,但最根本的是学生,任务是学习知识和技能而服务社会;企业文化的主体是全体职工和管理人员,但最主要的是职工,任务是为企业创造利润。在工作模式上,职业院校多强调个性化培养,企业则多强调团队合作。在管理风格上,前者强调宽松、弹性的柔性管理,而后者则是以严格的刚性管理为中心。在成果上,前者对理论、技术水平要求较高,后者则更强调产品的实用性。

5.5.3 职业教育校企文化融合模式的研究

随着产教融合、校企合作的不断推进,校企文化融合得到了学界的更加重视。为推进职业教育校企文化融合的研究,学者们对融合模式展开了进一步的深入探索。目前提出的融合模式有以下几种。

一是"订单培养模式"。订单培养过程是校企文化交流、相互作用和融合的渐进式过程,应强化在精神层面、制度层面、角色层面、实训层面、管理层面的校企文化融合,使学生在订单培养期间能更好地接纳企业的管理文化,缩短就业适应期,增强就业稳定性,达到学校、企业与学生三方共赢的结果。

二是"四入培养模式"。即在校企文化融合中,以校园环境建设为载体,实现企业文化"入眼";以课堂教学为依托,实现企业文化"入脑";以文化活动为平台,实现企业文化"入心";以实践教学为历练,实现企业文化"入行"。

三是"四五四重构模式"。即校企文化融合应坚持"四维度、五载体、四体系"的重构。"四维度"即职业院校在校企文化对接中应坚持从精神、制度、行为和物质四个文化维度进行重构;"五载体"即校企文化对接中职业院校可将课程教育、实践教学、校园环境、课外活动、顶岗实习五个载体作为重构路径;"四体系"即在校企文化对接中职业院校可建立内部管理能动、"双师素质"队伍、校内外实训基地、外部合作关联等四个保障体系,从而确保职业院校文化重构的有效运行。

四是"3S融合模式"。即学校、教师、学生协同创新校企文化融合,学校层面主要突出院园融合、系部共建和平台创新;教师层面主要突出跨界互用、师生互动和教学创新;学生层面主要突出项目引领、任务驱动和育人创新,三者协同并进,共同促进职业院校的校企文化融合共建。

5.5.4　职业教育校企文化融合途径的研究

学者对职业教育校企文化融合途径有着不同的认识和思考,他们不同程度地从文化结构、融合节点、评价指标体系或机制建设等角度进行了研究,有相当一部分学者又从物质文化、精神文化、行为文化和制度文化等维度来研究促进和加深职业教育校企文化的融合。虽然融合途径的研究尚感不够典型和规范,但仍有不少的成果。

朱厚望基于协同创新理念提出,通过物质文化、精神文化、制度文化和行为文化的互动,使校企文化在融合的过程中既保持各自重要而优秀的文化特征,又在整体上实现双向互动、优势互补、协同创新,推进校企文化实现全面深度的有机融合。

贾丽霞提出校企文化应融通互通,在求同、共融、尊规、同境的思路下,职业院校校园文化建设需在精神文化、物质文化、制度文化以及行为文化建设上引入企业文化建设的共通元素,共同建设,共同发展,培养道德品质高尚、职业技能精湛且能上岗顶用的高端技术技能人才。

　　刘洪让通过对职业教育校企文化融合平台的探究,提出建立实习及实训基地平台、课堂教学平台、网络平台、大型技术文化节活动平台、学校宣传平台等融合平台,用于促进两种文化的渗透融合,从而实现在提高职业院校文化内涵建设的同时提升企业的核心竞争力。

　　袁振鹏、李梓烽等认为可以通过以精神文化为核心、以物质文化为基础、以制度文化和行为文化为抓手、以课程设置为亮点、以实践教学为桥梁、以校园文化活动为平台等途径来实现校企文化的深度融合。

　　还有学者基于"双主体"的办学模式,提出坚持"以人为本、优势互补、持续创新、系统推进"原则,通过特色化、情景化、制度化的多元化路径,实现校企文化的深度融合。有的学者提出校企文化的融合必须以对接为基础、以整合为关键、以引领为跃升,突出职业院校在校企文化融合中的主体地位与主动精神,在职业院校文化自觉与文化自信的基础上实现校企合作的发展与深化。

　　李良、罗玲云基于二者文化的割裂性、趋同性、异化和媚俗化等提出应以明确规划为方向策略,以主动选择为机制策略,以动态深入为机理策略,以节点对接和分层塑造为途径策略来推进职业教育校企文化的融合。

5.6　改进学生工作的方式方法

　　由于当代高等学校学生工作的主体、对象、环境均发生了不同程度的变化,因而传统的学生工作方式所能发挥的实效性较为有限。过去的一些学生教育管理内容、方式,注重单向灌输、说教式,忽视了大学生个体的实际需求,难以保证大学生将所接受信息内化,不利于大学生全面发展与综合素质的提高。因此,要充分利用现代教育方法来开展高等学校学生工作势在必行。开展学生工作的基本前提在于教育者与大学生之间的平等交流。要使教育者和受教者处于平等相待、良性互动的状态中,为学生工作者和大学生之间搭建一种平等对话的沟通机制。在与学生的平等对话过程中,学生工作者要真情相待,对学生动之以情、晓之以理,做到以理服人,从而使学生工作深入人心,贴近学生。为此,学生工作必须结合实际情况,在继承传统工作方法的基础上进行创新。与此同时,学生工作者要将职业发展、社会认同和学生工作的重要特征结合起来,对职业、学生和学校更加敬业,在工作中更加专业和投入①。

5.6.1 注重传统思政教育与新媒体思政教育的结合

大学生思想政治教育是高等学校学生工作体系中的最重要的部分。网络新媒体的迅速发展对传统思想政治教育的理念和方式带来了冲击和挑战,同时也为当前高校学生工作特别是思想政治教育带来机遇。作为高等学校学生工作者,借助新媒体传播优势,丰富教育方式与手段,推动传承传统思想政治教育和新媒体思想政治教育的结合,是加强新形势下思想政治教育的必由之路。

5.6.1.1 要构建传统思政与新媒体思政相结合的新型思想政治 教育体系

新媒体技术已经成为思想文化信息的集散地、社会舆论的放大器和意识形态较量的重要战场②。整合新媒体思想政治教育育人平台,充分利用微博、微信、QQ 等,搭建教育者与学生交流互动交流平台,开拓网上思想政治教育阵地,通过网络平台加强与学生的交流,帮助学生答疑解惑,启发学生积极思考,解决学生思想问题,提高思政教育的实效性和针对性。网络具有开放性,它完全打破了原有国家、社会之间的限制,将世界各国都紧密联系起来,不同意识形态之间的思想碰撞和文化冲突达到前所未有的程度。一些别有用心的西方国家借此机会通过网络平台对我国进行意识形态的渗透,大肆宣扬西方的文化理念、政治制度等,散布影响社会稳定的言论和信息,以此来削弱我们对马列主义等主流思潮的信仰,淡化我们的民族意识。部分思想和三观尚未成熟的大学生在如此强烈的多元文化碰撞下逐渐迷失了自我,对原有的主流理想信念产生怀疑,造成他们政治观念的淡漠、价值观念的偏离,出现极端个人主义、拜金主义等问题。

作为高校学生管理人员,必须抢占网络高地,通过网络平台创建理论专区,构建思想政治教育阵地。

一方面,高校学生管理人员应高度重视大学生网络民意的表现,密切掌握大学生的思想动态,对于大学生所关注的热点、难点问题在网上给予及时

---

① 约翰·H. 舒,苏珊·R. 琼斯,肖恩·R. 哈珀. 学生服务:高校学生工作手册[M]. 徐瑾,译. 上海:复旦大学出版社,2015:538-539.

② 程波、马炳涛. 国际化视域下学生工作的挑战与应对:基于北京 10 所高校的调研[J]. 思想教育研究,2015(7):100.

的回应,做好疏导工作。我们应该想办法深入到学生喜欢参与交流和讨论的网上社区、网站和聊天室等,积极与学生互动交流,及时了解大学生的网络情绪。特别是针对一些学生关注的重大政治、意识形态等敏感问题要及时在网上进行旗帜鲜明的正面引导,在引导过程中要注意坚持柔和的交流态度,言之有理,言辞恳切,力求把一些尖锐的矛盾化解在萌芽状态。同时,要尽可能团结好网络中的骨干活跃人员,在网上敏感话题的争论中,网络上的骨干活跃人员的行为对普通网民有巨大的影响力,要积极发挥他们的正面影响力,教育和带动更多的网友理性、成熟地思考问题。

另一方面,要建立网络舆论突发事件应急机制。突发事件发生后,通过网络广泛、迅速、覆盖面大的信息平台将真实情况直接发送给每一位同学,提高组织传播的效率,减少信息在多层传输过程中的人为减损,防止学生被不实信息误导煽动而引发更大的混乱。

5.6.1.2 要梳理传统思想政治教育的优良传统

把理论性的思政教学内容通过新媒体形式表达出来,发挥新媒体形式多样、传播速度快、普及范围广等优势,便于学生接受和内化。同时加强对学生的人文关怀,了解学生个性心理特点,准确把握学生需求,切实增强思想政治教育的效果。

首先,增强学生网络法制意识,加大网络文明建设力度。当前,我国关于网络的相关法律法规并不完善,高校对大学生网络法制意识与网络文明的宣传教育力度不足,加上对大学生的网络行为缺乏正确、有效的引导,导致大学生网络法制与网络文明意识普遍不强,从而造成大学生网络行为规范的缺失。高校作为大学生网络法制与文明建设的主要场所,并未有效占领网络法制文明系统建设的前沿阵地,未能形成良好的校园网络文化氛围。高校学生管理人员要加大对学生开展网络普法教育、网络安全教育和文明上网教育的力度,积极引导学生以遵纪守法为荣,对有关网络法律问题进行主动思考,如利用社会上的一些典型案例教育学生触犯网络法律所应承担的法律责任,以示警醒;同时,可在学校相关网站或 BBS 社区上开辟寓教于乐的法制教育网页,设立在线互动答疑等栏目,发动学生积极参与对网络违法现象与不文明行为的深入探讨,在潜移默化中提升大学生的网络法制与网络文明意识。

其次,必须坚持他律与自律有机结合,倡导在学生群体中形成互相监督,合法文明使用网络的氛围。杜绝学生对网络违法与不文明行为的包庇与谅解,使学生分散的网络文明行为凝聚成有组织的共建网络文明的行动。应充分发挥学生党员的模范带头作用,培养一支政治立场坚定、作风正派、网络技术过硬的学生党员队伍,充当网络文明使者,利用他们来自学生当中便于与学生沟通、易于被学生接受认可的优势,引导好大学生的主流价值观,使他们肩负起宣传网络法律法规、倡导网络文明的重任。

5.6.1.3 提高思想政治教育工作者对新媒体的运用和管理能力

学生工作者在思想政治教育中承担着重要角色,他们对新媒体信息化平台的掌握、运用和改进创新,体现着思想政治教育与时俱进的时代特征。因此,提高运用媒体网络技术的能力,已成为学生工作者必修课程。学校可以通过开展新媒体运用技能培训、新媒体使用交流会、各类沙龙等方式,帮助学生工作者树立新媒体育人的思想意识,提高开展新媒体思想政治教育的能力。

高校学生管理面临的环境发生了变化,网络信息技术的快速发展向传统的高校学生管理理念与方式提出了新的要求,这是新时期高校学生管理工作必须正视的现实环境。学生管理人员要想有足够的能力应付在新的教育管理环境中出现的新问题,必须强化自身的信息素质,提高现代网络技术应用的能力,才能充分利用网络资源优势,拓宽高校学生管理工作的空间,增强学生管理工作的针对性和实效性。

作为高校学生管理者,要抢占网络高地,建立属于自己的网络构架。注意网络社团、BBS社区、微博、QQ等网络媒介在工作中的运用,努力实现班级管理网络化,提高工作效率,使大学生表达的意见更有机会直接接近管理中心,从而改变以往信息不畅,具体管理工作、措施与现实脱节的被动局面,增强学生管理工作的针对性和科学性。此外,基于传统的教育理念,学生对老师都既敬又畏,在老师的面前难以敞开心扉,真实地表达自己的所思所想。而网络隐秘性与虚拟性的特征使网络交流少了现实中面对面交流的尴尬和顾忌,现在大部分学生都热衷于通过网络平台来表达自我,很多时候都会把自身的心情、心态或者对事件的观点及时通过网络来宣泄。这样的情况导致管理者对学生的思想难掌握、问题难发现,久而久之师生关系也由此而渐行渐远。多关注学生在网络上发表的信息,可以及时掌握学生的思想动态,从而对症下药,将一些不良的思想遏制于萌芽状态。

随着信息时代的到来,互联网用其多种功能不断地丰富着人们的生活和阅历,将各种思想和信息有效地进行传播。因此学校在学生的思想教育和管理工作中必将发挥着不可代替的作用。现阶段的很多学校,鉴于学生不断增长的网络需求以及互联网极强的功能,网络平台在学校当中逐渐地被建立起来,在以上提及的两项工作中发挥了不可代替的作用,工作效率也逐渐得到提升。

5.6.2 注重理论灌输与实践引导方法的结合

高等学校的学生工作的展开要围绕着将理论与实践相结合的具体方法而开展。要改变过去重理论、轻实践的教育方式,加强高等学校学生工作对大学生社会实践能力的培育功能,从全面培养社会主义建设者和接班人的角度出发,要重视大学生的实践动手能力,让社会理论知识为社会实践提供理论基础,培育学生具备知行合一的综合能力。在大学生学习过程中,对专业知识的学习占主要位置,但也不能因此忽视对大学生的思想政治教育工作。要努力让学生在获取专业知识的同时,形成良好的道德品质与职业素养,为大学生日后走上工作岗位打下坚实基础。具体来说,要做到三个方面。

第一,重视思想政治理论课的教学,创新思想政治理论课的教学方法,引导学生通过参与社会实践活动践行社会主义核心价值观,专业课任课教师在授课过程中也要穿插思想政治教育的内容,实现思政课程向课程思政的全面推进。

第二,高等学校学生工作要积极组织丰富多彩的社会实践活动,并通过辅导员及专业课老师的引导,扩大学生参与的广度,使学生在参与社会实践的过程中磨炼意志,提高认识问题、分析问题和解决问题的能力。

第三,在理论传输和实践引导的过程中,要充分利用网络新媒体技术,改进高等学校学生工作方式,通过微博、微信、QQ 等平台的作用,让学生在课余时间也能置身于网络随时随地接受思想政治教育,在社会实践的过程中培育自身的能力。只有大学生认同了,才能充分发挥网络平台的作用和实效。

在理论与实践相结合的过程中,革新学生工作的方式方法,通过增强高等学校学生工作网络平台的建设,以此提高学生的理论水平和综合实践能力。

5.6.3 注重专业课程与文化认同教育的结合

"在多种文化价值导向传播浪潮的侵袭之中,高等学校思想政治教育所承载的主流文化认同不同程度地表现出传播的低效和边缘感。"因此,高等学校思想政治教育要注重将文化认同教育与专业课程教育相融合,创新学生工作尤其是思想政治教育工作的方法,发挥高等学校学生工作的功能与作用。当前,高等学校的学生工作面临着前所未有的挑战,文化认同的教育问题不断涌现。大学生盲目认同西方文化,认为西方的制度更加健全,热衷于过"洋节",这都是当代大学生缺乏文化认同、文化自信的集中表现。少数学生甚至对当前我国的社会现状产生悲观情绪,对本国文化了解甚少。这就要求高等学校学生工作将引导大学生建立文化自信、增强文化认同作为一项重要的工作任务。具体来说,从以下两个方面着手。

一方面,发挥课堂主渠道作用,结合学校自身特色以及专业课程的特点,将文化认同与专业课程有效融合。在专业课程中增加传统文化、校园文化等丰富多样的内容,实现在专业课程上建立学生的文化自信,增强文化认同,进而提高思想政治教育的实效性。

另一方面,整合教师、学生、教材、校园文化环境这四大要素,坚持文化认同教育与课程教育相结合的原则。学生工作是一个持续变化的动态系统。在这一系统中,学生工作者和学生都是主体,但同时要重视教材和社会环境这两个因素。要使大学生增强文化认同,不能忽视教材内容的科学性,社会环境则是增强大学生文化认同的助推剂。

5.6.4 实施"课程思政"育人,充分发挥协同育人机制作用

加强大学生思想政治教育,落实立德树人根本任务,培养有理想、有本领、有担当的高素质专门人才,是高校义不容辞的职责和使命。习近平总书记在全国高校思想政治工作会议上也强调指出:"要充分发挥课堂育人主渠道"。"课程思政"是落实"把思想政治教育工作贯穿教育教学全过程""使各类课程与思想政治理论课同向同行、形成协同效应"的重要体现,"课程思政"是一种课程观,不是增开一门课,也不是增设一项活动,而是将高校思想政治教育融入课程教学和改革的各环节、各方面,实现立德树人润物无声的目的。新时期构建"三全育人"思政格局,实施"课程思政"育人,充分发挥协同育人机制作用,是新形势下做好高校思政工作的必然要求。

《国家中长期教育改革和发展规划纲要(2010—2020年)》强调,职业教

育要适应现代经济发展方式转变和产业结构调整要求,着力培养学生的职业道德、职业技能和就业创业能力,以满足经济社会对高素质劳动者和技能型人才的要求。除了精湛的专业技艺,社会对个体化的道德情怀、责任意识、集体观念、创新精神提出更高要求,职业教育的学校阶段所对应的正是学生趋于成人且即将步入工作岗位的关键时期,可塑性很强,同时也对端正人格的塑造提出迫切要求。思想政治教育是达成这一育人目标的有效载体。思想政治教育是社会或社会群体用一定的思想观念、政治观点、道德规范,对其成员施加有目的、有计划、有组织的影响,使他们形成符合一定社会所要求的思想品德的社会实践活动。教育是健全社会人格形成的首要因素。职业教育既要重视教学的有效性,又要考虑教学的价值性,使学生实现工匠品格和职业素养的同构。

5.6.4.1 借力于思政课程

思政课程是高校大学生思想政治教育的主渠道和主阵地。随着国内国际环境和经济模式等的转变,对高校思政课的实施内容和方法等提出了更高的要求。思政课程主要是弘扬爱国主义教育、集体主义教育、社会主义教育、理想教育、道德教育等。习近平总书记在全国高校思想政治工作会议中指出:"做好高校思想政治工作,要因事而化、因时而进、因势而新。"当今时代,科技瞬息万变,新事物层出不穷,学生思想受到多元化思潮的冲击,创新精神又成为时代的主要引领,单纯依赖马克思主义系列理论课的学习已远远不能满足学生对社会认知和树立正确的与时俱进的世界观、人生观、价值观的塑成的需要。所以,课程思政要牢牢以思政课程为出发点与着力点,符合马克思主义的唯物观,这样才能起到"立德树人"的育人作用。

5.6.4.2 以专业课为载体,有机融合思政元素

(1)理论体系环节

理论课要灵活运用慕课、微课、翻转课堂等系列模式,结合 PBL(问题驱动教学法)、LBL(基于授课教学法)、TBL(团队式学习)、CBL(案例教学法)等融合教学方法,辅以启发式、案例式教学实例,将课程思政的元素有机地贯穿于整个授课过程,形神合一,道技融合,使学生能够感受到现代化技术的力量,沉浸于流畅的专业学习与课程思政完美结合的情境之中。

(2)实践体系环节

产教融合、校企合作是职业教育的生命线,也是工匠精神培育的重要载体。职业院校应该充分利用此类平台开展劳动教育和工匠精神的体验教

育、实践教育与养成教育，使得工匠精神的培育与专业技术的学习有机融合，并且内化为受教育者成长成才的无形力量。

5.6.4.3 结合选修课，着力实现实践课程思政全覆盖

选修课主要包括方向性选修课和任意选修课。包括法律、艺术和人文等课程。旨在培养学生的人文修养、价值情怀，帮助学生确立正确的价值观。职业情怀的培养，有了正确的职业情操，才能有良好的职业操守。

5.6.5 充分利用网络资源，加强对学生的服务工作

要切实在网络上开展学生管理工作，必须坚持管理与服务相结合的原则。一方面要加大校园网络的信息量，在校园网络平台上，除了能查询到学校的各种方针政策、规章制度和通知等常规信息外，还应包含各种大学生常用的学术、生活社交网络资源，努力把校园网络建设成为一个便于大学生学习、生活的综合性平台。另一方面，多拓展针对学生的网上服务空间，如开展网上心理咨询、网上就业信息咨询、勤工俭学信息、网上社团活动等，努力利用网络自身具备的优势特征来消除某些管理工作或服务在现实操作中的局限性，开创高校学生工作的新局面。如大部分心理有问题的学生都不太善于交流和沟通，而网络可以为了解学生心理动态和进行心理咨询提供一个全新的平台。通过网上心理咨询服务，可以消除面对面的尴尬，避免现实交流带来的障碍，可以慢慢地深入问题学生的心里，使其敞开心扉地宣泄内心的情绪问题，从而使教育管理者可以对症下药，准确地引导学生的行为，为更顺利地开展学生心理工作提供良好条件。

5.6.6 注重"线上管理"与"线下管理"的结合

作为一个高校学生管理人员，无论信息技术发展如何迅猛，网络技术与高校学生管理工作结合得如何紧密，我们必须明确：学生管理工作不是在做"虚拟世界"的工作，而是在做"虚拟世界"背后的学生主体的工作。利用网络平台开展高校学生管理工作要做到线上管理和线下管理相结合，做到以情感人，以理服人。同时，加强校园现实的软件和硬件建设，增强现实空间对学生的吸引力。很多大学生沉迷于网络的虚拟空间，也是由于在现实世界中，他们的很多想法和诉求都得不到满足，只能在虚拟世界里寻求慰藉。为改变这一局面，学校要多开展受学生欢迎，易于学生接受的校园文体活动，尽可能使所有学生的心理诉求能在现实中得以满足，让他们有平台与机

会能各尽其能,从而增强现实校园对学生的吸引力,增强学生的幸福体验。

在产教融合的教育模式下,从学生的实际角度出发,根据不同的学生情况以及不同专业的具体情况,采用多元化的教育模式。辅导员和班主任应该加强与学生的联系,通过与学生的沟通,进一步了解学生在企业中能否满足企业的具体要求,加强对学生的引导,实现学生的自我管理和自我服务。将经济有困难、心理有困难、学业有困难、技术有困难的学生确定为重点管理人群。在管理工作中应加强该类人群的管理,通过客观地分析与主动跟进的工作方式了解重点人群的实际需求,客观分析其实习现状,针对具体实习过程中出现的问题予以主动地解决,针对其心理问题,与企业、家庭及时沟通,做好心理疏导及教育工作。同时,高职院校需要重视重要环节教育,如实习外出前的教育、工作结束后的引导。只有加强这两个重要环节,才能提高学生管理工作的效果。

5.7　加强学生管理队伍的能力建设

高职学生工作是一项复杂的系统育人工程,需要全校各个部门通力合作,要树立大思政观念,高校学生管理工作队伍应该是一个多层次、高素质、全覆盖的工作队伍。思想政治理论课教师、辅导员、专业任课教师共同努力才能推进高职学生工作的健康发展,形成机制,发挥合力。

5.7.1　高职学生管理队伍的发展方向

5.7.1.1　提高辅导员队伍的综合管理能力

高职院校的专职辅导员是大学生日常学习、生活的引路人,引导学生成长、服务学生发展在学生思想观念引导和解决学习生活上发挥着重要作用。对辅导员队伍建设,要多管齐下,综合施策,要引进高学历高能力的专业人才,开展满足辅导员发展需求的针对性培训,提升辅导员的职业化水平,建立清晰的辅导员职业发展路径[①]。辅导员要不断提高自身的管理服务水平,结合学生的特点采取具有针对性的管理策略及方法。因此,加强辅导员队伍的专业化建设至关重要,主要可从以下几个方面入手。

---

① 程波、马炳涛.国际化视域下学生工作的挑战与应对:基于北京 10 所高校的调研[J].思想教育研究,2015(7):102.

第一,加强辅导员队伍的专业化建设。高等学校在思想观念上,要将辅导员队伍的专业化建设和专业教师队伍建设同等对待,"要按照学校的相关规定对学生工作干部的职务、职称、福利待遇等予以落实,要为学生工作干部建立专门的职业培训平台、组织建设平台和理论研究平台,拓宽学生工作干部的上升渠道与发展空间,努力提高学生工作干部的思想政治素质"①、专业知识储备与实际管理才能,提升辅导员队伍的专业化、职业化水平。学校要在厘清辅导员的职业发展规律、职业准入条件、职业培训体系和职业考评机制的基础上,坚持岗前培训、在岗培训、骨干培训和域外培训相结合,设立辅导员教师岗和辅导员管理岗,打通辅导员职称和职务的双重职业生涯阶梯晋升渠道,凸显高校辅导员的职业化特点,建立健全高校辅导员职业化、专业化和专家化的长效机制。

第二,明确职业定位,高等学校要给予辅导员明确的角色定位与工作职责,避免辅导员工作陷入繁重的事务性工作,引领辅导员树立管理服务意识,辅导员要秉持爱岗敬业的工作态度,加强自我教育,以身作则。同时,各高等学校也可结合当前形势和实际需要,尝试在学生教育管理、职业生涯规划、心理健康教育等方面配备专业化辅导员,以推动辅导员职业化发展的内涵建设。

第三,积极组织、开展多种形式的职业培训活动,提高辅导员的业务素质。想要打造一支政治强、业务精、纪律严的高素质辅导员队伍,离不开对辅导员的专业化培养。鼓励辅导员积极考取硕士或者博士学位,丰富在职在岗的培训形式,有针对性、有层次的提高辅导员的业务水平。

第四,增强辅导员的科研学术能力,为其工作提升搭建平台,建立奖励机制。鼓励其开展思想政治教育工作的科学化水平,辅导员通过深入的理论研究,能够在相当程度上提升自己的专业化水平,为其应对解决思想政治教育过程中出现的问题提供理论支撑。

5.7.1.2 增强思政课教师的能力水平

"一个学校能不能为社会主义建设培养合格的人才,培养德智体全面发展、有社会主义觉悟的有文化的劳动者,关键在教师②。"思政课教师直接参

---

① 谈宗凡.新时期我国高校学生工作发展趋势研究[J].时代教育,2011(11):72,80.

② 邓小平.邓小平文选(第 2 卷)[M].北京:人民出版社,1994:108.

与大学生的思想政治教育工作,通过课堂授课的方式向大学生传递的科学的思维和健康的价值观,增强思政课教师的能力水平对于提高思想政治教育实效性有着重要意义,这就需要思政理论课教师要不断丰富、完善自身知识体系与知识储备,增强自身教学科研能力。唯此,思想政治理论课教师才在课堂上切实有效的引导大学生树立正确的价值观念和政治信仰,促进大学生的全面发展。可以说,思政治理论课教师的综合能力是与人才的培养质量成正比。要提升思政理论课教师的能力水平需要做到以下几个方面。

第一,要对思政课教师加大教学培训力度,通过举办各类专题讲座、组织海内外名校访学深造等方式,提升思政理论课教师的教学科研水平。

第二,加大对思政理论课教师的科研奖励力度。提高思想政治理论课教师的科研积极性,从而推动相关理论研究工作的进展。

第三,建立思政理论课教师的考核制度。思政理论课老师必须具备坚定的理想信念,才能在教学过程中将正确的思想观念传授给学生,引导大学生树立正确的理想信念,帮助大学生进行正确的价值判断。建立对思政理论课教师的考核机制,要注重常态性、持续性,要时刻紧跟党中央精神和国家的大政方针,将马克思主义中国化的最新成果适时融入思想政治理论课教学过程中。高等学校思想政治理论课教师要提升运用多媒体信息的能力,同时还要将新媒体与思想政治理论课教学相融合,提高教育教学效果。

还需指出,专业课教师不仅要从事专业理论和社会实践教学的任务,还要承担一定的思想政治教育的工作,是高等学校学生工作的有益补充。专业课教师在传授专业知识的同时,还要向学生讲授职业道德素质、社会人际交往等内容,要成为知识的传递者,道德的塑造者。要从专业教学的视角来传授学生的专业德育教育问题,寓教于乐,不断优化创新教学模式,提升增强思想政治教育的渗透性。专业课教师同样也要贴近学生生活、贴近学生实际,帮助大学生解决在学习生活中遇到的困难与问题。通过专业课老师与大学生之间的沟通、互动,二者之间的距离得以拉近。一方面,专业课教师可以在互动中了解大学生的专业知识掌握情况,及时得到教学信息反馈,并在此基础上及时改进教学方式。另一方面,专业课教师在与大学生真诚沟通、平等对话的过程中能够入情入理、潜移默化地开展思想政治教育,达到事半功倍的教学效果,与辅导员、思政理论课教师共同发挥协同育人的作用。

5.7.1.3　育人队伍的全面化

人的教育不仅仅是狭义的学校课堂教育,还包括广义的社会教育、事物教育。对于高校来说,其每位教职员工都在影响着大学生思想的形成,都在承担着学生教育管理的职能,他们的一言一行都有可能影响大学生一生的命运。因此,大学生的成长与高校的每位工作人员都有着直接或间接的关系,而学校工作的每一个环节都应体现着育人的功能。学校教师教书育人,学校干部管理育人,后勤职工服务育人。从教师出发,教师是人类灵魂的工程师,是学生成长进步的导师,不论是否在承担着教学工作都应该谨言慎行。中央下发的关于教师队伍建设的文件中明确要求,要加强师德建设,"要抓住教师职前培养、职后培训、职务聘任等关键环节,加强马克思主义理论教育,加强教书育人、为人师表教育,加强学风和学术道德教育"。要树立学为人师、行为世范的崇高目标,严于律己,以丰富的学识教育人,以高尚的德行感染人,以人格的魅力折服人。同时教师在自己专业领域的教学过程中,要深入挖掘蕴含在各门课程中的马克思主义哲学原理及其他各种教育资源,使学生自觉地从马克思主义的角度思考问题。如财务管理专业课的教师,可结合财务管理教学内容中实际工作与理论认识的差别对学生进行马克思主义认识论的教育,财务管理中信用的重要性,开展对大学生的信用教育和诚信教育;跨文化交流课的老师,可结合跨文化交流中一些礼仪和注意事项的讲解,开展爱国主义、国格、人格、民族精神的教育。苏霍姆林斯基曾经指出,"造成青少年教育困难的重要原因在于教育实践在他们面前以赤裸裸的形式进行,而处于这种年龄阶段的人按其本性来说是不愿意感到有人在教育他们的"。结合实际开展的高校学生管理工作,往往比单纯的学生教育管理工作更容易取得实效。在学校的管理、服务各个环节中,管理、服务工作人员的自身素质、工作态度以及工作成效同样影响着所有学生的思想实际,渗透着教育功能,对学生的世界观、人生观和价值观的确立起着潜移默化的作用,所谓"润物细无声"。因此,发挥全体教职工的育人作用,实现高校教学、管理、服务工作中学生教育管理功能的全覆盖,是高职学生管理工作最终取得实效的重要条件。

此外,高职院校应充分发挥班主任、专业课教师、高年级优秀学生等群体在学生教育管理中的重要作用,并促进他们与专业辅导员协同合作,共同做好学生思想政治教育、专业学习、学风建设、日常管理、心理健康、就业指导等工作,从整体上提升人才培养质量。

5.7.2　高职学生管理队伍建设的策略

在当今经济的形势下,高职学生管理队伍建设面临着严峻的压力和挑战,因比,加强高职学生管理队伍建设,提高高职学生管理队伍人员素质,以促进高职学生管理工作发展,实现学生的全面发展。

5.7.2.1　高职学生管理队伍建设的策略研究

本书所介绍的高职学生管理队伍建设的基本方法是高职学生管理队伍建设活动中所需要依照的内在指引,并不是一种具体的可以照搬照抄的方法体系。马克思唯物主义认识论认为这样的方法根本就不存在。这套内在方法贯穿于队伍建设过程的始终,指导整个高校学生管理队伍建设工作。这些方法主要包括:方向策略与实效策略的结合,理论策略与渗透策略的结合,系统策略与针对策略的结合,长期策略与连续策略的结合。

（1）方向性与实效性结合

方向策略是指高校学生管理队伍建设工作中必须有明确的政治方向,它作为高校学生管理的一个基本方法,体现了高校学生管理目的的基本要求。马克思、恩格斯曾深刻地指出:"统治阶级的思想在每一时代都是占统治地位的思想","占统治地位的思想不过是占统治地位的物质关系在观念上的表现","一个阶级是社会上占统治地位的物质力量,同时也是社会上占统治地位的精神力量。支配着物质生产资料的阶级,同时也支配着精神生产资料"。因此,任何统治阶级都十分重视意识形态领域的工作,总是通过各种方式把代表本阶级意志和利益的思想向社会推广宣传,并确保其在社会意识形态领域里的主导地位。我国社会主义基本制度规定的教育目的决定了高校学生管理队伍建设的方向,即必须把握社会主义方向,必须代表广大人民群众的根本利益,必须体现党的基本路线的要求。坚持高校学生管理的方向性准则,就必须通过实施科学管理、采取有效措施,建定完善机制。把方向性的基本要求贯穿到高校学生管理的全过程,融汇到高校学生管理工作的全部内容中,使从事高校学生管理的工作人员坚定社会全主义的信念和理想,在实践中努力实践培养社会主义的"四有"新人的目的。

高职学生管理队伍建设在坚持社会主义政治方向的同时,还必须追求实效性。实效性的大小是检测评估高校学生管理队伍建设工作成功与否的重要标准。这里说的实际效果,既包括精神成果,也包括物质成果;既要看高校学生管理工作者思想道德境界的升华,精神世界和人格情感对于高校学生管理工作的投入,也要考察高校学生管理工作者处理学生各方面问题的专业水平、工作技能等综合素质的提高。实效性还涉及效率和质量的问题。高校学生管理队伍建设工作不能满足于一般的效果,必须讲求高标准、高效率、高质量,取得相对满意效果。所谓相对满意效果,就是在尽量考虑种种限制条件下,尽当时最大限度的努力可能达到的最佳最优效果。追求实效性原则要求管理者在决策和拟定工作计划时,要从客观实际出发,对决策方案和教育计划进行可行性研究,事先预测实践效果,避免主观主义;在目标实施过程中,要通过一系列措施、方法对教育活动进行监督、调控,使之按既定轨道运行;在总结工作时,应建立和完善信息反馈和评价机制,使管理者能及时获得准确的结果,并进行科学分析和评价。

（2）理论性与渗透性结合

高校学生管理的理论性较强,这就要求高校学生管理必须始终贯彻理论性准则,坚持科学理论的指导,有效地组织实施学生管理工作。马克思曾指出:"理论一经掌握群众,也会变成物质力量"。列宁也指出:"没有革命的理论,就不会有革命的运动……只有以先进理论为指南的党,才能实现先进战士的作用。"这些论述都深刻地揭示了理论的重要性。从某种意义上讲,高校学生管理队伍建设取得什么样的效果,依赖于对理论的重视程度,依赖于对理论的学习、研究情况和理论的应用情况。

没有坚实理论基础的高校学生管理,是苍白无力的。在高校学生管理队伍建设实践中坚持使用理论策略,就要加强完整、系统的马克思主义理论教育,加强实体性的学生管理工作,使高校学生管理队伍认真学习马克思列宁主义、毛泽东思想、邓小平理论、"三个代表"重要思想、科学发展观以及习近平新时代中国特色社会主义思想完整、系统、准确地领会和掌握马克思主义理论这一认识世界、改造世界的强大的思想武器,真正把握马克思主义的精髓和精神实质,并运用其解决高校学生管理中的现实问题,做好理论工作,充分发挥马克思主义理论对高校学生管理队伍建设的指导作用。高校学生管理的理论策略与渗透策略是紧密联系在一起的。所谓渗透策略,就是要遵循人的思想发展规律,把高校学生管理渗透到大学生日常思想管理活动中去,与各种具体工作有机结合起来。融合各种教育因素和中介,用潜移默化的形式循序进行。坚持渗透策略,要求高校学生管理部门增强渗透意识,积极创设条件,利用社会调查、参观访问和开展创建文明城市、文明社区、文明单位活动等多种形式建设高校学生管理队伍。让高校学生管理工作者将马克思主义、毛泽东思想、邓小平理论、科学发展观以及习近平新时代中国特色社会主义思想内化到自己的实际工作中去,使自己的精神世界、人格情感、社会态度等方面更加符合作为一名社会主义性质的教育者所应有的素质。

(3)系统性与针对性的结合

高校学生管理还必须坚持系统策略与针对策略结合的准则,也就是说,既要把高校学生管理队伍作为一个完整的统一体进行建设,又要根据自身学校的情况,有针对性地进行建设。系统性是知识经济时代队伍建设与管理的基本特点。它要求在管理中自觉运用系统理论和方法,对管理对象、管理过程进行系统分析,通过管理功能的发挥取得较好的管理效果。高校学生管理队伍建设也应坚持系统性准则,其原因主要有以下几点。

①坚持系统策略是由高校学生管理队伍建设过程自身的特点决定的。高校学生管理队伍建设的过程是一个复杂的系统工程,包括两课理论教师队伍建设。大学生党建、辅导员队伍建设、专业课教师队伍建设等多个基本因素和确定教育目标、制订教育计划、选择教育机制、指导受教育者践行社会要求,检查总结等系列制度建设的基本环节。这些因素和环节按定的内在联系构成完整的教育过程体系。高校学生管理队伍建设中的各个因素都具有不稳定性,它们的组合是动态的组合。这就决定了整个教育过程体系必然呈现不断变化的态势,要想驾驭这样一个复杂的体系,就必须运用系统策略。从整体上对其进行动态的、层次性的把握。

②坚持系统策略是实现高校学生管理队伍建设根本目标的需要。一方面,良好的思想政治品质的形成需要经过多个阶段的考验,是一个极其复杂的思想矛盾的运动过程,只有坚持系统管理,才能做好各阶段的思想转化工作和各阶段之间的衔接工作。另一方面,人的思想认识具有个性差异,只有实行高校学生的系统管理,才能在承认个体性、差异性的前提下,为不同的教育对象创设先进性要求与广泛性要求相结合的教育条件和教育环境,使不同起点的人能在原有基础上逐步提高,树立共同的理想、信念和高尚的道德情操。

③坚持系统策略是由高校学生管理内容自身的复杂性、不可分割性决定。高校学生教育管理包含着理论教育、政治教育、思想教育和道德教育等诸多内容。这些内容是一个有内在联系的整体,片面地、孤立地强调某一个或某几个内容,不会收到好的效果。

如果对理论教育和政治教育不管不顾,单纯抓道德教育和思想教育,就会使整个教育缺乏动力和后劲;如果不重视道德教育和思想教育,只强调理论教育和政治教育,就会使整个教育缺乏目标和方向。因此,在高校学生管理中必须坚持联系性的观点和整体性的方法。

高校学生管理队伍建设的系统策略和针对策略是不可分割的有机统一。在高校学生管理活动中,如果不能坚持系统性准则,就会缺乏大局观念,不能从宏观上把握整个教育活动,容易割断各个部分之间的联系,产生顾此失彼的现象,影响高校学生管理效果。但是,如果只强调宏观上的整体观念而不注重在微观上对具体问题的具体分析,则势必导致目标空泛、抽象,目的性、针对性不强,产生"无的放矢"的现象,同样会影响高校学生管理效果。因此,高校学生管理队伍建设在采取系统策略的同时,还必须采取针对策略。坚持针对策略,就必须针对队伍建设的各个方面进行"有的放矢"的指导。

(4)长期性与连续性结合

长期策略与连续策略结合也是高校学生管理队伍建设必须坚持的一个重要方法体系。世界是不断变化的,大学生的思想观念也是不断与自己原有的思想观念斗争的。因此,高校学生管理队伍建设也将会是一个长期工程。高校学生管理队伍建设者要时时关注大学生思想受到的各种冲击来源,适时地改革高校学生管理队伍结构,解决新的冲击问题。例如,在网络化的今天,网络学生管理队伍就是一个必须的组织部门。因此,高校学生管理队伍建设必须长期抓、反复抓、抓反复,使之成为一种驱动力,不断推动高校学生管理队伍的适应性,朝着进步的方向发展。另外,意识形态领域斗争的长期性和复杂性,也要求高校学生管理队伍建设必须坚持长期性准则。马克思主义告诉我们,一定社会的经济改变以后,反映这个经济基础的意识形态不会立即消亡,还会在一个相当长期内继续存在,并发生一定的影响。在我国,资产阶级作为完整的阶级已被消灭,但资产阶级的影响还将长期存在,并腐蚀着一些人的思想。国际敌对势力会乘机从思想领域对我们进行渗透和颠覆。大量事实证明,思想领域这块阵地,马克思主义不去占领,各种非马克思主义甚至反对马克思主义就会去占领。我们必须有清醒的认识,把高校学生管理作为长期工作来抓。

高校学生管理的长期性是包含着连续性的。人们常说的高校学生管理要"长抓不懈",就体现了长期性与连续性的统一。所谓"长抓",就是要把高校学生管理作为一项长期任务;"不懈"就是一刻也不能放松,不能出了问题就抓紧,没有问题就放手。坚持教育的连续性,就是按照思想发展变化的规律,有计划地、不间断地进行学生管理工作。一般来说,连续性应包括这种含义：一是时间上的不间断，二是教育过程中的有序性。时间上的不间断，就是不能随意中断高校学生管理队伍建设，不能因忙于其他工作而忽视高校学生管理队伍建设。改革开放以来，我们曾一度片面强调经济建设的重要性，放松了对高校学生的管理，结果导致社会道德失范、思想紊乱、信仰危机等一系列问题，严重影响了经济和社会的发展。

5.7.3 高职学生管理队伍建设的路径研究

在高校学生管理队伍的组成中，辅导员队伍和日常管理队伍与学生接触最为频繁。这两支队伍的建设应该成为高校学生管理队伍建设的重点。这两支队伍建设的路径可以采取以下几种形式：职业化建设路径、专业化建设路径、发展性建设路径、动态性建设路径。

5.7.3.1 职业化建设路径

实践证明，人员素质的提高，一条行之有效的路径是实行职业化，对从业人员进行资格认定。例如维护公民权利和法律尊严的律师，为企业理财的会计人员，救死扶伤的医生，他们素质的提高，无不归功于资格认定制度。所以思想政治教育队伍要想更有所为，就必须走职业化之路。具体说来，职业化建设路径应从以下几个方面入手。

（1）树立高校学生管理队伍整体良好的职业形象

高校学生管理者的形象，不仅直接影响高校学生管理这一职业，而且是高校学生管理队伍形象的重要组成部分。具有良好形象的高校学生管理者，既能使受教育者信服，具有强大的凝聚力，又能赢得社会各界的支持。

高校学生管理队伍的职业形象，应包含以下要求。

①健康的体魄。教育心理学告诉我们，学生更易于接受表面上看起来美的事物。在大学生思想政治教育工作中，我们不要求每个员工都有美丽的外表，但应该有健康的身体。身体健康是个人美的根基。在工作之时，大学生也更加容易受其感染，接受其思想。另外，高校学生管理工作也是极其消耗体力和精力，没有一个健康的身体，不能坚持下来。

②坚忍的意志品格。态度决定一切，作为一个高校学生管理工作者，必须具有强烈的事业心和进取心，要对高校学生管理有高度的热情和主动负责的态度，保持对高校学生管理坚定的信念和自己能够解决好学生问题的自信。同时，高校学生管理者还要有对高校学生管理工作强烈的责任心和提高高校学生管理成效的荣誉感，把改造大学生的精神世界和人格情感当

作自己的神圣的历史使命。

③有良好的精神状态。做高校学生管理工作,应该表现得十分成熟,有雄心而不脱离实际,有干劲而不急功近利;始终保持一种积极向上、虚怀若谷、理智谦和、淡泊宁静的精神境界和心理状态。保持良好的精神状态,需要坚定马克思主义信仰,保持对高校学生管理工作的热情,坚持展示对受教有者的表率作用。

④有严谨的思想作风。在做学生管理工作的时候,辅导员及其他高校学生管理教师要注意把优良传统与工作实际相结合。高校学生管理工作要重视实际,在工作中定要注意避免主观主义错议,对学生工作进行实际调查、辅导员做的是与学生群体接触的工作,因此要注意宗派主义的问题,养成学生独立的思想意识,避免在学生心中种下错误的种子;现在我们党提倡创新,班主任的工作既要注重规范性,又要打破常规。

(2)建立高校学生管理工作者长期投身学生教育管理事业的职业理想

职业理想是指人们对未来工作部门和工作种类的向往,也是指人们对现行工作中想要达到的目标或者是实现的成绩。与职业认识、职业情感和道德意志相比,职业理想具有综合性、稳定性和持久性的特点,它在高校学生管理者的品质形成中居于主导地位,是道德认识转化为道德行为的重要力量。马克思主义认识论原理认为职业理想是人的社会关系的"上层建筑",职业理想是建立在人们对于自身所处的政治经济环境的认识基础之上的,受自身的政治经济因素的影响,是个人思想政治素质中的高级层面。职业理想有高、中、低层次之分。各个社会,居于低层次的职业理想,往往把从事的职业视为维持自己和家庭生活的重要手段;居于中层次的职业理想,把职业主要当作发展自身的路径,是个人对自身进行个性化教育的手段;居于高层次的职业理想,是教育中的社会个性化部分,把自己的理想与社会实际相结合,立足本职工作,发挥自身工作对于社会的影响。

高校学生管理工作者对高校学生管理事业的信念是与社会主义、共产主义理想信念紧密相连、高度一致的。高校学生管理工作者只有树立了崇高的职业理想和政治信仰,才能产生强大的内趋力,以坚持不懈的意志与毅力去从事伟大的事业。高校学生管理工作者是一项艰巨复杂的工作,从事高校学生管理工作会遇到很多困难,但只要坚信社会主义信仰和崇高的职业理想,坚定社会主义必然胜利,有立志为共产主义事业献身的精神,那么不管遇到多大的困难和挫折,都会以坚定的信念感染教育对象,与教育对象一起,产生思想共鸣,增强高校学生管理的效果。

（3）培养高校学生管理工作者必备的职业技能

高校学生管理工作者还必须学会多种本领，逐步培养起自己的实际工作能力。高校学生管理者的职业技能主要包括以下几点。

①调查研究能力。高校学生管理者要有较强的调查研究能力。懂得社会调查原理和方法，重视实证研究，善于接触、观察、了解、分析教育对象和社会环境，并做出正确的决断；要有较高的理论研究分析能力。调查研究是发挥马克思主义理论在高校学生管理工作中巨大作用的前提。在进行高校学生管理工作的时候，更要注意使用调查研究的方法。

学生管理工作者面对的群体是一群受各种思想影响的大学生群体，具有一定的辨别能力，用事实说话的方法也更加容易令他们信服。高校学生管理工作面对的是一个群体，所从事的工作，是针对一个大学生群体这个基本面的工作，一个大学生思想发生动摇，必定不是单个的现象，必须采用调查研究的方法，找到这种现象产生的根本原因，防微杜渐，保持大学生时刻围绕在党旗周围。

②思想宣传能力。这主要是指有较强的口头和文字表达能力，开会讲话能抓住要领、突出重点，富有鼓动性，做群众工作要热情、耐心、细致，能够理解人、关心人；写文章要深入浅出、联系实际、讲究逻辑，富有说服力。这是从事高校学生管理工作的基本能力。高校学生管理工作采取的方法依然是以劝说说服为主，对于高校学生管理工作，必须有这方面的能力，把党的思想、方针、政策宣传到学生中间去。这也是现代高校学生管理者个人魅力的重要体现。

③组织协调能力。高校学生管理工作是社会性的教育活动，同时它的教育对象又是以群体和个体形式出现的人，在高校学生管理过程中，既需要组织各种教育力量，以发挥教育合力的作用，又需要进行个别教育，深入细致地开展谈心活动，以取得良好的教育效果。因此，高校学生管理者要有较高的组织协调能力，主要包括：能够调动和组织本单位、本部门和社会各方面的力量，协调各方面的力量开展高校学生管理工作；能够耐心细致地开展个别的谈心活动，实施面对面教育，包括主动接近教育对象，懂得教育对象心理，创造良好的谈心气氛，掌握谈心技巧的能力；能够运用各种措施，通过民主管理激发受教育者的积极性，自觉开展思想斗争，实现思想矛盾转化的能力。

5.7.3.2 专业化建设路径

如果说高校学生管理者的职业建设路径侧重于外在的表层的高校学生管理队伍建设，那么专业化建设路径则是重点定位在高校学生管理者的内在的深层素质管理，具体说来有以下几个方面。

（1）构建符合高校学生管理工作要求的知识结构

如果说高校学生管理是一门综合性、实践性很强的应用性学科，从事高校学生管理工作的每一个教育者，都应该通过学习和锻炼，掌握丰富的知识，达到较高水平的管理者必须具备合理的知识构成。

①具备高校学生管理工作要求的扎实的理论知识。扎实的高校学生管理专业知识，突出表现为具有扎实的马克思主义理论基础和良好的理论素养，具有高校学生管理的基本理论和工作业务方面的知识，包括党的思想政治教育有的优良传统和基本经验，高校学生管理原理、方法论、学生管理教育发展历史的专门知识等。作为高校学生管理工作者，应该掌握一些与教育有关的多门学科知识，比如教育学、心理学、伦理学、政治学、社会学、管理科学，并且要注意运用多门学科的方法。这些诸多学科之外，最为重要的是教育史，多借鉴教育史上关于人校学生管理的重要内容，对于我国高校学生管理工作具有重大意义。

②丰富高校学生管理工作的相关学科知识。高校学生管理工作不仅承担着对大学生在校内的管理工作，还需要对大学生在校外的思想进行一定程度的指导，以方便他们走上人生的大舞台。因此高校学生管理者不仅要有扎实的专业理论知识功底，还要熟悉和了解与高校学生管理发生联系的一些辅助知识，例如经济学、法学、历史学、美学、语言学、逻辑学、民族学、宗教学、文学，以及自然科学中的数学、统计学和现代科学技术知识、电脑操作知识等。对于这些相关科学知识，高校学生管理者懂得越多，对工作就越有利。

（2）培养高校学生管理工作的能力结构

高校学生管理者不仅要有广博精深的知识结构，还必须具备相应的工作能力。高校学生管理者的能力主要包括以下几个方面。

①思想预测决策能力。高校学生管理者要善于在调查研究的基础上，寻找事物内部、事物之间的内在联系，从中把握事物发展的客观规律。通过对客观事物现状的透彻观察和分析，正确估计和预测发展的趋势和结果，制定具有前瞻性的战略和策略，使自己的工作立于有利的地位。特别是在经

济全球化、世界多极化的背景下,国际国内竞争日趋激烈、市场需求千变万化、发展机遇稍纵即逝、左邻右舍你追我赶的情况下,一个合格的高校学生管理者为了实行有效的管理,就必须具备很强的综合分析、预测预见能力。此外,高校学生管理者还要具有科学决策的能力。现代科学意义上的决策是高校学生管理者的基本职能,它在管理活动中处于核心地位,它能体现和考验高校学生管理者的智慧、能力和才干。

②独立从事科学研究的能力。高校学生管理工作者应具有独立从事科学研究能力。这是因为高校学生管理工作是关于高校学生发展规律的科学,有其严密的逻辑结构和完整的科学体系。随着形势的变化与科技的进步,高校学生管理论必然需要发展和创新,客观上需要从事高校学生管理工作的教职员工具有较高的理论水平和较强的科研能力。不断加强学习和进修,不仅在实践上善于开创新局面,更要能根据社会的发展进行理论创新,才能够驾驭复杂的社会变化趋势,并为高校学生管理理论的可持续发展不断注入生机和活力。

③运用现代化手段的能力。21 世纪是知识经济的时代,随着科学技术的迅猛发展,促使人类实践活动的规模、范围空前扩大,社会的复杂程度也日益明显。以信息技术、微电子技术、通信技术、人工智能技术、生物技术、新材料技术、新能源技术和海洋开发技术等为标志的高技术群迅速发展,为高校学生管理进入崭新的时代奠定了科学的物质基础。数字化革命、网络共享、多媒体、虚拟技术实现了高校学生管理工作的办公自动化。在高科技时代,高校学生管理模式将是一个全面知识素质型的模式。建立在知识与信息基础上的高校学生管理将实现工作环境的网络化,高校学生管理工作者要学会运用现代科技给人类带来的现代化手段,要学会在信息高速公路上及时地与人沟通,快捷有效地完成高校学生管理的任务。

(3)专业职务和职称管理

高校学生专业化管理的另一个体现是抓好专业职务和职称管理。通过专业职务、职称管理,要使优秀的高校学生管理人员受到表彰和奖励,对于不符合条件、表现不好的人员要及时进行调整。建立职称制度,就是为了激励从事高校学生管理工作的教职工。

高校学生管理工作一直存在着队伍不稳定,后备队伍匮乏的问题。①要坚持客观的原则,全面准确、实事求是地反映高校学生管理工作者的状况,并按照统的标准,公平公正地做出对高校学生管理者的评价;②要坚持民主公开的原则,将考核的内容和标准、方法和程序等公之于众,公开接受群众监督,并通过征求意见、民主评议方式,让广大群众直接参与建立考核制度,要做好这项工作,必须建立科学的考核标准;③要注重实效的原则,考核制度一旦制定,就要严格贯彻,反对任何形式主义的做法;④要坚持依法考核,做到考核的公正,严禁任何形式的舞弊和弄虚作假的手段。要把考核的结果和专业职务、职称评聘管理结合起来,作为对思政教育工作者奖惩、培训、辞退以及调整职务、级别和工资的主要依据。

5.7.3.3 发展性建设路径

现代高校学生管理面对的是全球化、信息化、法治化及多元化的社会背景,尤其在社会转型时期的中国,社会生活发生了复杂而深刻的变化。经济成分和经济利益多样化、社会生活方式多样化、社会组织形式多样化、就业岗位和就业方式多样化日趋明显,出现了大量的新的社会群体与社会组织,并且这种变化仍将持续下去,而且其方向是多样的。这将给高校学生管理带来大量新情况、新问题。因此,从事高校学生管理的教职员工要想在今后大有所为,就必须注重自身高校学生管理者素质的可持续发展工作。要做到学生管理工作以人为本,提升素质,在发展中增强本领,高校学生发展管理就要做好两方面的工作。

(1)对高校学生管理队伍实施培训

高校学生管理队伍的培训,是指根据经济和社会发展的需要,按照职位的要求,通过各种形式,有组织地为提高高校学生管理者政治和业务素质所进行的培养、训练活动。在培训过程中,要力戒形式主义,要贯穿理论联系实际、学以致用、按需施教、讲求实效的原则。根据需要,建构完整的培训体系,制订科学的培训计划,精挑细选培训的内容,完善改良培训的形式,配备好教师和专家,并做好培训后的追踪反馈和经验总结。培训一定要起到有效作用,切实增强高校学生管理者用理论指导工作的本领,观察形势的本领,用正确的价值观影响人们的思想和行为的本领,凝聚人心的本领,从群众中来、到群众中去的本领,善于调查研究总结经验的本领,抓落实求实效的本领,使高校学生管理者以坚持"学生为中心",并切实加强服务意识。

(2)提高高校学生管理队伍学习主动性

未来的高校学生管理对象,将是一个智能化的群体,知识型劳动者将走向前台成为管理的主体。他们知识多、素质高、能力强,具有独立人格,具有现代意识崇尚科学与理性,这就决定着高校学生管理的起点要高,高校学生管理者的素质要高。高校学生管理者要由单一型向复合型人才转变,要做到技术业务管理的内行。这就要求高校学生管理者自身主动学习和思考，增强知识和素质，积极解决工作中面临的新问题和新情况。从事高校学生管理工作的教职员工要做到终身学习，跟上时代发展的步伐，培养时代需要的人才。

5.7.3.4　动态性建设路径

在新时期，我们要把竞争激励这一根本机制引入、贯穿于高校学生管理队伍的管理过程之中。因为只有高校学生管理队伍具有正常的新陈代谢机制，才能增强高校学生管理工作队伍的生机和活力。要做到动态性管理，应从以下几个方面入手。

（1）对高校学生管理队伍的更新

在当前发展社会主义市场经济的条件下，如何建立一个合格的成动制度，是增强队伍活力和生机、稳定和优化队伍的重要措施。我们要做到使专职骨干队伍相对稳定，使其深入从事理论研究，以便积累经验，提高队伍的整体素质和工作水平。同时我们也要淘汰那些不适合从事高校学生管理工作的人员，做到优胜劣汰，精兵简政，以提高高校学生管理队伍人员的整体形象。在这里，做好人员录用是提高队伍素质的重要一环。只有确保高素质的人才进入高校学生管理的队伍，才能在进一步培训的基础上构建一流的高校学生管理者队伍。选拔的目的是要建设好一支专兼结合、功能互补、信仰坚定、业务精湛的学生管理队伍。因此，搞好选拔工作是建设队伍的前提和基础，严格把好这一关，是高校学生管理队伍建设和管理的关键。在选拔的过程中，我们要切实坚持公开、平等、竞争、全面、择优原则，通过广揽人才，选贤任能，选出第一流的学生管理工作者。因此录用过程应是深入了解、全面考核、认真比较、谨慎筛选的过程。

（2）对高校学生管理队伍培养输出人才

高校学生管理队伍的人才培训是一项系统的工程，在整个培养过程中，首先要确立培养的目标和计划，根据目标推进的状况适时调整和完善培养计划，并根据计划执行情况进行定期的回顾和总结，以切实做到高校学生管理人才的培养应通过脱产学习、在职培训、挂职锻炼、组织参观访问等多路径、多渠道进行，以全面提高自身素质。所以，高校学生管理队伍的壮大，除了鼓励队伍骨干人员安心工作外，还应制定倾斜政策，吸引更多的优秀人才加入到这支队伍，注重从中青年中选拔优秀人才，配备到领导班子和各部门中去。对工作有贡献以及其他突出事迹的高校学生管理工作者要给予各项具体奖励。

（3）扩大高校学生管理队伍中兼职人员与专业人员交流

目前，我国高校学生管理队伍由两部分人员组成，一是专职人员，二是兼职人员。其中专职人员是核心和骨干，他们在教育活动中起主导作用。兼职人员是指那些既担负着其他业务工作，又担负着高校学生管理任务的人员。尽管他们不是用全部精力和时间来从事学生管理工作，但他们却是这支队伍中一支重要的力量。做好兼职人员与专业人员的交流，既有利于调动更多的人来关心和参与群众性很强的学生管理活动，更有利于学生管理与业务工作相结合。过去长时间的实践证明，兼职人员在高校学生管理工作中发挥着专业人员起不到的巨大的特殊作用。因此，要扩大高校学生管理的覆盖面和影响力，就必须坚持兼职与专业人员交流的方法，不遗余力地把高校学生管理这项社会性很强的实践活动不断推向深入。

6 产教融合视域下高职学生教育管理创新实践

6.1 现代学徒制模式下的学生管理

学徒制是职业教育领域人才培养的一种形式,有着悠久的国内外发展历史,中国自战国时期就有了学徒制的文字记载。现代学徒制是将传统的学徒培训与现代学历教育相结合的一种职业教育制度,也是当前职业教育人才培养的一种新模式。现代学徒制起源于德国,后来西方各个国家相继借鉴现代学徒制,出现了多种不同的形式,其中比较典型的有英国的"三明治"模式、澳大利亚的"技术与继续教育"模式、瑞士的"三元制"模式和北美的"合作教育"模式。在很多国家,现代学徒制已形成了配套的国家制度、教育制度,成为职业教育的主导模式。目前,现代学徒制在我国的探索逐步深入,其试点探索和实践也在积极开展。

教育实践证明,社会经济发展模式决定着人才培养模式。在不同的社会发展时期,即使在同一时期的不同国家社会背景下,教育制度实现形式往往不同,学徒制也不例外。学徒制的发展经历了从传统到现代的漫长变迁过程。

6.1.1 现代学徒制的内涵

现代学徒制的概念是相对于传统学徒制而言的,它建立在传统学徒制基础之上,随着社会的发展又有了新的时代赋予的特征。

1993 年,英国首次提出了现代学徒制。对于现代学徒制的概念,不同学者有不同的界定。赵志群认为现代学徒制是一种实用性、针对性较强的教育途径,是传统学徒培训与学校教育相结合的一种教育制度,这种教育制度集教育、就业、培训于一体。徐国庆指出,德国的双元制和英国、美国的现代学徒制不同,德国的双元制是一种人才培养模式,而英国、美国的现代学徒制是一种职业教育。赵鹏飞认为西方不同国家的现代学徒制都是以培养适应企业岗位需要的教育模式。

6.1.1.1　现代学徒制的基本特征

（1）现代学徒制的基本特征

现代学徒制是学徒制的一种新的形式，它传承了传统学徒制"师傅带徒弟"的教学方式。同时，它作为教育制度，又加入了现代学校教育的特点。因此，所谓现代学徒制度是将传统的学徒培训模式与现代学校教育模式相结合的一种学校与企业联合培养人才的职业教育制度。这就指明了现代学徒制所涉及的两个重要教学主体：学校和企业。学生的"双身份"、办学的"双主体"、教学的"双导师"、课程的"双体系"、评价的"双证书"都是其最本质的特征。

（2）现代学徒制与传统学徒制的对比分析

现代学徒制与传统学徒制在教育目的、教育性质、制度规范、教学组织以及利益相关者等方面都有着本质的区别。

在教育目的方面，由重生产转为重教育。传统学徒制的教育目的更加偏重生产性，强调的是师傅带徒弟的生产。而现代学徒制本质上是一种教育制度，以教育为首要目的，只是在教育制度中加入了企业参与的责任和师傅带徒弟的形式。

在教育性质方面，现代学徒制逐渐从狭隘趋向广泛，从边缘趋向核心，主要表现为以下两个方面。①从技能培训到职业教育。传统学徒制只是简单的岗位技能培训，是培训形式而非完善的教育形式，被排除在教育体系之外；现代学徒制是教育制度，从教育的角度关注学生的可持续发展和职业成长，它是教育体系的组成部分。②从终结教育到终身教育。传统学徒制的职业培训是一次性的；现代学徒制是教育体系的组成部分，是可以实现"纵向衔接"和"横向融通"的教育形式。

在制度规范方面，从行业协会上升到国家层面。现代学徒制的制度性得到了极大的加强。首先，许多西方国家针对现代学徒制建立了各类法律；其次，西方国家还普遍设立了国家、地方级现代学徒制专门管理机构；最后，有些国家已出台了全国统一的、强制性的学徒制课程框架。

在利益相关者方面，从简单转变为复杂。传统学徒制的利益相关者只包含企业、师傅和徒弟。现代学徒制作为教育制度，其利益相关者包括政府、行业指导委员会、企业、职业院校、企业师傅、学校导师、学生（学徒）等，甚至还有第三方培训或中介机构。在运作和推广现代学徒制过程中,必须平衡这些利益相关者的权责。

在教学组织方面,从非结构化转为结构化。传统学徒制中,生产被放在首位,弱化了教学,所谓教学主要以模仿和试错为主,没有结构化的教学组织,人才培养没有统一的规范标准,学徒的培训质量主要取决于师傅的能力和素质。现代学徒制在教学组织上发生了很大的变化,实施校企合作、工学结合,其本质是教学组织的结构化,人才培养有统一的规格。

6.1.1.2 现代学徒制的价值

在教育制度与培训制度方面,现代学徒制与传统学徒制有着本质差异。作为教育体系的组成部分,现代学徒制与全日制学校的职业教育相比,也有其自身的特别价值所在。

首先,现代学徒制遵循了职业教育教学的基本规律。①保持了"做中学"这一职业教育最本质的原则。在现代学徒制中,强调工学结合、"做中学",理论与实践的交替。②与情境学习的理论异曲同工。情境学习理论是职业教育颇为认可的理论,它认为学习与认知本质上是情境性的,学习者在情境中通过情境活动获得知识。在学徒制中,学徒通过"看"与"做",逐渐习得重要的"默会"知识和技能,同时养成职业习惯和素养。第三,体现定制化、个别化的教学。现代学徒制师徒之间一对一(或一对多)的教学,可以更好地实现因材施教,实现差异化的教学。

其次,提供符合企业要求的劳动者。一方面,从人才培养标准来说,现代学徒制下,职业能力标准是由行业制定的,这就是需求引导,直接体现了企业对劳动者的能力要求;另一方面,企业不仅约束了人才培养的规格标准,而且直接参与人才培养的过程,发挥其过程监控指导的功能。

最后,保障学生就业,维持劳动力市场的供需平衡。现代学徒制提倡招生招工一体化或是订单式培养,帮助学生从学校顺利过渡到工作岗位。常规学校教育实质上是一种计划模式,学校通过预测未来的人才需求来培养学生,毕业后将毕业生"推入"就业市场,可能会由于预测的不准确性及信息的不对称性等变化造成就业率低和技能短缺的问题。而现代学徒制中,企业根据自己的生产需要提供学徒岗位,有利于劳动力供需平衡。

6.1.2 现代学徒制模式下的学生特点

6.1.2.1 具有比较明确的职业生涯规划

现代学徒制学生的学习规划比较明确,不仅要完成在校学习的任务,还要通过顶岗实习来对自身技能进行完善,对职业岗位进行熟悉,在这样的学习方式下,其在学生阶段就有相当一部分已经对自身未来的职业方向有了一定的把握,不论是在日常的理论学习还是在实践操作中都会争取加强自身职业素养。一般情况下,如果学生的在校学分符合要求,同时满足企业的成绩考核,那么这个学生基本就满足进入该企业的要求。通过现代学徒制,学生不仅可以完善自身的专业技能,还可以积累人脉,提升自身的整体价值,对未来就业或者创业都有重要的意义。

6.1.2.2 具有明显的兴趣导向

不同于其他类型的院校,高职院校教育期一般较短,学生的心理发育通常较早,其情绪形态多样,并且争强好胜居多,而同时又有许多人对高职院校有偏见,对学校的学生看法也较低,这就造成一些高职学生存在自卑心理,这对其成长都有不好的影响。普通高职学生一般都比较重视理论,而现代学徒制模式下的学生没有对理论知识展现出过多的兴趣,相反,更愿意去进行课程实践等内容,在理论学习中如果遇到难点,很容易就会放弃,而在实践中更乐于解决困难的部分。

6.1.2.3 具有矛盾心理

对于一些高职院校,通常会和企业展开合作,在这种情况下,一些高职学生更倾向于合作企业的管理岗位或行政岗位,而绝大部分学生没有这方面的实践经历,缺乏经验,企业便将其分配到一些基层岗位进行实习或者工作,这和学生的意愿有一定的差距,导致许多学生不满足于岗位的分配,产生矛盾心理。除此之外,有一部分学生在顶岗实习上花费了较长的时间,进而留在学校的时间更短,导致其社交、沟通方面能力不是很完善。

6.1.3 现代学徒制模式下高职学生教育管理工作的主要问题

6.1.3.1 校企目标差异较大

高职院校比较倾向于学生的能力培养,更愿意采用工学结合的教育方式,以此提升学生理论知识和实践能力,保证学生综合素质的提高,相反,企业对自身利益的要求更大,关注项目的成本与收益。学生工作经验不足,理论水平有待加强,在实习期间只能完成较为基础的工作,需要企业投入大量的时间和人力成本进行培养,短时间内难以获得收益,甚至会出现亏损的情况,以致企业参与培养学生的意愿较低。此外,部分企业对学生的培训存在一定的随意性,学生成为企业的廉价劳动力,这与学校培养人才的初衷相悖。而学校更注重学生的综合素质,在教育性和职业性两方面要统筹兼顾。部分企业只关注职业性而忽略了教育性,使得现代学徒制难以有效落实,给学生教育管理工作带来了较大的挑战。

6.1.3.2 学生身份的转变

在现代学徒制模式下的学生经常辗转于企业和学校之间,寒暑假需要去对应的企业进行实习,假期后则要回到学校继续学习,其身份交替频繁。一些学生对学生身份和职工身份的转变不太适应,导致其无法集中精神进行学习或者实习,这对其专业学习有不好的影响。另外,学生的实习地点都不尽相同,在校和在企的学生一直也在变化,有较高的流动性,所以学校管理人员很难对学生实施统一的管理,在一定程度上增加了管理的难度,不利于学校的发展和学生的进步。

6.1.3.3 对现代学徒制认识程度不够

高职院校的教师在招聘时对学徒制教学能力的要求不是很高,在教师的定期考核中,关于现代学徒制模式的内容也有所欠缺,这就导致很少有教师能真正理解现代学徒制。在进行校企合作时,学校选择的企业一般都是民营企业,并且合作的要求不高,合作的内容也不够深入,因此学校对合作企业的了解也有所欠缺。一般学校教师在授课时,合作企业的职工没有进行指导,参与度较低。

6.1.4 现代学徒制模式下高职学生教育管理工作存在问题的原因分析

第一,学校管理方式没有与时俱进。①我国高职院校在校实训教学方面有所不足,学生将理论应用于实际的能力有限。②校方对实习学生的管理方式落后,部分教师只是要求学生提供实习照片,并未与学生进行面对面沟通,也没有前往企业对实习学生的身体情况、心理情况、交通情况、住宿情况进行了解。

第二,各利益相关者诉求不一致。一方面,高职院校在培养学生时,不仅注重专业技能的培养,更关注学生的职业生涯规划等;而企业则重视工作技能的培养,关注其个人的工作能力。另一方面,高职院校希望学生可以在企业实习中提升技能水平,企业则需要具有较强技能、可以立即上岗的人才,两者的利益不一致造成校企目标差异较大。

第三,校企配合力度不足。在校企合作中,企业长期参与的意愿较低。现阶段,我国就业形势十分严峻。企业不愁用人问题,就会在一定程度上轻视学生的权益,而部分学生的适应能力、心理承受能力较差,这也在一定程度上降低了企业与学校合作的意愿。

第四,企业占据主导地位。学校为使学生进入企业实习,会适当放宽对企业的要求,甚至在学生遭受企业的不公平待遇时选择息事宁人和回避的态度。企业在校企合作中占据主导地位,学校的管理制度与管理工作会受到企业的影响,以致管理效果不如人意。

6.1.5　现代学徒制模式下高职学生教育管理工作方法探索

6.1.5.1　树立基于现代学徒制模式的工作理念

新形势下,要创新高职学生管理方式必须要转变思维模式。①学生管理工作者必须具备服务学生的意识,满足新时期学生的新要求,为学生成长创造条件。②转变学生角色—传统的学生工作中,学生是被管理的对象,不能发挥创造性,应该让学生参与到管理工作中,发挥自己的潜力。

6.1.5.2　加强"双师型"教师队伍建设

"双师型"是指教师不仅具有专业的教学理论,而且具备较高的技术水平。高职院校加强"双师型"队伍建设要从实际情况出发,以职业培训为出发点,做好人才培养与人才引进工作。高职院校应实施"知识+技能"的培养模式,同时考查教师的资格与能力。高职院校培训教师时,可以采用教师自学与"老带新"的方式。教师自学是指学校根据教师反馈情况为教师提供自学资料与自学时间,通过教师挖掘自身潜力,提升理论水平与专业能力。针对部分管理经验不足的教师,可以由从事学生管理工作多年、经验丰富的老教师为其讲解教学与管理的要求、方法与基本内容等。在经济条件允许的情况下,高职院校还可以聘请企业员工、校外专家等来校讲学,通过培训课程、讲座等方式提高教师的管理能力。除校内培训方式外,高职院校还可以采取校外培训的方式。首先,加强与其他高职院校的合作与交流,为教师提供去高水平院校进修学习的机会。其次,加强校企合作,鼓励教师去合作企业进行兼职和培训,在工作中提升技能水平和实践能力。最后,兼顾教学与实践。教师不仅要向学生讲授理论知识,更要重视实践教学。

6.1.5.3　构建与现代学徒模制式相适应的学生管理制度

建立职业道德教育和安全教育管理制度。企业对高素质人才的要求体现为政治觉悟高、行为习惯好、组织纪律强等。现代学徒制人才培养模式促使学生将课堂上所学的职业道德理论运用到工作中,转变为自身的职业追求,以便更好地适应工作岗位。

第一,加强法制教育。合作企业与高职院校必须依法管理,严格遵守相关法律法规,保障学生的合法权益。学生在校学习与顶岗实习期间要严格遵守校园制度与企业规定,履行劳动义务,依法行使权利,并在权益受到侵犯时依法维权。如果学生违反相关规定,企业、学校应对其进行批评教育,并督促其认真学习相关法律法规。如果学生出现严重违纪行为,学校与企业应从严处理,为学生管理工作创设良好的法律环境。

第二,加强职业素质教育。现代企业需要专业理论水平高、职业能力强、职业素养高的综合型人才,而职业素养、职业能力的培养仅凭学校教学是难以实现的。教师应在教学中对职业礼仪进行讲解,并通过集体活动、岗位模拟实训等方式培养学生的职业能力与职业道德。学生在企业实习期间,教师也要通过微信、QQ 等与其沟通交流,指导学生的仪容仪表、语言沟通技巧等。高职院校要开设职业生涯规划课程,指导学生制订职业生涯规划,教师要根据学生的性格特点、兴趣爱好对其进行具体指导,并鼓励学生考取相关职业资格证书。高职院校也要开设就业指导课程,向学生介绍近几年的就业情况以及未来的就业形势,并简要分析不同专业的就业前景,鼓励学生对企业用人需求展开调研,使其亲身感受到自身差距,从而按照教学计划逐步提升自己。高职院校还要安排教师、辅导员定期评估学生的学习情况与实习情况,为学生就业提供科学的指导。

第三,加强劳动安全教育。在学生顶岗实习前,企业与学校都要对其进行劳动安全教育,强化其安全意识,降低安全事故的发生率。高职院校还应开设短期课程,安排教师详细讲解安全知识,帮助学生树立自我救助与防护意识。

第四,加强价值观教育与心理指导。高职院校应采用多种方法引导学生正确认识、理解典型事物,借助校园广播、报纸等途径宣传行业、企业的先进人物事迹,使学生进一步了解企业文化。同时,高职院校还要组织学生前往企业实地了解企业的发展史,并通过辩论会等校内活动感受企业文化的魅力。教师要科学指导学生的情感观念,以朋友身份与学生沟通交流,为其答疑解惑,最大限度地避免其出现过激行为。在对学生进行心理指导时,教师要充分利用各种方式与学生进行沟通交流,及时关注学生的网络动态,对出现抑郁、焦虑、狂躁等症状的学生进行心理疏导,引导其通过多种方式排解不良情绪。此外,教师还要为每位学生建立心理档案,记录其心理情况、性格特点等,以便于学生教育管理工作的顺利开展。

第五,加强日常生活教育。学生在企业实习过程中,一般负责基层工作,工作量较大,这就要求学生具有吃苦耐劳的精神。因此,管理人员要加强学生的日常教育,制定严格的纪律,要求学生严格遵守校规校纪,养成良好的行为规范。高职院校在制定行为规范与管理制度时,可以参考企业规章制度,合理运用企业管理模式,使学生尽早接触企业管理方式。学生在企业实习期间,实习指导教师要定期前往企业考察,与企业导师进行沟通交流,及时了解学生的实习情况。

第六,建立"三导师"制的学生管理制度。学徒制班级的学习环境由学校到企业,两种截然不同的氛围,必定对学生造成一定的影响。因此,进入企业实践之前,辅导员要有针对性地进行动员教育,在企业实践过程中,师傅也应关注学生的思想动态,向他们传递正能量,即专业教师、学生辅导员、企业师傅组成"三导师"制。

加强对学生的职业生涯规划教育。高职学生普遍对自身定位不清,没有具体的职业规划。学校应开设相关课程,帮助学生理解职业生涯规划。同时班主任、辅导员应根据学生不同的情况,加以引导,帮助学生认识自我认清环境,制订一份合理的规划书。

6.1.5.4 完善管理组织机构

为了完善管理组织机构,学校和企业要共同进行商讨,对实习期间的管理整体目标以及管理内容相关方面进行深入的研究考虑,根据学生的专业素质水平制定合理的管理方案以及考核标准。学校必须要明确自身在管理中的主体地位,在管理中发挥主要作用,企业在管理中应当起辅佐作用,将自身掌握的资料提供给学校,对学校的工作提供建议。高职学生进入企业实习后,工作地点较为分散,学校管理难度较大。因此,学校要根据学生的实习特点对管理人员和教师合理分配,完善组织机构,构建由学校领导、企业管理人员、教师组成的管理团队。管理团队要加强校企之间、师生之间的沟通管理、时间管理等,提高管理效率。

6.1.5.5 加强多方联系

高职院校应建立长效沟通机制,加强与企业、学生、家长之间的联系。在学生的发展中,加强多方联系可以有效改善教育方式,为学生的成长提供保障。高职院校应当起主导作用,将合作企业、学生以及学生家长连接起来,从多个角度对教育进行完善。为了保证学生的就业更加合适理想,学校要了解学生的就业意愿和方向,与企业进行联系,了解其用人需求,进而根据两方的意愿和需求对教学方式和内容进行适当的修改。如果学生生活或者心理的需求学校无法解决,也可以联系学生家长进行交流,从而解决这方面的问题。学校也可以将学生的一些在校动态以及企业实习信息发布到家长群中,让家长更加了解学生的状态。

6.1.5.6 实时更新信息与学生自主管理制度

参加学徒制的学生名单、合作单位、工作岗位等必须统计到位,并实时跟踪予以更新,方便管理。现代学徒制模式下,高职学生教育管理工作难度较大,虽然高职院校加大了对学生工作情况、身心发展以及日常生活的管理,但不可避免地会出现纰漏。学校应鼓励学生成立自治部门或组织,由优秀学生或党员担任部门管理者,以身作则,及时向学校、指导教师反馈学生的实习情况,并引导学生进行自我管理与自我完善,从而提升学生管理工作的质量与效率。

6.2 混合所有制实训基地学生管理

近几年,随着国家对职业教育支持力度的大幅增加,校内改善实训条件的投入逐步增多,职业院校实训基地的建设提速很快。然而,职业教育的实训基地建设依然存在"与企业生产实际的融合度较低""人才培养不平衡、不充分,无法满足产业转型升级时期社会对具有专业技能和工匠精神的高素质技术技能型人才的需求"等困境。在实训基地建设过程中引入非公资本,开创混合所有制办学途径,借助社会力量,依托企业平台,实现产教融合,创新办学和管理模式。

6.2.1 混合所有制赋予实训基地建设新内涵

实训基地作为职业院校学生实践训练的重要载体,是职业教育区别于普通教育的重要特征,是职业院校专业建设和人才培养的重要支撑。目前,我国已进入创新驱动、转型发展的新阶段,转变经济发展方式和构建现代产业体系对职业院校人才培养工作提出了新要求。职业院校迫切需要加快建设具有生产经营、产学研结合等多功能的综合性实训基地,构建科学合理的管理模式,创新实训基地体制机制,为产业发展和转型升级提供高技能人才。

借鉴国企改革的经验,将混合所有制概念引入职教体系,对照企业岗位实际要求,吸引企业、行业投资实训基地建设,推进学校与企业行业的信息互通、人员互聘、资源共享。混合所有制实训基地是指由国有资本、集体资本、非公有资本等(包括政府、学校、企业、行业等),以资本、知识、技术、管理、资源等要素交叉投入所建立的实践教学训练场所,是培养职业院校学生和企业人员实践技能和职业素质的场所,是区域技术技能人才培养中心、技术创新推广中心。混合所有制实训基地建设的最突出特点是吸纳企业、行业管理者等多方力量共同投资、共同管理、共享建设成果,不仅放大了实训基地集产、教、研、训、赛于一体的功能,而且增强了职业院校的办学活力和社会服务力。混合所有制实训基地的基础模式是地方政府主导、社会资本投入、行业协会资源入股、学校技术入股。

6.2.2 混合所有制开辟了实训基地建设的新思路

实训基地一般可分为校内实训基地和校外实训基地。校外实训基地一般建立在企业,由于企业更多关注自身的经济利益,对实训基地建设缺乏热情。职业院校将更多精力投入校内实训基地建设中,校内实训基地大多仅服务于课程教学,功能单一,与真实企业环境落差较大,产业化程度不高,不利于学生职业岗位能力的培养。混合所有制实训基地按教育部"四个共同"(共同投入、共同培养、共担责任、荣辱共享)的要求,双方成为责任共同体、利益共同体、荣辱共同体的三位一体共同体,校企双方联合成立管理领导小组,制定明确的管理及运行方案,对实训基地实行双主体管理。组建校企合作理事会,人员配置遵循交叉选派原则,确保双方对共同体实现共建、共管、共荣、共担的合作机制。双方以创新为驱动、以质量为目标,形成三大运行机制。一是专业共建机制,从合作专业着手;二是师资融合机制,任课教师由校企双方共同遴选;三是资源互助机制,将企业资源与学校资源进行双向融合,满足共同发展需求。

将混合所有制引入实训基地建设正是顺应时代发展要求的新举措。融合政府、学校、企业、行业等各方力量,共建校外实训基地,能更好地促进各种要素和资源的有机融合,有力提升不同主体诉求下的教育效益、办学效益、社会效益和经济效益。

6.2.2.1　建设混合所有制实训基地,解决了学校由于资源制约而后劲不足的发展瓶颈问题

职业院校的实训教学在实施过程中需要小班化教学甚至学徒式个性化培养,在人力(师资)、物力(设备设施)及财力(耗材等)上投入巨大。因此,单靠政府和学校项目化推进和投入,实现不了人才培养的可持续发展。因此,将学校的教育资源、企业的市场资源以及行业资源集合起来,以混合所有制的形式培养市场急需的技能型人才是一条可行的路径。依托政、校、企、行四方共同成立的培训基地,地方政府主导、社会资本投入、行业协会资源入股、学校技术入股,集聚技能型人才培养实施要素,使场地、设备、师资、技术、资源等不再成为人才培养的阻碍,使个性化培养不再是愿景而是常态。

6.2.2.2　形成了人才培养与经济效益的双赢局面

首先,在传统的实训基地建设中,无论是校内还是校外实训基地都很难实现人才培养的深度诉求,导致学生无法融入企业的真实场景,学校教育与社会需求脱节。其次,缺少了利益的驱动,企业的参与热情普遍不高。但在混合所有制运行模式下,由于实训成果既与学校的人才培养目标相关联,更与出资各方的利益相挂钩,而且还关系到社会效益,因此,各利益主体都会在实训过程中全力以赴。在实训中引进企业管理模式,创造良好的职业氛围,在规定时间内承担一定数量的学生生产性实训任务,开发"实习产品",将消耗性实习转变为生产性实习。

6.2.2.3　有助于专业发展规划与职业生涯规划的精准对接

作为投资主体的企业和行业协会,掌握着市场对本专业发展要求的最前沿信息,利用混合所有制实训基地市场敏感性强的优势,真正发挥企业和市场的办学主体作用,将全日制学生学历教育和社会技能培训有效结合,让职业院校的学生专业素养与市场需求紧密结合,从而实现从学校到岗位的无缝对接。同时,利用行业人才大数据对学生进行职业启蒙教育,推动专业文化和企业文化对接,提高学生对专业、企业的认可度,让学生明晰自己的职业预期,帮助学生做出职业生涯的有效规划。很好地解决以往专业学生专业发展与市场要求脱节、职业生涯规划不明确、就业不稳定等问题,向合作企业输送了一批可以信赖和长期聘用的高技能、高素质人才。

6.2.3　混合所有制实训基地运行和学生管理的新机制

混合所有制实训基地建设是采用政府引导下的校、企、行合资共建模式。校企双方共同出资,以股份制经营模式建设生产性实训基地,对基地实行股份制经营、企业化运作,责权利清晰。其中,政府扮演主导者角色,学校负责提供师资,企业主要负责投入资金、设备及技术,行业提供市场资源及标准等,各方共同签署协议,运用企业的管理模式。这种模式可以保障学生生产性实训的规范化、制度化、标准化,解决学校教育与社会需求脱节的问题,缩小人才培养与需求之间的差距,提高学生的社会竞争力。

6.2.3.1　依托区域优势,彰显办学特色

混合所有制实训基地建设首先面对的是合作企业、行业的选择。职业院校在实训基地建设过程中充分认识自身服务的行业产业,厘清发展立足点。实训基地建设模式要适合区域经济发展,建设方向要匹配优势产业。为保证实训基地的可持续发展,要选择优势产业中的骨干重点企业作为合作企业。混合所有制实训基地的建设还应结合学校实际情况和专业特色,选择适合学校校情的专业优先、重点展开,切不可盲目追求全面化。

混合所有制实训基地建设坚持市场需求导向,服务区域经济、产业转型升级,面向先进制造业、现代服务业、战略性新兴产业等领域的人才培养,选择区域行业内处于领先地位的企业作为合作伙伴。

6.2.3.2　完善组织架构,建立长效机制

传统校企合作型实训基地建设中企业动力不足,其主体作用尚未充分发挥,很多校企合作仅靠人脉维系,而非体制保障。学校和企业对实训基地建设所追求的目标不一致,学校追求的是人才培养,企业注重的是经济效益。

混合所有制实训基地引进企业的管理模式,由出资方按股权比例组成董事会,再由董事会推荐选举产生理事会,理事会全面负责项目组建及运行工作,归口指导和管理,重大事项由董事会决策。依照企业管理模式制定严格的管理制度,实训基地实施企业化、市场化运作。实训基地除了给企业培养"准员工"外,所取得的生产性收益也要按各方出资比例合理分配,企业的付出能获得回报,合作才能深入和长久。

6.2.3.3 实现资源共享,共同培养师资队伍

制定相应的管理办法与激励机制,使合作方在人力资源、设备、场地、技术等方面实现共建共享、互通互用校、企、行出资建成了独立于学校和企业之外的实训基地,专业学生第一、二学期的基础实训主要在校内实训场所进行,后面几学期的实训及生产性综合实训则可在校外独立实训基地完成。实训基地除了作为学生日常实训场所之外,可同时承接培训订单,完成业务的同时实现社会服务。建立师资队伍校企共建机制,即学校聘请企业工程师、技术人员为学校兼职教师,企业根据需求聘请学校专业教师担任相关部门技术主管,逐步实现双方身份互认、角色互通,以企业引进及合作培养双轨并行方式,建设具有双师素质的教学团队。企业技术人员可作为学校兼职教师的稳定来源,参与专业建设、课程开发,而学校教师也可参与订单的完成,大大降低了培训和生产业务成本,更能促进企业员工和专业教师的技术交流,营造浓厚的学习氛围和企业文化氛围。

6.2.3.4 加强产教融合,精准协同育人

当下,很多职业院校的实训基地利用率低,社会服务能力较差,致使大量实训设备无法产生经济效益,也无法实现实训设备与行业发展同步更新。混合所有制实训基地既可以发挥学校人力资源、技术资源丰富的优势,又可按照产业实际和岗位需求,发挥企业精于市场服务和业务实践的优势,实现产教融合。企业根据自身实际需要和行业发展需求进行学生技能定制,校企协同对各层级学生实施精准培养。校、企、行合作共同构建基于职业能力导向、体现岗位技能特征的课程体系,充分利用实训基地的市场资源和实践教学资源,开发符合客户需求和精准教学的技能训练课程,提高学生培养的有效性和针对性。创新"以学生为中心"的金字塔的培养模式,从健康、技术、思维三个维度激发学生内驱力和学习兴趣,把学生培养成全面的技术型、管理型、创新型的复合型人才。金字塔的培养模式是先培养思维意识系统(意愿+自信),打破传统的直接培养学生知识、技能、职业素养的模式,传统培养模式因为缺少一套思维意识系统来引导,有的学生会被知识和技能打击而失去动力。金字塔的培养模式让学生树立人生和学习的目标,知道为什么、为谁学习,找到学习的动力。通过兴趣课程的设置及课程体验的方式培养学生的学习兴趣、找到自己感兴趣的专业,营造互帮互助、互相成就的学习氛围,最后通过"理论+实践+岗位体验"的教学模式提升学生自信心、技能和综合素质。

6.2.3.5 校企协同育人,创新多元化评价体系

混合所有制实训基地使高职院校可以充分利用基地的培育功能,制定并实施阶段化培养、零距离上岗的育人模式。校企协同实施实习评价,构建合理量化、标准化的评价指标,实施三级指标评价由行业、企业、学校对学生共同开展考核评价,行、企、校三方依据培养目标,按企业技能要求、行业素质评判、学校成绩考核三个维度对学生进行考核评价,校企双方构建"多主体、多环节、多内容、多方式、多证书"的多元化质量保障与评价体系。一是教师和学生的评价由学校、行业企业、用人单位等多主体共同完成;二是各门课程坚持过程性评价与终结性评价相结合;三是除对学生知识、技能进行考评外,按照学生岗位实习评价标准,从工作态度、劳动纪律、职业素质、敬业精神、专业技能、创新精神、工作效果等多维度对学生考核。并将考评结果作为录用学生的一个重要指标,考评不合格的不予毕业、不推荐工作,彻底改变了过去学校既是运动员又是裁判员的状况,企业、行业对自己所参与的考评结果也认同。

6.2.3.6 以学生为核心,打造"六位一体"全方位管理模式

在顶岗实习全过程中,全面调动各方的能动性,共同参与到学生管理,形成多方有机联动,建立以学生为核心,"六位一体"全方位管理新模式。一是辅导员跟进,全程思想教育辅助管理学生。二是专业负责人引导学生职业规划,做好学生实习规划工作。三是专业教师提升实习指导能力,增强实习生工作自信。四是企业实习学生管理专人负责,做好企业内部疏导。五是"企业师傅"面授职场技巧,培育职业技能。六是学生家长积极鼓励,促进学生实习质量。

6.2.3.7 引入实习管理平台,基于移动终端管理实习

与时俱进引入实习管理平台,实习学生通过在手机等移动终端下载APP,录入企业、实习岗位等信息,学校指导教师、企业导师与实习学生绑定,学生按时在平台签到,将企业顶岗、调岗等实习情况及时填报在平台,校企双方定期在平台导出、汇总、分析学生实习相关数据。通过利用信息化手段管理,解决了实习学生分散,信息反馈不及时的实际问题,实现了实习管理全过程追踪、动态实时监控。

6.2.3.8 立足岗位强化职业素养,校企协同培育学生创新能力

结合专业群有针对性强化学生顶岗实习中的职业素质。培养学生职业习惯;按照企业职业标准规范学生职业行为;采用企业6S(整理、整顿、清扫、

清洁、素养、安全)生产管理和专家系列讲座培养学生工匠精神。在学生实习"识岗—熟岗—顶岗—上岗"的全过程中,校企协同实施学生创新项目,最大限度地激发学生在实习期间的创新潜能。

6.2.3.9 创造品牌产品,服务地方经济

由于行业主管部门的加入,大多数实训基地具有职业技能鉴定功能,这不仅满足了学生职业技能鉴定考核的需要,同时也满足了当地相关专业社会人员职业技能鉴定的需求,一定程度上提高了本地区整体就业水平,为产业升级奠定了人力资源基础。同时,实训基地为下岗工人、退伍军人、农村劳动力转移人员等提供社会培训,这无形之中为精准扶贫开辟了一条绿色通道。实训基地的产、学、研一体化模式,促进了科研产品的开发,实训基地的多功能辐射,赢得了社会效益,不仅引领了地方经济的发展,还走出了富有特色的职业教育可持续发展之路。

6.2.4 混合所有制实训基地面临的新问题

混合所有制实训基地的建设尚属新生事物,没有成熟的先例可借鉴,只能在摸索中前行,在建设过程中遇到问题和困难在所难免。就目前的实践过程来看,主要存在以下问题亟待解决。

6.2.4.1 缺乏相关法律、法规、政策支持支撑

目前我国尚没有混合所有制方面的相关法律、法规、政策,实训基地的建设缺少法律的保护,解决类似于产权归属等敏感问题时也缺少有力的政策引领。虽然《国务院关于加快发展现代职业教育的决定》中明确提出鼓励社会力量参与办学,但纵观职业教育的发展现状,很多都停留在文件或计划上,真正在职业教育领域开展混合所有制试点工作的不多,混合所有制的实际推进相对缓慢,很多尝试因政策不明朗而停滞不前。因此,亟须建立健全混合所有制经济相关法律法规和规章,加强国家政策的宏观设计,尤其是加快制定有关产权保护、市场准入和退出、公平竞争等方面的法律法规,确保改革于法有据,为非公资本积极投入职业教育扫除障碍。

6.2.4.2 生产性经营模式容易受市场影响

随着科技进步,产业升级转型速度加快,实训基地的设备更新换代快,这些就要求基地要提高设备的利用率,让设备创造出最大价值,降低基地运营成本。产品的生命周期缩短,这就需要基地做到生产一代、试制一代、研发一代,新产品层出不穷。基地的经济效益不仅取决于自身产品的优势,还

取决于市场的认可度。面对纷繁复杂的市场竞争,想争得一席之地,要靠行业、企业敏锐的市场洞察力以及丰富的市场资源,这就需要激发行业、企业的主体意识,诚信合作、利益分成到位、共建共享共赢是保障。

6.2.4.3 校企目标不一致影响发展的深度

生产性实训教学过程中,企业重点考虑生产效果,追求经济效益,这会导致教学实践功能不足;学校重点考虑实践教学效果,这会影响生产性效果不足。追求目标的侧重不同导致校企合作过程中意见不一致,这在很大程度上会影响校企合作的深度和广度。靠人情、靠关系解决此类矛盾不是长久之计,必须创新内部管理体制,完善日常运行机制,加强基地的规范化管理,以制度规定的形式明确此类问题的解决办法。

6.2.4.4 校企对学生管理标准不一

学校对学生的管理有自己的标准,以批评教育为主,惩戒手段为辅,可以一而再地容错;企业对员工管理亦有自己的一套标准,比之学校的人性化管理更严格。学生在基地实训,既有学生身份,也有企业准员工的身份,这就需要制定符合这种双重身份的管理标准。管理标准可更偏向于严格的企业标准,因为实训基地就是按企业情景设置的,要达到的就是与行业企业需求的无缝对接,当然遇到具体问题时也要适当考虑学生的特殊身份。

6.2.5 混合所有制实训基地创新发展的新思考

6.2.5.1 做好与专业群建设的衔接

现代化专业群的建设使得职业学校的专业结构随着经济发展需求的变化与产业结构的调整而优化,专业群的设置与职业岗位(群)的能力需求相一致。学生所接受的实训应结合企业岗位群的需要,并尽可能多地覆盖行业岗位群的必需技能。因此,混合所有制实训基地要有服务专业群建设的意识,优化整合实训资源,以专业群内各专业的核心技能训练为基础,按专业群分类组建实训基地,将分散的实训资源整合为共享型、开放型的专业化实训中心,提高实训设备的利用率,降低实训运行成本,实现资源的最大化共享。学生在实训基地所获得的是岗位群的能力,是适应就业市场变化的职业迁移能力与职业创新能力。

6.2.5.2 成为践行现代学徒制培养的基地

现代学徒制已成为发达国家培养新型技术技能型人才的重要途径。现代学徒制是职业培训与学历教育紧密结合的人才模式,基本特征是校企一体化双元育人,企业在其中占据主导地位。在德国实行的现代学徒制人才培养中,学生在企业进行实训的时间约占总学时的 60% ,因此,提高企业的参与度显得尤为重要。混合所有制实训基地的建设使企业与学校一样成了育人主体,培养人才就是培养企业的后备力量,企业的参与热情高涨,为我国在职业教育领域进行现代学徒制试点开辟了新通道。

当然,实训基地不仅要提供实训的场所、设备、耗材、师资,使现代学徒制教学活动正常开展,企业、行业更要参与课程体系建设、专业建设,将企业的岗位任务转化为教学案例,实施符合产业岗位群需求的实训模式。

6.2.5.3　搭建国际化交流合作的平台

在全球化经济时代,职业教育也必然要走国际化之路。混合所有制实训基地融合了学校、企业、行业各方的综合实力,更应在国际化过程中起示范作用。混合所有制实训基地可采用引进来、走出去的方式开展对外合作,从一般性的交流互访向真正的与经济建设结合转变。实训基地可吸引国际专业人才入驻,指导国际化模式实训,也可将学生送出去接受国际先进的实训,甚至可与国际知名企业联合创办实训基地。

混合所有制实训基地的尝试为处于产业转型升级期的职业院校生产性实训基地建设提供了新的范式,使新形势下职业学校的专业发展与产业对接变得自主化,也为培养具有综合职业素养的立体化人才开辟了绿色通道。虽然混合所有制实训基地的建设尚处于摸索前进阶段,但它的出现满足了多方诉求,实现了教育效益、经济效益、社会效益的共赢,它必将成为职业教育可持续发展的原动力。

6.3　中外合作培养模式的学生管理

近十年来,我国中外合作办学发展十分迅速,办学规模逐步扩大,办学层次不断提高,出现了一批质量高、有特色、受欢迎的中外合作办学项目或机构。高职院校中外合作办学是高等教育国际化背景下的产物,目的是通过借鉴国外先进的职教理念和经验,提高高职教育的人才培养水平,最终目标是培养具有国际化视野的人才,增强人才培养的国际竞争力。

学生管理工作是一项系统工程,是高等教育育人的有机组成部分,也是提高中外合作办学质量的基础性工作。学生的个人发展与健康成长是学校一切工作的出发点和落脚点,培养符合时代需要的具有国际视野的高素质人才的教育目标要求学生管理不断更新教育理念和手段,构建符合国情和学生特点的中外合作办学学生管理育人途径,服务于学生的成长成才。

职业教育中外合作办学是我国教育事业的重要组成部分,在我国经济发展中发挥了重要作用,其发展受一定时期国际形势、政治、经济等各方面因素的影响。

经历了近四十年发展的中外合作办学,由起步探索、快速发展、质量提升等阶段进入了提质增效、服务大局、增强能力的新阶段。中外合作办学质量的提升,包括教育理念、教学资源、师资力量、学生水平等因素,需要合作办学的各方进行频繁的跨境合作,在利益诉求、资源水平等差异化较为显著的情况下组成经济、文化利益共同体①。中外合作办学中的利益相关者包括政府、合作办学机构、教师、学生,其中学生是最为庞大的群体。虽然合作办学不同的利益相关有不同的诉求,但学生能力的普遍高质量培养是实现各方利益持续、良性发展的保障,然而学生在合作办学组织策略中的影响力却相对较小,培养过程中面临的很多实际问题没有得到充分关注,由此影响中外合作办学培养质量。我国中外合作办学的模式很多,结合办学实践探索经验,研究国内、外分阶段培养的双校园中外合作办学模式中,以提高学生的培养质量,尤其是海外留学阶段学生的教育管理问题。

6.3.1　高职院校中外合作办学学生的特点

高职院中外合作项目的生源相对处于较低层次,整体学习基础相对薄弱,生源结构给以英语为主要教学语言的中外合作课程学习设置了很大的障碍,也给学生管理、学风建设带来了很大的困难。与国内同类学生相比,在相同学习时间内中外合作办学学生承受语言学习和专业学习双重压力的同时,还必须接受和适应两种不同的教学体制,学业压力较大,出现了部分学生只为了混文凭,对出国或学知识不感兴趣,不愿在学习上下工夫的现象。有的在中学阶段已染上一些陋习,不愿接受制度约束,教育管理难度大。

中外合作办学因为办学模式和办学成本等原因,学费一般比国内大学收费要高,这就对中外合作办学的学生家庭条件提出了硬性要求,因而进入中外合作办学班学习的学生家庭条件一般较好。良好的家庭条件为部分学

---

① 周虹,陈时见.高等教育中外合作办学的现实困境与发展策略———基于利益相关者的视角[J].清华大学教育研究,2017,38(1):31-36.

生创造了优越的学习环境,学生普遍思想活跃、追求时尚,对外来文化感兴趣,对社会接触较多,对社会认识更加多元化。

6.3.2 双校园合作办学模式的教育管理挑战

6.3.2.1 学生教育主阵地的转换

双校园的中外合作办学模式中,学生远赴国外求学时,不可避免地要面对学习环境、社会文化、生活方式等各方面巨大的差异化冲击,尤其是对学生的意识形态的工作,更显紧迫,需要创新手段①。教育主阵地的转换不能演变为教育阵地的缺失,尤其是需要杜绝意识形态工作的真空,这是学生国外留学阶段中教育管理的挑战。

6.3.2.2 教学管理主体的转换

国外留学阶段,学生管理工作受到时间、地域等条件的限制,且国外高校对学生的管理相比国内要宽松得多。此外,国内高校向国外高校派驻教师进行辅助管理也存在很多限制,因此,学生需要自我管理、自我教育、自我服务②。然而,学生在环境突变的情况下,在独立与自由的环境中,是否能做到明辨是非、探求真知、拓宽视野是不确定的,这是国内高校需要高度关注的问题。双校园的合作办学模式,对于国内高校来说,将学生送出国门并不是结束,相反,挑战刚刚开始。

6.3.3 学生自我调节学习能力对学习产出的影响

以学生为主体,进行自我管理,重点培养并发挥学生的自我调节学习能力,是目前双校园中外合作办学,国外求学阶段可以重点倚重的管理模式。近年来,国内外教育学者在高校学生自我调节学习能力与学习成就正相关关系方面进行了大量的理论与实验研究,研究结果表明学生的自我调节能力对学业成就有重要的激发与促进作用。自我调节学习(Self-Regulated Learning,SRL)是美国心理学家班杜拉等人自 20 世纪 60 年代提出的,是指学习者积极激励自己并且积极使用适当的学习策略的学习方式。自我调节

---

① 中共中央宣传部.习近平总书记系列重要讲话读本[M].北京:学习出版社,人民出版社,2016.

② 张丽敏,张会,吕建设.中外合作办学国外留学阶段学生教育管理探析[J].高等农业教育,2017(2):124-127.

学习既是一种动态的学习活动,也是一种相对稳定的学习能力,包括四个环节:自我评价与监控、目标设置与策略计划、策略执行与监控及策略结果的监控。Corte 指出学生的自我调节能力对学生掌握知识并提高思考能力与解决问题的能力非常关键,目前教育机构的主要挑战及任务在于设计并构建适宜的教学环境,以培养学生自我调节学习能力及其相关学习的能力。学生的自我调节能力对学业成就的促进作用是毋庸置疑的,然而目前相当多的高校学生缺乏自我调节学习能力。鉴于双校园中外合作办学模式的特殊性,学生在国外留学阶段更需要担负起自我管理、自我教育、自我服务的责任。作为合作办学的中外高校及教师,通过合理有效的教学干预,培养学生的自我调节能力非常关键。

6.3.4　提高学生国外留学阶段自我调节能力的干预策略

学生自我调节学习能力虽然主体在“自我”,但这一能力的培养离不开外力的积极干预,来自学校、老师以及同学等外部环境、人员的有效干预,有利于学生尽快培养自我调节学习能力,进而促进学业成绩的提升。

6.3.4.1　避免教学环境的突变

双校园中外合作办学模式,最终部分学生都会到国外进行长时间的留学,高校应致力于国内外求学阶段,在教育管理及人才培养方面进行良好衔接,践行“未出校门,先出国门”的教学理念。要切实做到突破“校门”,需要中外教育机构共同的努力,中方学校需要对入学新生进行系统的学业规划,虽然每届新生入学都有相应的专业介绍环节,但限于时间太短,而且校方一般并没有对新生入学的专业介绍进行系统的准备,因此,专业介绍后学生往往还是对本专业学习、继续深造以及就业等缺乏认知,甚至部分同学即将毕业时,还没有对以上问题的清晰把握。因此,校方需要通过开设专门的课程向新生介绍人才培养方案、出国留学要求、语言学习计划、国外文化介绍、往届学生的留学生活、继续深造方案、国内外求职前景等,让学生在入学之初便明确在校期间以及更长时间内的学习历程,明确发展方向以及奋斗目标。外方机构的积极参与能够为学生提前了解国外留学阶段的情况创造更好的条件,外方机构录制的校园环境、学习场景、实验条件以及学生评价等短片可以非常直观地让学生了解国外的学习环境。在学生自愿的情况下,组织国外校园行活动,通过短期的实地体验,有助于增进学生对国外求学环境的了解。与师生之间的交流相比,学生之间的交流更加频繁也更加深入,因此,在校方的组织下,建立网络交流平台,有规划地引导不同年级、不同专业学生之间的交流非常必要。学生在不同的学习阶段都有不同的感悟,其经验或教训对后来者极有裨益,而且有了低年级同学的持续关注,高年级同学也会有提高学业成绩的动力与压力。

6.3.4.2 培养学生骨干,进行榜样示范

学生出国之前,确定骨干队伍人员,发挥海外学生骨干队伍的模范带头作用非常关键。海外求学阶段,学生是管理、学习的主体[①],大多数中方院校没有指派教学管理人员长期驻外,因此学生骨干队伍就成为中方学校与学生进行沟通的重要结点,在学生骨干的协调下,教育、教学管理的海外延伸工作也会更加顺利。教学管理的重点在于持续关注,应该让海外求学的学生切实感受到母校对他们成长的重视。虽然学生在海外求学阶段,需要相对较大的自由空间进行独立自主能力的锻炼,但这不意味着国内学校的放手,造成对国外学生的教育管理真空化。中方学校的教学管理部门需要定期与海外学生骨干或全体学生通过网络进行交流,及时了解学生的学习、生活、思想等方面的情况,并及时解决相应的困难。学生骨干需要有意识地搜集国外学习、生活等多方面的见闻与信息,通过视频、文字、图片等形式分享给国内低年级同学及相应的管理教师。中国学生在海外求学阶段,相对的社团活动较少,整体比较沉默,在鼓励学生融入国外文化环境的同时,积极地展示中国的优秀文化,向世界客观介绍中国的发展状况,对学生是非常有益的锻炼。相应的中外文化交流、联谊活动需要由学生骨干进行组织,国内高校管理部门需要给予必要的技术支持并提前与骨干学生做好活动计划,这也是留学阶段学生意识形态工作的重要环节。

国外求学阶段,由于跟国外人士的交流非常有限,只是停留在简单的日常问候,这样的留学生活收益很小,甚至有可能完成学业后,还不能进行流利的外语交流,尤其是进行相对深入的文化、技术、观念的交流更显困难。因此,国内学校通过学生骨干有计划地组织多种主题的文化交流、联谊活动,对学生开阔视野、总结自我、宣扬中国文化、汲取外来思想精华、消除偏见等都有非常现实的意义。

---

① 刘莹玉.中外合作办学中海外留学生骨干队伍建设与培养探索[J].兰州教育学院学报,2013,29(11):115-117.

6.3.4.3 学习型宿舍的创建

双校园模式的中外合作办学中,一所国外高校可能与中国多所高校之间有合作办学关系,为了管理方便,中外双方往往会委托中介机构办理学生的签证、住宿、保险等手续,因此,大多数中国学生出国后,租住的公寓多是通过中介联系的。大多数来自国内不同学校的中国学生,被统一安排在一起。也有少部分同学,没有通过中介,而是自己办理的公寓租住,这部分同学可能与其他国家的留学生混居。国外求学阶段,宿舍是学生主要的活动场所,需要承担生活、学习、娱乐等功能,学生在外求学阶段的主要任务是学习,学习型宿舍的创建能为学生提供良好的学习环境。创建学习型宿舍关键在于宿舍文化的创建,学生宿舍的文化建设离不开校园文化、社会文化的支持。

中外合作办学的中外高校均是合作期间的利益主体,对于学生来说母校包括中方学校与外方学校,因此外方高校在建立学生的归属感方面也需要进行大量的投入。尤其在留学生宿舍多数不在校园内的情况下,如何强化体现宿舍的校园文化显得更加重要。校园气氛的渲染并不受空间上的限制,比如为增强学生的时间管理能力,外方学校为每位学生提供了制订日程安排计划的白板,白板上有学校的标志及校训等信息,日程安排由学生根据自身情况进行制订,写在白板上的活动计划更容易被遵守,学生订好计划以后,公布在本专业同学建立的网络交流平台上,以督促自己执行。在此过程中,学生能真切地感受到学校对自己的关注,对母校的认同感与归属感也会增强。中外双方学校可以定期举办学生宿舍文化展示大赛,通过网络进行视频、图片等形式的展示,所选主题可以涉及烹饪、室内装饰、健身、时事讨论、主题学习等多方面的内容,通过营造整洁、积极的宿舍生活氛围,助推学习型宿舍的创建。学习型宿舍创建过程中,采取的干预措施对培养学生的自我调节学习能力有积极地促进作用,通过学习型宿舍的创建,也更有利于培养学生自立、自尊、自爱的品质。

6.3.4.4 混合学习环境的创建

混合式的教学方式主要是指课上教学与网络教学相结合的方式,近年来,国内外教育学者非常重视对混合课程教学模式的探讨。研究表明,教师有意干预的混合教学环境能够有效激发学生的自我调节能力,对学业成绩提升有很高效的推动作用。具有较强自我调节能力的学生,能够对特定的网络课程更加专注,通过网络课程学习获得的成就感又能促进学生提升自我调节学习的能力。通过网络进行课程学习，相对比较自由，但是对于自主学习能力不强的学生，在没有教师指导或监督的情况下，网上学习产生负面影响的可能性反而较大。因此，如何使得学生在浩瀚的网络信息之间，专注地完成既定的课程知识的学习，对于教师的教学方式创新是一个巨大的挑战。高效的混合学习环境的创建，需要国外学校教师进行较大幅度的教学模式创新，重新制订教学计划，将传统的课堂教学转变为线上、线下相结合的方式，线上课程以授业为主，线下课程以解惑为主，充分发挥混合式教学的高效特点。学生对知识的接受能力有区别，线上课程明确出学生需要掌握的内容，并进行有针对性的理论讲解，然后学生通过自我测试检验自己的掌握程度，在课堂教学的时候，教师主要作为知识掌握的检验者，以主题讨论、习题检验等方式巩固学生的学习效果。混合式教学环境的授课空间，由于网络的介入变得更为自由，学生可以在宿舍、图书馆甚至是户外完成相应知识的学习，而且对于不太清楚的内容，可以通过视频课程进行重复学习，并且结合教师指定的参考链接辅助理解。为确保学生按照要求完成相应课程内容的学习，课堂教学的检测成绩将作为课程最终成绩的重要组成部分。此外，尤其重要的是一门课程的线上、线下学时的比例，混合式教学的重要目的之一是锻炼学生的自我调节学习的能力，因此，线上课时不应过多，应少于课程总学时的三分之一，课时太多会造成教师与学生的疏远，并减弱学生对课程内容的专注程度。

通过高职学院中外合作办学的项目实践，针对国外留学阶段学生进行有效的教学管理探索，提出弱化环境突变影响、学生骨干队伍建设、学习型宿舍以及混合学习环境创建等积极的教学干预策略，学生的自主学习能力得到大幅提高，为中外合作办学的留学阶段教学管理提供有益的借鉴。

参考文献

[1]程峥嵘.高职院校校企合作中企业文化对接的探索[J].黑龙江教育,
　　2015(12):85-87.

[2]李良玉.谈高职院校校园文化与企业文化的渗透接融合[J].教育管理,
　　2017(2):61-64.

[3]诸杰.基于文化融合的校企合作发展性思考[J].中国职业技术教育,
　　2016(32):73-76.

[4]李良.高职校园文化与企业文化融合研究[D].苏州大学,2011.

[5]李梦玲.校企合作视域下的双方文化渗透与融合的路径研究[J].湖北
　　成人教育学院学报,2014(4):19-21.

[6]刘洪让.高职校园文化和企业文化融合平台的研究[J].教育教学论坛,
　　2014(23):192-193.

[7]孙静华,胡冬艳.高职院校校企文化对接与融合的研究[J].教育与职业,
　　2013(21):33-34.

[8]张建良.论校企合作背景下的企业文化与校园文化融合[J].哈尔滨职业
　　技术学院学报,2014(4):109-111.

[9]霍岳飞.高职校园文化与企业文化对接的意义和价值研究[J].经济师,
　　2012(7).

[10]周婷.高职院校校园文化与企业文化对接问题研究[J].高教学刊,2016
　　　(14):178-179.

[11]王瑞,南海.中国现代职业教育校企合作文化探微:基于文化学的研究
　　　视角[J].中国职业技术教育,2014(12):5-9.

[12]刘秀琼,俞永康.校企合作与校企文化交融:高校人才培养的必然选择
　　　[J].教育教学研究,2012(1):96-99.

[13]舒本平.论高职校园文化与企业文化的融合[J].中国职业技术教育,
　　　2008(26):22.

[14]高庆. 高职学校文化建设与企业文化对接的思考[J]. 沈阳工程学院学报(社会科学版),2008(4):553-556,562.

[15]隗洪祥,张花. 职业院校校园文化与企业文化对接与融合的路径选择[J]. 中国成人教育,2012(7):98-100.

[16]毛志芳. 校企合作之校园文化对接企业文化途径的探索[J]. 南京工业职业技术学院学报,2012(1):73-76.

[17]罗先奎,刘人人,解光云. 高等职业院校校企文化对接融合的理论解读[J]. 沈阳农业大学学报(社会科学版),2013(4):442-444

[18]梁承忠. 校企文化一体化体系建设[M]. 北京:高等教育出版社,2012.

[19]项海涛. 高职校园文化与企业文化对接机制研究[D]. 内蒙古大学,2014.

[20]康练. 高职校园文化与企业文化对接的研究[D]. 湖南师范大学,2013.

[21]王瑞,武秀珍. 我国构建现代职业教育的新取向:校企合作背景下文化对话的视角[J]. 教育理论与实践,2015(3):18-20.

[22]朱明. 订单培养模式下校企文化融合的思考[J]. 高等职业教育(天津职业大学学报),2011(3):42-45.

[23]汪为春,候涵. 高职院校校企合作中的文化互动研究[J]. 职教论坛,2014(32):23-26.

[24]田芳. 基于校企文化对接的高职校园文化重构[J]. 教育与职业,2016(7):36-39.

[25]祝蕾,任君庆. 高职院校产业文化与校园文化融合的模式选择与路径探析:以宁波职业技术学院"3S"模式为例[J]. 职业技术教育,2014(29):81-84.

[26]朱厚望. 协同创新理念下高职校企文化融合的路径探析[J]. 中国职业技术教育,2016(13):83-85.

[27]贾立霞. 高职院校校园文化特色构建探析[J]. 当代职业教育,2014(9):25-27.

[28]刘洪让. 高职校园文化和企业文化融合平台的研究[J]. 教育教学论坛,2014(23):192-193.

[29]袁振鹏,李梓烽,张景秋. 高职院校校园文化和企业文化、职业文化对接与融合的路径分析:以江门职业技术学院为例[J]. 教育教学论坛,2016(25):236-237.

[30]许陈红. 高职院校"双主体"办学模式下校企文化融合的思考[J]. 职业

技术教育,2013(35):79-82.

[31]李平权.校企文化的融合路径:对接、整合与引领[J].中国职业技术教育,2017(2):40-44.

[32]李良玉.谈高职院校校园文化与企业文化的渗透与融通:以黄河水利职业技术学院为例[J].职教论坛,2013(11):18-20.